Sascha Sistenich
Verqueerte Identitäten?

Sascha Sistenich ist wissenschaftlicher Mitarbeiter und Doktorand an der Abteilung für Empirische Kulturwissenschaft und Kulturanthropologie und an der Abteilung für Altamerikanistik und Ethnologie der Universität Bonn. Forschungsschwerpunkte: Queer Anthropology sowie Aktivismus- und Solidaritätsforschung.

Sascha Sistenich

Verqueerte Identitäten?

Autobiografische Verhandlungen nichtbinärer Geschlechtlichkeit(en)

WESTFÄLISCHES DAMPFBOOT

Diese Publikation ist an der Universität Bonn entstanden und wurde durch den Open-Access-Publikationsfonds der Universität Bonn finanziert.

Bibliografische Information der Deutschen Nationalbibliothek
Die Deutsche Nationalbibliothek verzeichnet diese Publikation in der Deutschen Nationalbibliografie; detaillierte bibliografische Daten sind im Internet über http://dnb.d-nb.de abrufbar.

1. Auflage Münster 2024

Umschlag: Lütke Fahle, Münster
Druck: Majuskel Medienproduktion GmbH, Wetzlar
Gedruckt auf alterungsbeständigem Papier mit chlorfrei gebleichtem Zellstoff
Print-ISBN 978-3-89691-135-3
PDF-ISBN 978-3-98634-176-3
https://doi.org/10.56715/398634176

Für Horst Sistenich
(1940 – 2023)

Inhalt

Dank

Zwischen den anfänglichen Gedanken und der Fertigstellung des vorliegenden Buches, welches eine erweiterte Fassung meiner im November 2020 an der Abteilung für Kulturanthropologie der Universität Bonn vorgelegten Masterarbeit darstellt, liegen knapp vier Jahre. Bei Erscheinen haben sich viele Lebenswelten bereits wieder verändert. Die Datenerhebung begann in einem vom Studium geprägten Alltag ohne das Coronavirus und veränderte sich über die Zeit durch die Pandemie und Kontaktbeschränkungen sowie Lockdowns maßgeblich. Die Beziehungen mit den an diesem Buch involvierten Menschen veränderten sich ebenfalls auf viele Weisen, ebenso wie die Ideen zu diesem Buch. Meine studentische Lebenswelt wurde zu einer beruflichen, die studentische Abschlussarbeit führte zu einem Promotionsprojekt, welches sich ebenfalls – aus anderen Perspektiven und mit anderen thematischen Schwerpunkten – mit den Lebenswelten queerer Menschen beschäftigt. Nicht alle Menschen, die mich auf dem Weg der vorliegenden Arbeit unterstützen, sind noch Teil meiner Lebenswelt. Jedoch begleiten mich die zahlreichen Kontakte und Erzählungen, die durch die Forschungsarbeit entstanden, noch bis heute und werden dies vermutlich noch lange darüber hinaus tun.

Die Sichtbarkeit und Situation nichtbinärer Menschen hat sich jedoch nur teilweise verändern. Und daher möchte ich an erster Stelle allen Interviewpartner:innen danken, die sich die Zeit nahmen, um mir von ihren alltäglichen Erfahrungen, Lebensverläufen und Existenzweisen zu erzählen und dieses Projekt gemeinsam mit mir zu gestalten. Ich bedanke mich auch bei all jenen, die mir geholfen haben, an dieser Forschungsarbeit auch nach Abschluss des Studiums zu glauben und weiterzuarbeiten. Die alltäglichen Kämpfe um queere und nichtbinäre Sichtbarkeit ermutig(t)en mich, das Forschungsprojekt auszuweiten und über die Jahre nie ganz loszulassen, bis dieses Buch entstehen konnte.

Ein großer Dank geht an meine Betreuungspersonen Ove Sutter und Ruth Dorothea Eggel, die die Masterarbeit begleiteten und mir wichtige Hinweise von der Abschlussarbeit bis zur Publikation mitgaben.

Ich danke der Universitäts- und Landesbibliothek Bonn für die Übernahme der Open-Access-Publikationskosten, in einer Zeit, in der die Finanzierung dieses Projekts unerreichbar schien.

In besonderem Maße danke ich Helen Mengs, Saskia Haas und Katharina Schad für ihre Geduld und ihre aufmerksamen Augen und scharfsinnigen Kommentare, die mir von Beginn an dabei halfen, nicht den Fokus zu verlieren. Ein besonderer Dank geht auch an Maria Munck für die unermüdliche Unterstützung und Bestärkung von der Ideenfindung bis zum Einreichen der Arbeit. Ich bedanke mich bei Sebastian Kemper für die Bestärkung und Geduld der letzten Jahre, wenn ich über nichts anderes als meine Forschungsprojekte sprach. Danke euch und alle Freund:innen und Begleiter:innen für die gemeinsame Zeit, die Ablenkungen, aufbauenden Worte und die Carearbeit sowie die Neugier und Offenheit, sich in oft fremde Welten einzudenken.

Ein besonderer Dank geht an Marianne Worth, die mir nicht nur in ihrer Rolle als Vorgesetzte, sondern auch als Mentorin während des Schreibprozesses mit wertvoller Kritik zur Seite stand und mir mit professioneller und gleichzeitig wohlwollend freund:innenschaftlicher Unterstützung aus einigen (Schreib-)Krisen half.

Schließlich möchte ich meinen Großeltern Marlies & Horst Sistenich für die stetige und liebevolle Unterstützung und das unerschöpfliche Interesse danken, trotz aller Herausforderungen meine Arbeit verstehen und unterstützen zu wollen.

Vorwort

Diese Arbeit befasst sich mit einem sprachlich nicht leicht zu fassenden Thema, zumindest nicht in der deutschen Sprache, da diese in der Regel Bezeichnungen von gesellschaftlich als vollwertig angesehene Personen, Berufen u.ä. in zwei Genera, Maskulinum und Femininum, ausdrückt. Wie in den meisten Sprachen gibt es im Deutschen Ausnahmen wie zum Beispiel für das Neutrum bei Personenbezeichnungen *das* Mitglied, *das* Oberhaupt etc. und für das Femininum *die* Koryphäe, *die* Spitzenkraft (vgl. Worth/Sistenich 2021). Frühere Ausnahmen wie *der* Gast oder *der* Passagier wurden unlängst auch in den femininen Formen in den Duden aufgenommen. Dennoch scheitert die Benennung von trans*, nichtbinären und genderqueeren Personen oftmals an den Regeln der deutschen Grammatik und erfordert teils kreative, teils mittlerweile im akademischen Kontext akzeptierte Lösungen. Um dennoch in angemessener Weise und entsprechend der Selbstbezeichnung meiner Interviewpartner:innen eine sprachliche Gleichstellung und einen angepassten Ausdruck zu erlangen, wird die Lesbarkeit an manchen Stellen dieser Arbeit auf die Probe gestellt. Gleichzeitig achte ich darauf, sowohl die Verständlichkeit als auch Sprachgenauigkeit ausbalanciert zu halten. Aufgrund des themeninhärenten Umgangs mit verschiedenen Pronomina verwende ich in dieser Arbeit auf Wunsch meiner Interviewpartner:innen teilweise sogenannte Neo-Pronomen (z.B. *mie*) oder Mischformen (z.B. *er_sie*), die als sprachlicher Ausdruck der Identitäten außerhalb gesellschaftlicher Normen und somit auch außerhalb normierter Sprache gesehen werden können. An anderer Stelle verzichten Interviewpartner:innen auf den Gebrauch von Pronomen, sodass Sätze mit ungenauen Bezügen möglich sind, wie beispielsweise: „Sascha holt Saschas Buch aus Saschas Tasche". Durch den möglichen Subjekt- und Objektbezug ist nicht klar, ob hier ein, zwei oder drei Personen involviert sind, jedoch strebe ich in dieser Arbeit höchste Verständlichkeit und Präzision an und umgehe solche Ungenauigkeiten weitestgehend.

Als geschlechtersensible Schreibweise entscheide ich mich in Orientierung an Persson Perry Baumgartinger zum einen für den Asterisk * als *Wildcard* für Begrifflichkeiten wie *trans** und *inter**, der gleichzeitig im Sinne einer Fußnotenreferenz an die Konstruiertheit von Geschlechtlichkeit und die Vielfalt innerhalb dieser Termini erinnern soll (vgl. Baumgartinger 2015, 2017: 63; Tompkins 2014: 26 f.). Ich verwende trans*, sofern es sich auf Personen und Eigenschaften bezieht adjektivisch und daher kleingeschrieben, sofern es sich auf Sachverhalte oder Organisationen bezieht als Kompositum mit Bindestrich und somit großgeschrieben.

Zum anderen orientiere ich mich an den aktuellen Entwicklungen in queerfeministischen und akademischen Kontexten, die einen Doppelpunkt für eine geschlechtersensible Schreibweise vorschlagen, da dieser barrierefreier als das sogenannte Gendersternchen von Sprachausgabeprogrammen gelesen werden kann und sich gut dem Schriftbild angleicht[1].

---

1 Für eine ausführlichere Diskussion zu geschlechtergerechter Sprache vgl. Das Nichtbinär-Wiki (2020): Geschlechtsneutrale Sprache. Online verfügbar unter: https://nibi.space/geschlechtsneutrale_sprache#geschlechtsneutrale_sprache (zuletzt geprüft am 12.12.2023); Universität zu Köln (2021): Leitfaden „ÜberzeuGENDERe Sprache" (7. Aufl.). Online verfügbar unter: https://gb.uni-koeln.de/e2106/e2113/e16894/20210709_Leitfaden_GGSprache_UzK_Webversion_ger.pdf (zuletzt geprüft am 30.09.2024); Antidiskriminierungsstelle des Bundes (o.J.): Informationen zum Dritten Geschlecht: z.B. „Ansprache und Schriftverkehr". Online verfügbar unter: https://www.antidiskriminierungsstelle.de/DE/ThemenUndForschung/Geschlecht/Dritte_Option/Dritte_Option_node.html (zuletzt geprüft am 03.09.2024).

Einleitung

> „Ich glaub, es geht im Endeffekt darum, irgendwie sich zu zeigen und auch Geschichten von sich und voneinander zu erzählen. Und darüber wird es real und sichtbar, und das ist wichtig. Dass Menschen irgendwie sich gegenseitig sehen und dadurch selber finden und das ist schön, dass das passiert." (Interview Tris)

In nahezu allen Bereichen des Westens dominiert das Verständnis, dass es ausschließlich zwei Geschlechter gibt – nämlich männlich und weiblich. Eines davon wird in der Regel vor oder spätestens direkt nach der Geburt durch Blick auf die Genitalien dem Individuum zugeordnet. Die Zweigeschlechtlichkeit ist auch heute noch „einer der wirklichkeitsmächtigsten Modi der (hierarchischen) Organisation des Sozialen", so Sabine Hark (2007: 17). Sie wirkt in vielen Bereichen des Alltags als „wissens- und wirklichkeitskonstruierender Modus, als regulierende, Gesellschaft teilende und ordnende Konstruktion und [...] Schauplatz sich verschiebender Machtverhältnisse" (ebd.). Diese objektivierte Vergeschlechtlichung führt zu der Annahme, dass es natürlich sei, ein binäres Geschlecht zu haben. Dadurch werden Individuen außerhalb dieser Binarität wie beispielsweise nichtbinäre und genderqueere Menschen ins Nicht-Sagbare, in eine Sphäre der Nicht-Intelligibilität gedrängt.

Seit Mitte der 1990er Jahren werden nichtbinäre und genderqueere Geschlechtlichkeiten zunächst durch die englischsprachigen Kultur- und Sozialwissenschaften thematisiert und etwa 15 Jahre später auch in der deutschsprachigen Forschung berücksichtigt (vgl. Bornstein 1994; Butler 1991a; Franzen/Sauer 2010; Schirmer 2010). Die Interministerielle Arbeitsgruppe zu Inter- und Transsexualität (IMAG) des deutschen Bundesministeriums für Familie, Senioren, Frauen und Jugend erwähnt erstmalig 2015 „nicht binär normative Geschlechtsidentitäten und Körperlichkeiten" (Sauer 2015b: 119) und „Menschen, die als *weder*noch*, (gender-)queer, non-gender/nichtgeschlechtlich* u.Ä. jenseits der Geschlechterpolarität leben" (ebd.: 121). Und auch in popkulturellen Medien[1] sowie in queer-feministisch aktivistischen und akademischen Räumen[2] erlangt Nichtbinarität eine wachsende Aufmerksamkeit durch Individuen, die sich gegen eine Geschlechterdichotomie und Kategorisierung in ein männliches oder weibliches Geschlecht aussprechen. Nichtbinäre und genderqueere[3] Personen definieren sich teils sowohl als männlich als auch weiblich, teils zwischen beiden Kategorien oder gar außerhalb dieser Zweigeschlechtlichkeit (vgl. Diamond 2020; McGuire et al. 2019: 290; Richards et al. 2017). Sie werden meist in der Sammelbezeichnung von LGBTQIA*[4]-Personen eingeordnet, erhalten aber nur selten eine spezifische Benennung und Differenzierung (vgl. Conlin et al. 2019: 115; McGuire et al. 2019: 290). Als Gegenstand der vorliegenden Forschung dienen Erzählungen von geschlechtlichen Identitäten von Individuen, die sich als nichtbinär (non-binary), genderqueer, gender-nicht-konform oder gender-inkongruent definieren[5]. Sie repräsentieren also Individuen, die ihre Geschlechtlichkeit jenseits einer Zweigeschlechterordnung (er)leben. Allerdings findet nicht

---

1 Z.B. Miley Cyrus (vgl. Billboard (2015): *Miley Cyrus Says She's Gender Fluid: 'It Has Nothing To Do With Any Parts of Me'. Verfügbar unter* https://www.billboard.com/articles/columns/pop-shop/6598191/miley-cyrus-gender-fluid-nothing-to-do-with-any-parts, zuletzt abgerufen am 15.10.2020); Sam Smith (vgl. Ogles, Jacob (15.03.2019). *„Sam Smith Comes Out as Nonbinary, Genderqueer". The Advocate.* Verfügbar unter https://www.advocate.com/gender/2019/3/15/sam-smith-comes-out-non-binary-genderqueer, zuletzt abgerufen am 15.10.2020); diverse Drag Künstler:innen der US-amerikanischen TV-Produktion RuPauls Drag Race.

2 Z.B. Kate Bornstein (Bornstein 2013); Judith Butler (vgl. Butler, Judith *(27.12.2019): Judith Butler on her Philosophy and Current Events. Interviews by Kian.* Verfügbar unter: https://interviewsbykian.wordpress.com/2019/12/27/judith-butler-on-her-philosophy-and-current-events/, zuletzt abgerufen am 15.10.2020).

3 Im Folgenden nur noch als nichtbinär gefasst.

4 Abkürzung aus dem Englischen: Lesbian Gay Bisexual Trans* Queer/Questioning Inter* Asexual. Manchmal auch nur LGBT* bzw im Deutschen LSBT* (Lesbisch, Schwul, Bisexuell, Trans*). Die Abkürzung ist ein Ausdruck der Allianzen/Unterstützung zwischen unterschiedlichen nicht-heteronormativen Gruppen und Menschen. Welche Gruppen in der Abkürzung aufscheinen ist Ausdruck sich verschiebender Bündnisse, Bewegungen und Auseinandersetzungen innerhalb der Communities. Diese Abkürzung beinhaltet also sowohl sexuelle Orientierungen als auch Genderidentitäten (quix – kollektiv für kritische bildungsarbeit 2016: 93).

5 Die Terminologie wird sich durch die verschiedenen Selbstzuschreibungen der Interviewparter:innen näher bestimmen und wird im Folgenden als nichtbinär und genderqueer erfasst.

zwingend eine Identifikation entgegen des bei Geburt festgelegten biologisch-anatomischen Geschlechts statt.

Zwar lässt sich ein Einfluss von Geschlechtlichkeiten außerhalb einer Zweigeschlechterordnung auf die deutsche Gesellschaft und Politik beispielhaft an der Einführung einer dritten Geschlechtsoption als „divers" im Dezember 2018 für vornehmlich inter* Personen[6] ausmachen. Jedoch findet in der deutschsprachigen Forschung Nichtbinarität weiterhin nur selten Beachtung. Erst seit den 2020er Jahren nimmt die Anzahl an (wissenschaftlichen) Publikationen, die sich explizit nichtbinären Geschlechtlichkeiten widmen, im deutschsprachigen Raum zu. Gleichzeitig scheinen das allgemeine Verständnis und die Bekanntheit in der Gesellschaft jedoch noch relativ gering zu sein und in aktuellen gesellschaftlichen und politischen Entwicklungen wieder vermehrt mit Intoleranz und queerfeindlicher Gewalt einherzugehen.

Gerade die Öffnung sozialer Kontexte in sich formierenden queeren und trans* Bewegungen, die nicht einer strikten zweigeschlechtlichen Körperlichkeit, Identifikation und Wahrnehmung folgen (vgl. Schirmer 2010: 14), sowie daraus folgende politische Veränderungen eröffnen neue Forschungsperspektiven zu vielfältigen Formen der Transgression und Transformation von Geschlecht, aus denen neue Erkenntnisse zur Konstruktion von Geschlecht und Geschlechtsidentität ersichtlich werden.

Ausgangspunkt für ein Denken über die Geschlechterdichotomie hinaus stellen in dieser Arbeit vor allem konstruktivistische und queertheoretische[7]

---

6 „Ein Mensch mit einem intergeschlechtlichen Körper kann auch eine intergeschlechtliche Geschlechtsidentität haben. Grundsätzlich geht es bei dem Begriff aber um eine emanzipatorische und selbstermächtigte Positionierung als eine Gruppe von Menschen, die angeborene, nicht-konforme und nicht normgerechte Geschlechtsmerkmale haben und daher Pathologisierung erfahren. In vielen Fällen führt dies zu einer Verletzung ihrer Selbstbestimmung und körperlichen Autonomie. Inter* möchte offen sein für alle Selbstbeschreibungen von intergeschlechtlichen Menschen und mit dem Asterisk * die Vielfalt intergeschlechtlicher Realitäten und Körperlichkeiten abbilden." (Ghattas et al. 2015: 15). Hierbei bezeichnet Inter*Geschlechtlichkeit (engl. intersex) „das angeborene Vorhandensein genetischer und/oder anatomischer und/oder hormoneller Geschlechtsmerkmale, die nicht den Geschlechternormen von Mann und Frau entsprechen" (ebd.).

7 „'Queering' oder 'verqueeren' verweist auf Praktiken, Prozesse und Erkenntnisse, die je spezifische Eingebundenheit in die Strukturen und Mechanismen der dominanten Ordnung zu nutzen versucht, um deren Normen und Hierarchien herauszufordern" (Engel 2002: 40).

Verständnisse von Geschlecht dar. Seit den 1950er Jahren werden vermehrt Geschlechterverhältnisse von Forscher:innen der Frauen-, Geschlechter- und Queerforschung aus ethnomethodologischer (vgl. Garfinkel 1967), sozialkonstruktivistischer (vgl. Goffman 1977), diskursanalytischer (vgl. Butler 1991a; Foucault 1986) oder queertheoretischer Perspektive (vgl. Bornstein 1994; Feinberg 1993) untersucht. Sie veranschaulichen dies zwar beispielhaft an, jedoch meist ohne konkrete empirische Untersuchung von oder mit queeren und insbesondere trans* Personen[8].

Im Rahmen dieser Arbeit wird geschlechtliche Identität als individuelles Erleben der eigenen Geschlechtlichkeit definiert. So sind beide Aspekte, „Identität und Geschlecht [...] jedoch nicht etwas, was das Individuum ‘hat’, sondern etwas sozial Gemachtes, was im Alltagshandeln ‘getan’ werden muss, sie sind ‘soziale Konstruktionen’“ (Scholz 2004: 12). Dabei ist zu beachten, dass nicht nur Geschlechtlichkeit in unserer heutigen Gesellschaft eine „zentrale Dimension der Identitätskonstruktion“ (ebd.) darstellt, sondern Identität auch „durch weitere soziale Kategorien wie Milieu/Klasse, Ethnie, Generation bestimmt“ (ebd.) wird. Die Konstruiertheit solcher sozialen Dispositionen schafft auch für die Kategorie der Biografie ein ähnliches „Spannungsverhältnis von Struktur und Handeln“, in welchem die Biografie konstruiert wird (Dausien 1996: 3). Bettina Dausien etwa geht davon aus, dass „Biografie und Geschlecht im alltäglichen Handeln notwendig miteinander *interagieren*“ (ebd.: 5). Dadurch lässt die Untersuchung beider Kategorien in den Alltagswelten nichtbinärer Geschlechtlichkeiten Einblicke in anti-normative Reproduktionsverläufe zu. So deuten Wendepunkte in queeren Lebensverläufen meist auf vielfältige Transitions- und subjektivierende Bewältigungsstrategien hin und lassen das Verhältnis von Vulnerabilität und Resilienz nachzeichnen.

---

8 Der Terminus Trans* steht als Gegenbegriff zu Cis-Geschlechtlichkeit. Er bezeichnet Individuen, die sich temporär oder permanent nicht (ausschließlich) mit dem ihnen bei Geburt zugeschriebenen Geschlecht respektive der damit zugeschriebenen Geschlechterrolle identifizieren können oder wollen (vgl. Baumgartinger 2017: 46, 79; Fiani/Han 2019: 183). Hier sollte jedoch beachtet werden, dass Geschlechtlichkeit nicht nur in Dichotomien von trans* und nicht-trans* bzw. cis und nicht-cis gesehen werden sollte, sondern ein Spektrum von diversen Geschlechtlichkeiten darstellt. Darunter fallen die unterschiedlich konnotierten Selbstbezeichnungen Transsexualität, Transidentität, Transgeschlechtlichkeit oder Transgender sowie der Begriff Transvestitismus, der jedoch eher veraltet wahrgenommen und heute durch den englischsprachigen Begriff *drag* ersetzt wird.

In dieser Arbeit sollen die geschlechtlichen Möglichkeiten, Erfahrungs- und Existenzweisen, die mit den sozialen Lebenswelten nichtbinärer Subjekte einhergehen, methodisch mit narrativen Interviews rekonstruiert werden: Wie verstehen, gestalten und (er)leben die Akteur:innen Geschlechtlichkeit und welche geschlechtlichen Selbstverständnisse und Selbstbildungsprozesse zeigen sie? Inwiefern konstruieren die hervorgebrachten geschlechtlichen Möglichkeiten eine intelligible geschlechtliche Wirklichkeit, die sich von einer strikt zweigeschlechtlich strukturierten Wirklichkeit unterscheidet (vgl. Schirmer 2010: 16) und im Spannungsfeld verschiedener Regierungstechniken zu Prekarität und Kontingenz bestehen kann? Untersucht werden sollen demnach die gesellschaftlichen und sozialen Bedingungen und Verhältnisse, die eine Intelligibilität unterschiedlicher Geschlechtlichkeiten ermöglichen oder verhindern. Es wird also versucht, die Veruneindeutigungen und Flexibilisierungen von Geschlechtlichkeit als kontextuelle Praxis innerhalb gesellschaftlicher Machtverhältnisse darzustellen.

Ziel der Arbeit ist es, einen Beitrag zu einem besseren Verständnis geschlechtlicher Vielfalt und einer möglichen grundlegenden Veränderung sowie der Anfechtung hetero- sowie cis-endo-normativer Zweigeschlechtlichkeit zu leisten. Die Arbeit setzt einen Fokus auf die Sichtbarmachung geschlechtlicher Vielfalt durch die Untersuchung von Erfahrungen und Perspektiven von Menschen mit diversen geschlechtlichen Identitäten außerhalb einer normativen Geschlechterdichotomie. Meine Forschung stellt diese exemplarisch an einigen Fallbeispielen dar. Da Geschlechtlichkeit stets von individuellem Empfinden und (Er)Leben geprägt ist, sollten die vorgestellten Existenzweisen nicht als allgemeingültige Repräsentation der genannten geschlechtlichen Identitäten verstanden werden.

Darüber hinaus soll mit dieser Arbeit ein Beispiel dafür gegeben werden, wie auf sprachlicher Ebene queere Themen auf sprach- und geschlechtersensibler Weise zum Ausdruck gebracht werden können, da, wie im Vorwort erläutert, die deutsche Sprache in Bezug auf sogenannte Geschlechtersensibilität und -neutralität schnell an ihre Grenzen stößt (vgl. Sistenich 2022).

Es soll gezeigt werden, dass nichtbinäre und genderqueere Menschen in Alltag und Wissenschaft eigene Geschlechterkategorien darstellen, denen es mehr Aufmerksamkeit zu widmen gilt. Persson Perry Baumgartinger (2017) erhebt einen Anspruch „an Transsexualität (1990er) bzw. Transgender (2000er) bzw. Trans* oder Trans_ (2010er) als subversive Subjekte, [...] automatisch ein weltveränderndes Potenzial in sich zu tragen und allein durch das In-der-Welt-Sein als Katalysator für die Veränderung zweigeschlechtlicher und/oder heteronormativer Ordnung zu wirken" (Baumgartinger 2017: 224).

Die Arbeit wird zeigen, dass sich dies noch ausgeprägter für nichtbinäre (trans*) Personen behaupten lässt, da hier der Bruch der Dichotomie im Fokus steht. So eröffnen sich für die Biografieforschung neue Perspektiven im Umgang mit Brüchen der Biografie sowie mit (scheinbar) inkohärenten oder diskontinuierlichen Identitätsentwürfen. Durch eine kritische Analyse von Herrschaftsverhältnissen kommt es zu „grundlegenden Verschiebungen hegemonialer Wahrnehmungs- und Verstehenshorizonte" (Engel 2002: 52). Denn durch ein Unterlaufen oder Umdenken biografischer Kategorien wie Kohärenz, Kontinuität und Kongruenz entstehen neue geschlechtlichen Möglichkeiten, Erfahrungs- und Existenzweisen innerhalb queerer Lebensverläufe.

Insbesondere wird der Zwang zu kohärenten und kontinuierlichen geschlechtlichen Biografien kritisch hinterfragt, um als kulturell intelligibel zu gelten und eine soziale Subjektposition beanspruchen zu können. Es ist Aufgabe der Kulturanthropologie, mit ethnographischen Methoden zu erforschen, „wie in unterschiedlichen Räumen und Kontexten Geschlecht und Sexualität zum politischen Programm und zur alltäglichen Praxis werden" (Binder 2013: 8).

Aufbau

Die Arbeit lässt sich in drei Teile bestehend aus insgesamt fünf Kapiteln unterteilen. Nachdem die Relevanz des Themas erläutert und die Forschungsfragen vorgestellt wurden, lege ich im ersten Kapitel zunächst den Forschungsstand der Frauen- und Geschlechterforschung mit spezifischem Fokus auf die Trans* und Queer Studies vor allem aus kulturanthropologischer Perspektive dar. Aufgrund der geringen Erforschung nichtbinärer Lebenswelten greife ich zudem einige transdisziplinäre Sichtweisen ethnomethodologischer Forschungen auf. Ebenso erläutere ich in diesem Kapitel die Relevanz des autobiografischen Erzählens für die Darstellung nichtbinärer Geschlechtlichkeiten mit Hinblick auf die Forschungsfragen. Daran anschließend definiere ich Geschlechtlichkeiten außerhalb einer Zweigeschlechternorm, um Klarheit über den Forschungsgegenstand zu schaffen.

Im zweiten Kapitel erarbeite ich die für diese Arbeit relevanten theoretischen Grundlagen. Dies umfasst einen kulturhistorischen Überblick über die Dichotomisierung der Geschlechter sowie die Entstehung geschlechtertheoretischer Konzepte zur Untersuchung von Geschlechtlichkeit. Daraufhin wende ich mich mit Bezug auf nichtbinäre Geschlechtlichkeit aktuellen queertheoretischen Konzepten zu, die vor allem eine Dekonstruktion und Subversion von Zweigeschlechtlichkeit herausarbeiten.

Im dritten Kapitel schildere ich das methodische Vorgehen sowie den Forschungsverlauf der Untersuchung und setze mich kritisch mit meiner Position als queerer cis Forscher in einem nichtbinären Feld sowie weiteren für die Forschung essenziellen forschungsethischen Reflexionen auseinander. Im Anschluss hieran stelle ich die untersuchten Felder nichtbinärer Geschlechtlichkeiten sowie meine Interviewpartner:innen in kurzen Biogrammen dar.

Im vierten Kapitel folgt die Untersuchung narrativer Konstruktionen nichtbinärer Geschlechtlichkeiten mit besonderem Blick auf Unterdrückungserfahrungen durch gesellschaftliche Machtstrukturen und den daraus entstehenden erzählten Bewältigungs- und Subjektivierungspraktiken der Akteur:innen. Die Analyse ist in drei Teile untergliedert. Im ersten Teil erarbeite ich die narrative Identitätsbildung als Basiskategorie der nachfolgenden Analyse. Im zweiten Teil untersuche ich, welche Prekarisierungen durch die Zweigeschlechternorm die Alltagswelten der Akteur:innen prägen und welche alltäglichen Unterdrückungserfahrungen sich in den Erzählungen manifestieren. Dazu richte ich den Blick sowohl auf Selbstdeutungen und innere Konflikte als auch auf strukturimmanente und institutionalisierte Aspekte nicht-normierter Geschlechtlichkeit. Im dritten Teil analysiere ich das erhobene Material auf Selbstpraktiken der Subjektivierung und der Resilienzfähigkeit. Dies bedeutet zum einen, Bewältigungsstrategien und erzählerische Mittel zum Umgang mit biografischen Brüchen zu untersuchen und zum anderen, die divergenten Geschlechterwissen und Subjektivierungspraktiken zur Subversion der Geschlechterdichotomie zu betrachten.

Abschließend fasse ich die Ergebnisse der Untersuchung mit Blick auf die eingangs formulierten Forschungsfragen zusammen. Darüber hinaus stelle ich aus der Forschung entstandene theoretisch-methodische Überlegungen und Fragen dar und weise auf weitere Forschungspotentiale, die aus dieser Arbeit entstehen, hin.

Erstes Kapitel
Narrativ-biografische Konstruktion geschlechtlicher Identitäten im Blick der Forschung

Im folgenden Kapitel ordne ich die Arbeit in den aktuellen Stand der Forschungslandschaft sowohl aus kulturanthropologischer Perspektive als auch aus benachbarten Disziplinen ein und leite die Relevanz des autobiografischen Erzählens für die Konstruktion nichtbinärer Geschlechtlichkeit her. Zudem erarbeite ich dabei den Zusammenhang narrativ-biografischer Konstruktion der geschlechtlichen Identität und der Reproduktion von Geschlechtlichkeit. Das Kapitel ist in drei Abschnitte unterteilt. Der erste Teil beschäftigt sich mit dem in verschiedenen Disziplinen verortbaren Forschungsstand queerer Identitäten innerhalb der Geschlechter- und Queerforschung von den 1950er Jahren bis heute. Dabei muss beachtet werden, dass für die Untersuchung nichtbinärer Geschlechtlichkeit nur wenige Forschungsarbeiten vorliegen, da, wie Beate Binder argumentiert, „Geschlecht und Geschlechterverhältnisse" selten im Fokus empirischer Forschung stehen. „Nach wie vor spielt die systematische Auseinandersetzung mit fachspezifischen wie transdisziplinären Beständen der Geschlechterforschung eine eher marginale Rolle" (Binder 2019: 3). Um die Entwicklung der letzten Jahre und die für diese Arbeit relevantesten Forschungen darzustellen, wird daher ein fachrichtungsübergreifender Überblick der allgemeinen Geschlechterforschung sowie zu spezifischer kulturanthropologischer und genderqueerer Forschung zur (De-)Konstruktion von Geschlechteridentitäten gegeben. Aufgrund der Fülle und Komplexität an geschlechtertheoretischen Arbeiten werde ich nicht die gesamte Entwicklung umfassend nachzeichnen.

Im zweiten Teil widme ich mich dem autobiografischen Erzählen von Geschlechtlichkeit und erarbeite die besondere Bedeutung autobiografischer Selbstthematisierungen für die Konstruktion nichtbinärer Geschlechtlichkeiten. Im letzten Teil des Kapitels erläutere ich die für die Arbeit relevanten queeren Geschlechtlichkeiten, um mich einer Arbeitsdefinition von nichtbinärer Geschlechtlichkeit anzunähern.

1.1 Queere Identitäten in kulturanthropologischer Perspektive

In der Kulturanthropologie sind die Gender und Queer Studies eine fest etablierte Partnerdisziplin, da die Analyse mit ethnomethodologischer qualitativer Forschung differenzierte Erkenntnisse auf mikroanalytischer Ebene zur Untersuchung von Geschlechteridentitäten liefern. Dennoch lassen sich weiterhin nur wenige Studien im deutschsprachigen Raum zu Personen außerhalb des sogenannten „Gender-Mainstreams" (vgl. Frey 2003) finden. Oftmals beziehen sich diese auf cis männliche oder weibliche Geschlechtsidentitäten in Bezug auf spezifische alltagsweltliche Erfahrungen meist im Kontext von heterosexuellem, teilweise auch von homosexuellem sexuell-romantischem Begehren.

Die im Folgenden dargelegten Forschungen erarbeiten die Verbindungen der Geschlechtlichkeit und der geschlechtlichen Identität unter Berücksichtigung spezifischer kultureller Wissen und der Manifestation vergeschlechtlichter Praktiken. Auf diesen Grundlagen lassen sich trans*, inter* und nichtbinäre Geschlechtlichkeiten hinsichtlich ihrer Subjektivierungspraktiken und Dekonstruktionen geschlechtlicher Normen untersuchen.

1.1.1 Geschlechter- und Queerforschung

Seit den 1950er Jahren, spätestens nach der Publikation von Simon de Beauvoirs Werk *La Deuxième Sexe*, dt. Das andere Geschlecht (1991), fand die Frauen- und Geschlechterforschung immer mehr Aufmerksamkeit. Zur Etablierung der Diskussion um die Geschlechtskonstruktion in den Sozialwissenschaften trugen grundlegend ethnologische und kulturanthropologische Forschungsarbeiten, wie die von Margaret Mead im Südpazifik (1935, 1949), Julian H. Steward bei nordamerikanischen Gesellschaften (1941) oder Thomas Laqueur aus ethnohistorischer Perspektive (1990), bei und brachten essenzielle Erkenntnisse für die Ausarbeitung der *sex-gender* Unterscheidung und weitere konzeptionelle Diskurse. So untersucht Mead die Geschlechterrollen in mehreren Gesellschaften des Südpazifiks und stellt fest, dass nicht überall die in der westlichen Gesellschaft als natürlich angesehene Geschlechterkategorisierung nach vermeintlich biologischen Gegebenheiten besteht (vgl. Mead 1992: 10). Sie beschreibt außerdem Gesellschaften, die nicht nur zwischen zwei Geschlechtern unterscheiden, sondern in denen mehrere, nicht konstante, institutionell wechselbare Geschlechter existieren (vgl. Mead 2002). Und auch Laqueurs historische Forschung zum Wandel des Ein-Geschlecht- zum Zwei-Geschlechter-Modell in der westlichen Gesellschaft prägt nachhaltig die Untersuchung von Geschlechtsidentitäten. In seiner Arbeit *Making Sex. Body and Gender from the Greeks to Freud* stellt er die These auf, dass bis ins 18. Jahrhundert Geschlechterunterschiede eher auf sozialer Ebene statt auf biologischer gedacht wurden. Eine biologische Differenzierungslogik entwickelte sich nach Laqueur erst durch die genauere Unterscheidung der Geschlechtsanatomie mit neuen medizinischen Verfahren, wodurch eine relationale Verknüpfung von *sex* und *gender* und somit ein Wandel im Denken der Geschlechterrollen entstand (Laqueur 1990).

Ein weiteres wesentliches Konzept für das Verständnis von geschlechtlichen Identitäten stammt von dem Soziologen Ervin Goffman. In seinen Arbeiten stellt er die These auf, dass jeder Mensch essenzialisierte Eigenschaften, also durch performative Etablierung naturalisierte und institutionalisierte Merkmale, besitzt, die in der Interaktion durch verschiedene Lesarten interpretiert werden (Goffman 1979: 7). Einer der grundlegendsten Aspekte davon stellt das Geschlecht dar, welches sich nach Goffman in der Sozialisierung männlicher und weiblicher nahezu universeller Praktiken manifestiert (ebd.: 8). Als Geschlechts- oder Genderidentität fasst Ervin Goffman all jene Praktiken auf, die sinnstiftend bezüglich der Fragen sind, wer und was eine Person hinsichtlich ihrer geschlechtlichen Kategorisierung, meist maskulin oder feminin, ist (vgl. Goffman 1977: 304). Dabei sind zwei zentrale Komponenten zur Konstruktion einer Geschlechtsidentität zu beachten: erstens die Einordnung oder Zuordnung in Geschlechtskategorien („*sex class*") meist aufgrund biologisch-körperlicher, d.h. chromosomaler, gonadaler und hormoneller Merkmale (ebd.: 302). Diese Kategorisierung lassen letztendlich geschlechtsidentifikatorische Bezeichnungen wie Frau, Mann, Pronomen wie sie oder er oder Zuschreibungen durch geschlechtsspezifische Vornamen zu (vgl. Kilian 2004: 20). Und zweitens die gesellschaftlichen Vorstellungen von männlich und weiblich als soziale Distinktionsmerkmale aufgrund der Geschlechtskategorien, die sich in spezifischen Formen des Aussehens und Handelns widerspiegeln (vgl.

ebd.). Diese Vorstellungen bilden maßgeblich das Geschlechterwissen einer Gesellschaft und manifestieren sich in habitualisierten Dispositionen, derer sich nichtbinäre Personen konfrontiert sehen.

Innerhalb dieser neuen Entwicklungslinien der Geschlechterforschung entstand eine der praxistheoretischen Leittheorien für die heutige Kulturanthropologie. Das Konzept des *Doing Gender* (1987) von Candace West und Don H. Zimmerman erörtert die Unterscheidung von *Sex*, *Sex Categorie* und *Gender* durch Interaktion mit sich selbst und der Umgebung. Zunächst beschreiben West und Zimmerman dafür die historische Entwicklung der Kategorisierung und der *gendered actions*, bei denen von einem Zusammenhang zwischen dem biologischen Geschlecht und dem Verhalten ausgegangen wird. Mithilfe des Beispiels der trans* Frau Agnes aus Harold Garfinkels Forschung (1967) beschreiben West und Zimmerman, wie sich Agnes das Verhalten der Frauen in ihrer Umgebung aneignet. So versuchen sie, Cis-Normativität aufzubrechen und Geschlecht als soziale, in Interaktion entstehende, willkürliche Praxis erkenntlich zu machen. Sie argumentieren, dass bestimmte naturalisierte und institutionalisierte Handlungen einem bestimmten Geschlecht zugeordnet sind. Jedoch tendieren sie weiterhin dazu, Geschlecht lediglich in Binaritäten auszudrücken und machen dies an Korrelaten wie stark – schwach, groß – klein etc. fest. Ferner erkennen sie, dass die Aushandlungen von Geschlechterrollen außerdem über die soziale Position bestimmt werden und diese kontinuierlich reproduzieren (West/Zimmerman 1987: 146). Sie beschreiben *Gender* als „a powerful ideological device, which produces, reproduces, and legitimates the choices and limits that are predicated on sex category"(ebd.: 147). West und Zimmerman versuchen eine Destabilisierung der Geschlechterdichotomie zu erfassen, welche ebenso auf die Analyse von nichtbinären Geschlechtlichkeiten angewandt werden kann.

Aus der Erforschung solcher subversiven Geschlechterpraktiken entwickelt sich die *Queer Theory*.[1] Diese untersucht seit Anfang der 1990er den Nexus von biologischem Geschlecht (engl. *sex*), *Gender* und sexuellem Begehren (engl. *desire*) unter kritischen Analysepunkten zu Identitätskategorien und Identitätspolitiken.

1 Zur Einführung in Queer Theory: Lauretis (1991), Warner (1993), Hark (1993), Butler (1994), Genschel (1996), Jagose (2000), Turner (2000).

> „Queer Studies bzw. Queer Theory bezeichnet einen interdisziplinären Korpus von Wissen, der Geschlecht(skörper) und Sexualität als Instrumente und zugleich als 'Effekte bestimmter moderner Bezeichnungs-, Regulierungs- und Normalisierungsverfahren' […] begreift, d.h. Geschlecht und Sexualität liegen der Kultur nicht voraus, sondern sind gleichursprünglich mit ihr. Eine zweite zentrale Annahme der Queer Studies ist die These, dass die Zwei-Geschlechter-Ordnung und das Regime der Heterosexualität in komplexer Weise koexistieren, sich bedingen und wechselseitig stabilisieren. Insbesondere garantieren sie wechselweise ihre 'Naturhaftigkeit' und beziehen ihre affektive Aufladung voneinander." (Hark 2005: 285)

Einen erheblichen Einfluss auf die Geschlechter- und Queertheorie aus erkenntnistheoretischer Perspektive üben die Werke von Judith Butler aus, indem Butler normative Vorstellungen von Geschlecht und Identität infrage stellt und einen Raum für vielfältigere, performativ gestaltete Identitäten eröffnet. In dem wegweisenden Werk *Gender Trouble* (1991a) argumentiert they, dass Geschlecht nicht etwas ist, das vorgegeben ist, sondern vielmehr eine soziale Konstruktion, die durch wiederholte Performanz und immer in Relation geschaffen wird. Butler hebt hervor, dass Geschlecht nicht nur auf individueller Ebene, sondern auch auf gesellschaftlicher Ebene verhandelt und konstruiert wird und betont dabei, dass Heterosexualität die symbolische gesellschaftliche Ordnung strukturiert und deshalb normierend wirkt. In einem weiteren Schritt hebt they hervor, dass auch das biologisch-körperliche Geschlecht (*sex*) nicht selbstverständlich ist und eben keine biologisch begründete Unabänderlichkeit darstellt. Auch das biologische Geschlecht ist diskursiv hergestellt, wodurch sich schließlich eine Auflösung von *sex* in *gender* ergibt (ebd.: 37 f.; 1993: 126).

In der deutschsprachigen queertheoretischen Auseinandersetzung mit einer cis-normativen Ordnung lässt sich beispielsweise Antke Antek Engels Forschung zur Destabilisierung und Enthierarchisierung einer Zwei-Geschlechter-Ordnung und einer normativen Heterosexualität nennen. Engel setzt diese in Verbindung mit queeren Strategien der „VerUneindeutigung von Geschlecht und Sexualität" (Engel 2002: 22). Mit xirs Forschungsarbeit begründet Engel eine Strategie der Verqueerung, indem xi theoretische Zugänge politischer Praxen der Repräsentation und Reformation queerer Geschlechtlichkeiten aufzeigt, um eine queere Umarbeitung von Geschlechtlichkeit und Sexualität respektive sexuellem Begehren anzuregen. Kerstin Oldemeier analysiert in ihrer Forschung „narrative Wirklichkeiten divers* und trans*geschlechtlicher Jugendlicher" (Oldemeier 2021) und stellt damit wichtige Erkenntnisse medizinisch-gesellschaftlicher, rechtlicher wie auch sozialwissenschaftlicher Rahmenbedingungen für die Lebenswirklichkeiten von nicht-cisgeschlechtlich lebenden Menschen dar.

1.1.2 Kulturanthropologische Sichtweisen auf trans*, inter* und genderqueere Identitäten

In der kulturanthropologischen Forschung lassen sich nur wenige Publikationen abseits von Bachelor- und Masterabschlussarbeiten ausmachen, die sich mit trans*, inter* und genderqueeren Geschlechtlichkeiten beschäftigen. Jedoch ist auch im Fach eine langsame Verqueerung von Identitäten erkenntlich, wie sich am Sammelband *gender_queer_ethnografisch* von Katrin Amelang et al. (2010) zeigt, welcher versucht, queere Kontexte aus kulturanthropologischer Sichtweise zu erfassen. In der Einleitung diskutieren die Autor:innen die Verortung der Queer Studies in der Kulturanthropologie vor allem über die Verwendung derselben Forschungsmethoden[2]. Besonders hervorzuheben für meine Arbeit ist aus diesem Band Ursula Seers Beitrag, der die Körperlichkeit von XY-Frauen, also inter* Frauen, thematisiert und somit der einzige Beitrag des Bandes ist, der außerhalb der Geschlechterdichotomie agiert. Seer analysiert in ihrer Arbeit Erzählungen über Körperpraktiken und Erfahrungen der Interviewten. Vor allem stellt sie heraus, wie die XY-Frauen objektifiziert werden und nicht selbst darüber entscheiden können, ein im binären Sinne eindeutiges Geschlecht durch eine eventuelle Operation zwanghaft zugeordnet zu bekommen. Auch der 2016 erschienene Beitrag zu *Körpertechnologien* von Katrin Amelang et al. kann im Rahmen dieser Arbeit herangezogen werden. Dort wird der „geschlechtlich kodierte Körper" in seiner Handlungsweise und Wirkung im Sinne eines *doing gender* untersucht (2016). Besonders anschaulich ist zudem die Darstellung von trans* und nichtbinären Alltagswelten und Für_Sorgeverhältnissen in Francis Seecks Forschung. In dieser wirft Seeck einen Blick auf Sorgearbeit und Care jenseits einer cis- und heteronormativen Zweigeschlechtlichkeit in nichtbinären und trans* Räumen in Deutschland und der Schweiz (2021).

---

2 Für einen Überblick der internationalen englischsprachigen Queer Anthropology ab 1993 vgl. Boellstorff 2007.

Besonders strukturgebend für die Untersuchung nichtbinärer Geschlechtlichkeiten ist Mike Laufenbergs Forschung zu *Sexualität und Biomacht* (2014) in der er sowohl vergangene als auch zeitgenössische Konflikte um Sexualität im Kontext von Foucaults Analyse der Biomacht untersucht. Dabei steht Sexualität, vor allem Homosexualität und homosexuelles Begehren, als Triebmittel politischer Subjektivierungen zur Rekonstruktion neuer Lebensmöglichkeiten im Fokus seiner Forschung. Die von Laufenberg analysierten Subjektivierungspraktiken und „Queerwerdungen" (ebd.: 185 ff.) können daher zum Teil auch auf nichtbinäre Geschlechtlichkeiten angewandt werden.

Aufgrund fehlender deutschsprachiger Forschung greife ich weitestgehend auf internationale zumeist transdisziplinär ausgerichtete Literatur zurück. Dabei ist häufig die von Amelang et al. (2010) diskutierte Ähnlichkeit der Forschungsmethoden eine geeignete Grundlage, um Arbeiten anderer Disziplinen in kulturanthropologische Forschungen zu übertragen.

1.1.3 Transdisziplinäre Sichtweisen ethnomethodologischer Forschungen auf nichtbinäre und genderqueere Geschlechtlichkeiten

Den oben erwähnten Paradigmenwechsel der Queer Studies in den 1990er-Jahren prägen vor allem die Arbeiten von trans* und inter* Aktivist:innen und Forscher:innen wie u.a. Leslie Feinberg (1993, 1996), Kate Bornstein (1994, 2013), Sandy Stone (1992), Jay Prosser (1998) und Susan Stryker (2008), die sich aus poststrukturalistischer Perspektive mit den alltagsweltlichen Verhandlungen von trans* und inter* Personen auseinandersetzen[3]. Diese Öffnung des Feldes und die in den Arbeiten ausdifferenzierte multiperspektivische Betrachtung von Geschlechtlichkeiten schaffen die Grundlage für heutige Forschungen zu nichtbinären und genderqueeren Identitäten, die im Gegensatz zu früheren feministischen Arbeiten vor allem einen positivistischen Ansatz verfolgen. Statt einer Stigmatisierung und Fokussierung auf die Einschränkungen durch eine Geschlechterbinarität, richten Myra Hird (2016), Surya Monro (2005, 2010, 2019) und Sally Hines

3 Einen umfassenden Überblick geben Susan Stryker und Stephen Whittle in ihrem Werk *The Transgender Studies Reader* (2006). An dieser Stelle werde ich nur auf die einzelnen Autor:innen verweisen, da einzelne Positionen im Verlauf der Arbeit aufgegriffen und genauer erläutert werden.

(2010) u.a. ihren Blick auf die Transgression und das subversive Potenzial von trans* und nichtbinärer Geschlechtlichkeit. Sie bereiten den Weg für eine neue Forschungsrichtung, die die unterschiedlichen Lebenswelten von trans* und genderqueeren Personen zunächst anerkennen und im Weiteren analysieren[4].

In der aktuellen deutschsprachigen Genderforschung stellt Persson Perry Baumgartinger mit seinem Werk zu *Trans Studies. Historische, begriffliche und aktivistische Aspekte* (2017) die Entwicklung der Trans*Studies mit ihren Verknüpfungen sowie relevanten Forschungsmethoden und theoretischen Konzepten vor. So beschreibt er umfassend die alltagsweltlichen Gegebenheiten von trans* Personen in Österreich und Deutschland. Ebenso zu erwähnen ist der Beitrag von Josch Hoenes und Utan Schirmer zu aktuellen Forschungsperspektiven der Trans* Studies (2019), welche ergänzend zu Baumgartingers Forschung die Entwicklung einzelner Richtungen wie der medizinischen oder juristischen Forschung der Trans* Studies aufzeigt. Weitere für die Arbeit relevante Studien werde ich in der Analyse aufgreifen und erläutern.

1.2 Autobiografisches Erzählen von Geschlecht

Biografieforschung und Analysen des autobiografischen Sprechens und Erzählens sind seit den 1970er Jahren immer stärker in den Sozial- und Kulturwissenschaften und seit Ende der siebziger Jahre auch in der Kulturanthropologie als ein bedeutsamer Forschungsgegenstand auszumachen (Lehmann 1977, 1983). Die Analyse autobiografischer Erzählungen wurde maßgeblich durch Einflüsse aus der Linguistik, insbesondere durch die funktional-pragmatische Kommunikationsanalyse ausgearbeitet, welche das Erzählen als sprachliches Handlungsmuster untersucht. Zu nennen sind hier unter anderem Jochen Rehbein und Konrad Ehlich, die sprachliches Handeln als „gesellschaftliche Tätigkeit gesellschaftlicher Subjekte" (Ehlich/Rehbein 1979: 243) begreifen und somit die kontextspezifische Reproduktion der sprachlichen Handlung betonen (vgl. Ehlich 2007). Diesen Ansatz greifen Gabriele Lucius-Hoene und Arnulf Deppermann auf und grenzen das Erzählen als sprachliche Handlungsform von jenen des Argumentierens und Beschreibens ab (vgl. Lucius-

4 Auch hier verweise ich zunächst nur auf die Autor:innen, da ich ihre Positionen in anderen Teilen der Arbeit aufgreifen werde.

Hoene/Deppermann 2004b). Sie beschreiben, wie aus der Narrativität „als wirklichkeitskonstruktives und sinnstiftendes sprachliches Handeln" eine „Identität, die im Medium des Erzählens hergestellt und dargestellt wird", hervorgeht (Lucius-Hoene/Deppermann 2004a: 167). Diese narrative Identität entsteht also im Spannungsverhältnis der diachronen, kontextgebundenen Erzählperspektive und der „alltäglichen oder institutionellen sprachlichen Praktiken der Identitätsherstellung und -darstellung" (ebd.; vgl. auch Lucius-Hoene/Deppermann 2004b: 47–76).

„Im alltäglichen, konversationellen Erzählen von Selbsterlebtem vermitteln Menschen einander ihre Erfahrungen, gleichen ihre Sichtweisen der Welt und des Gangs der Dinge an oder konturieren sich in Abgrenzung voneinander, sie suchen und finden Solidarität oder behaupten sich in ihrer jeweiligen perspektivischen Eigenständigkeit" (Lucius-Hoene/Deppermann 2004a: 167). Die erzählende Person inszeniert folglich ihr „vergangenes Ich der Erzählung" mit der gegenwärtigen Erzählsituation unter Einbezug der zuhörenden Person und macht dadurch Selbstoffenbarungen der Facetten und Strategien einer Identitätsarbeit sichtbar (vgl. ebd.: 168; Quasthoff 2001). Die Erzählung als „selektive Vergegenwärtigung" (Hahn 1988: 94) findet also stets in der Retrospektive zum bereits Ge- und Erlebten statt.

Dabei ist besonders die „Herstellung von Konsistenz und Kontinuität" als identitätsstiftende Elemente der Narration zu betonen, da sie als soziale Notwendigkeiten zur Interaktion gesehen werden (Rosenthal 1995: 133). Jedoch sind Konsistenz und Kontinuität nicht als Notwendigkeiten der Identität per se zu verstehen, sondern vielmehr als durch erzählerische Mittel hervorgebrachte „Sinnproduktion" im Erzählverlauf (vgl. ebd.; Sutter 2013: 93 f.). Folglich bildet autobiografisches Erzählen nicht zwingend eine lebensgeschichtliche Kontinuität ab, sondern erzeugt diese zunächst, sodass die Erzählung als „subjektive Selbstreflexion" und Rekonstruktion der eigenen Lebensverläufe dient (vgl. ebd.: 109). „Das Erzählen von Selbsterlebtem ist somit sowohl Selbst*dar*stellung als auch interaktionell mitbestimmte und emergente Selbst*her*stellung" (Lucius-Hoene/Deppermann 2004a: 168; Hervorh. i. Orig.), sodass narrative Identität sich bestimmen lässt „als die Art und Weise, wie ein Mensch in konkreten Interaktionen Identitätsarbeit als narrative Darstellung und Herstellung von jeweils situativ relevanten Aspekten seiner Identität leistet" (Lucius-Hoene/Deppermann 2004b: 75). Das autobiografische Erzählen kann beispielsweise dem Nachweis sozialer

Basiskompetenzen oder von Normalität sowie der Heilung von belastenden Lebenssituationen durch Erinnerungsarbeit, wie die Erzählung auch im therapeutischen Sinne verstanden wird, dienen (vgl. Fuchs-Heinritz 2009: 72–76; Rosenthal 1995: 167 f.). Daraus wird ersichtlich, dass die Identität im Erzählen situativ (re)produziert und stets neu ausgehandelt wird.

„Indem das Individuum anderen eine Geschichte erzählt, konstruiert es auch für andere ein kohärentes Selbst, dessen Handlungen erwartbar und kalkulierbar sind. Identitätskonstruktionen sind ein Produkt von Interaktionen mit der sozialen Welt und entstehen in einem sozialen Aushandlungsprozess mit anderen“ (Scholz 2004: 30). Narrative Identität nimmt immer auch einen relationalen Charakter mit sich selbst, der Umwelt sowie der zuhörenden Person an und lässt somit Rückschlüsse auf das biografische Verhältnis zu Vergangenheit, Gegenwart und Zukunft der erzählenden Person zu.

In der Frauen- und Geschlechterforschung sind insbesondere Bettina Dausiens Forschungen zum Verhältnis von *Biografie und Geschlecht* (1996, 2001) als zentrale gesellschaftliche Strukturkategorien zu nennen, in denen sie anhand empirischer Beispiele autobiografischer Erzählungen von Frauen sowohl die methodologischen Voraussetzungen als auch die analytischen Funktionen biografischen Erzählens untersucht. Sie arbeitet die durch „weibliche Biografien“ entstehenden Subjektperspektiven, die sich durch die Kategorie Geschlecht manifestieren, sowie die Wege der Rekonstruktion der Lebensgeschichten von Frauen heraus (vgl. Dausien 1996: 6 f.). Dausien zeigt, wie „die unterdrückten und ignorierten Perspektiven gegenüber hegemonialen Deutungssystemen“ (Alheit/Dausien 2009: 296) in biografischen Forschungen verstärkt als Subjekte hervorgehen können. In der volkskundlich-kulturwissenschaftlichen Frauenforschung sind vor allem Carola Lipps kulturhistorische Arbeiten (1986; 2001) zur Analyse weiblicher Lebensrealitäten und Handlungsräume zu erwähnen, die dadurch einen wichtigen Beitrag zur Analyse von asymmetrischen Herrschafts- und Dominanzverhältnissen in spezifischen Zeitabschnitten vor allem des 19. Jahrhunderts leisten. Ein großer Teil der sich mit Geschlecht auseinandersetzenden Studien beschäftigt sich zudem mit Haus- und Reproduktionsarbeit sowie mit Care Berufen, die die Geschlechtlichkeit von Lebensentwürfen und Biografien aus primär weiblicher Perspektive zur Erweiterung marxistischer Gesellschaftsanalysen untersuchen und infrage stellen (vgl. v.a. die Sammelbände von Binder/Hess 2013; Langreiter et al. 2008; aber auch u.a. Mies 1984, 1994; Timm

2005, 2003). Durch die Verknüpfung ethnomethodologischer und interaktionistischer Konzepte von Geschlecht und Biografie zeigt sich, „daß die soziale Konstruktion von Biographie nicht abzulösen ist von der sozialen Konstruktion von Geschlecht" (Dausien 1996: 566). Somit ermöglicht die Verbindung beider Kategorien die Analyse der „Verknüpfung einzelner biographischer Erfahrungen oder 'Interaktionsgeschichten' unter der Perspektive der Kontinuität und biographischen Identität angesichts eines kontinuierlichen Veränderungsprozesses" (Dausien 1998).

Dies erlaubt zudem herrschaftskritische Perspektiven auf Heteronormativität und damit auch auf Zweigeschlechtlichkeit im butlerschen Kontext dekonstruktivistischer Geschlechtertheorien einzunehmen. In diesem Zusammenhang ist Uta Schirmers Forschung zu Drag Kinging als Praxis geschlechtlicher Selbstverhältnisse und Wirklichkeiten (2010) zu nennen, die zum Ziel hat, mithilfe von Erzählungen von Drag Kings „Prozesse der Entwicklung und Gestaltung alternativer geschlechtlicher Möglichkeiten [...] zu rekonstruieren" (ebd.: 395). In ähnlicher Weise versucht Gesa Lindemann in ihrer Arbeit *Das paradoxe Geschlecht* (2011) die Lebenswirklichkeiten von Transsexualität darzustellen und dadurch Möglichkeiten der Subversion im Kontext einer zweigeschlechtlich-heteronormativen Ordnung aufzuzeigen.

Für meine Untersuchungen nichtbinärer Geschlechtlichkeiten ist genau diese Prozessualität der Konstruktion einer geschlechtlichen Identität im Narrativ der Biografie bedeutend, da durch die „gelebten Lebensgeschichten" (Fischer-Rosenthal/Rosenthal 1997: 149) der Interviewpartner:innen ein Blick auf das Selbst sowie den gesellschaftlichen Kontext möglich wird. Die Untersuchung der Gestaltungsformen nichtbinärer Lebensverläufe verweist durch eine Vielzahl von Transitionsprozessen auf ein besonderes Spannungsverhältnis von Differenzerfahrungen und Normalisierungsbestrebungen innerhalb der Biografien hin. Die geschlechtlichen Transitionen führen aus einer Sphäre der Normativität in vielfältige Regulierungen und subjektivierende Bewältigungsstrategien, welche sich in den narrativen Erzählungen abbilden. Durch Erzählmuster und -strategien bilden die Akteur:innen Intelligibilität und Kohärenz ihrer Geschlechtlichkeiten und schaffen somit besondere Formen biografischer Erzählpraktiken. Dabei richte ich meinen Blick weniger auf die Gesamtheit des bisher gelebten Lebens, sondern vielmehr auf die von den interviewten Personen aufgegriffenen „situationalen Selbstthematisierungen" (Hahn 1988: 93) zur sinnstiftenden Reproduktion kontinuierlicher und kohärenter geschlechtlicher Identitäten. Dadurch versuche ich nicht geschlechtliche Identitäten per se zu untersuchen, sondern vielmehr die individuellen Verhandlungen der Geschlechtlichkeit im Kontext gesellschaftlicher Geschlechternormen zu rekonstruieren. Darüber hinaus versuche ich potenzielle, verqueerte „Gegen-Wissen" (Laufenberg 2014: 202) zu einem kollektiven zweigeschlechtlichen Geschlechterwissen nachzuzeichnen. Unter Geschlechterwissen versteht Irene Dölling

> „den biografisch aufgeschichteten, sich aus verschiedenen Wissensformen zusammensetzenden und strukturierten Vorrat an Deutungsmustern und an Fakten- und/oder Zusammenhangs-Wissen, mit dem die Geschlechterdifferenz wahrgenommen, bewertet, legitimiert, begründet bzw. als selbstverständliche, quasi 'natürliche' Tatsache genommen wird. Auf diesen Wissensvorrat greifen die Individuen zurück, wenn sie in konkreten Kontexten und Situationen 'Geschlecht' gemäß den Regeln des zweigeschlechtlichen Klassifizierens 'strategisch' (Bourdieu) einsetzen." (Dölling 2005: 50)

Als Gegenwissen (vgl. Dölling 2007; Laufenberg 2014: 202, 315; Schneider 2009) beschreibe ich demnach jene Wissen, die gegen ein zweigeschlechtliches Klassifizieren und somit subjektivierend für nichtbinäre Personen wirken. Dies umfasst also solche Handlungs- und Denkmuster, die aus der biografischen Erzählung entgegen eines kollektiven, habitualisierten Geschlechterwissens als sinn- und identitätsstiftend hervorgehen. Diese Handlungs- und Denkmuster werden insbesondere in der Selbstreflexion des eigenen Lebenszusammenhangs der:des Erzählenden als Ausdruck „seiner augenblicklichen Stimmung, seiner gegenwärtigen lebensgeschichtlichen Probleme, seiner aktuellen Neigungen und Bedürfnisse" (Lehmann 1983: 32) analysierbar. So bieten die Erzählungen primär durch situationale Selbstthematisierungen Interpretations- und Bewältigungspotential im Spannungsfeld divergenter Geschlechterwissen.

Zur Analyse und Strukturierung der Erzählungen bediene ich mich Lehmanns Modell der „Leitlinien des Erzählens" (ebd.: 20), um die Selbstaussagen als Reflexionen des gegenwärtigen Verhältnisses zum geschlechtlichen Selbst in Zusammenhang mit individuellen und gesellschaftlichen Auseinandersetzungen und Kämpfen in Analysekategorien einordnen zu können. So lassen sich entlang der Leitlinien die Selbstentwürfe, Subjektivierungspraktiken und Konstruktionsprozesse einer kohärenten und kontinuierlichen Identität innerhalb der von Paul Ricoeur benannten narrativen Identität (Ricoeur/ Greisch 1996) deuten.

1.2.1 Autobiografische Selbstthematisierungen

Biografische Kommunikationsformen werden in verschiedenen alltäglichen Praktiken, kulturellen Formtraditionen sowie in anderen sozialen Gewohnheiten sichtbar. Laut Werner Fuchs-Heinritz wird dabei auf „gemeinsam geteilte Ordnungsprinzipien“ (Fuchs-Heinritz 2009: 25) meist in Form von „Formtraditionen und Orientierungsfolien“ (ebd.) zurückgegriffen, welche in ihrer Fülle die alltäglichen autobiografischen Selbstthematisierungen als Ausdruck des Individualismus prägen (vgl. Burkart 2006: 8). Sie treten unter anderem als sogenannte „Biographiegeneratoren“ (Hahn 1987: 12) als Beichte, Anamnese, (Auto-)Biografie, Memoiren, Tagebuch, Brief, Lebenslauf, Akte, Laudatio, Nachruf oder Allegorien der Lebensalter auf (vgl. ebd.; Fuchs-Heinritz 2009: 27–37). Nach Günter Burkart dienen autobiografische Selbstthematisierungen im Zuge des Individualismus zum Ausdruck der „Autonomie“, der „Einzigartigkeit“ und der „Selbstreflexion“ (Burkart 2006: 8) sozialer Akteur:innen. Ich werde mich jedoch im Folgenden nur auf die Selbstreflexionen beziehen, da diese einen besonderen Stellenwert in den geschlechtlichen Biografien nichtbinärer Menschen einnehmen.

Die gesellschaftlichen Entwicklungen im Zuge des Individualismus ziehen eine verstärkte Selbstwahrnehmung und Reflexivität von Individuen mit sich, wodurch primär die Lebensgeschichte und -planung „auf der Suche nach ihrem Selbst“ zunehmend thematisiert werden (vgl. ebd.: 10). Dadurch werden insbesondere in der westlichen Kultur zahlreiche Mittel und „Techniken“ wie „einfache reflexive Denkroutinen (zentriert um die Frage: Wer bin ich?) über Erzählmuster und schriftliche Ausdrucksformen [...] bis hin zu komplexen institutionellen Arrangements“ (ebd. 11) zur Verfügung gestellt. Vor allem seit den 1960er Jahren werden ein „Modernisierungsschub, eine neue ‘Individualisierungswelle’ und neue Anforderungen und Möglichkeiten zur biographischen Kommunikation“ (Fuchs-Heinritz 2009: 81) deutlich, die im Zuge eines „reflexiven Individualismus“ (Burkart 2006: 11) stetig neue Angebote des kontrollierten Selbstbekenntnisses zur Verfügung stellen. Zu den neueren Entwicklungen zählen Formen wie das „biografische Interview, neue Therapieformen, Selbsterfahrungs- und Selbstverwirklichungsgruppen oder Talkshows“ (ebd.), insbesondere aber auch soziale Medien, wie Facebook, Twitter und Instagram, deren primäre Zwecke eine Selbstthematisierung bis hin zur Selbstinszenierung bewirken. „Man erlebt und erfährt sich als Individuum, das sein Schicksal selbst in der Hand hat, das sich selbst klassifiziert, interpretiert, das sich letztlich selbst erschafft“ (ebd.: 17). Durch die heutigen Mittel der Selbstthematisierung unterliegen die (institutionellen) Möglichkeiten, das Selbst und die eigene Biografie verstehen und interpretieren zu können und letztendlich sogar selbst erzeugen zu können – wenn auch in vielen Fällen eher von einer „Illusion der Selbsterschaffung“ (ebd.) gesprochen werden kann – einem so starken Prozess der Veralltäglichung, dass die Thematisierung der Identität und des Selbst für viele Akteur:innen routinierte Handlungen darstellen. „Man kann sozusagen nicht mehr unbefangen (unreflektiert) mit anderen über sich selbst reden, man tut es immer schon in einer quasitherapeutischen Einstellung“ (ebd.: 13). Unter Berücksichtigung, dass die Infragestellung gesellschaftlicher Normen ohnehin ein „Spannungsverhältnis von Normalbiographie und Individualität“ (Kohli 1988: 34) hervorruft, ist vor allem bei Identitäten außerhalb einer Cis-Normativität eine deutliche „Destandardisierung der Normalbiographie“ (Kohli/Robert 1984) im Hinblick auf die geschlechtliche Biografie zu beachten. Damit einhergehend lässt sich auch eine höhere alltägliche Selbstreflexion und Institutionalisierung von Selbstthematisierungen insbesondere in der Form der (Psycho-)Therapie bei nichtbinärer Geschlechtlichkeit ausmachen.

Günter Burkart sieht als Ziel des therapeutischen Gesprächs „das Aufdecken von verborgenen oder verkannten Aspekten des Innenlebens, von Affekten, Leidenschaften und sexuellen Wünschen“ (Burkart 2006: 12), um autonom, kreativ und individuell erfolgreich sein zu können (ebd.: 15). So sprechen Hanns-Georg Brose und Bruno Hildenbrand von einer wachsenden alltäglichen „Biographisierung“ durch selektive Risiken und Irreversibilität im alltäglichen Erleben und Handeln (vgl. Brose/Hildenbrand 1988: 21). Fuchs-Heinritz argumentiert, dass dadurch sowohl „psychoanalytische Denkweisen über den Lebenslauf in das Alltagsgespräch gedrungen sind“ (Fuchs-Heinritz 2009: 45) als auch vermehrt Therapie- und Selbstthematisierungserfahrungen „im Umkreis der modern gesinnten Angestellten- und Akademikerkultur“ (ebd.) Verbreitung fanden. Daher ist es für das Durchführen von autobiografischen Interviews wichtig, diese Routine in Selbstthematisierungspraktiken zu berücksichtigen (vgl. Schaeffer 1988).

So lässt sich für nichtbinäre Geschlechtlichkeiten behaupten, dass von einer „außergewöhnlichen“ Lebensführung (Fuchs-Heinritz 2009: 59 f.) ausgegangen werden kann, da sie außerhalb der Geschlechternorm zu verorten sind. „Der Außenseiter als Subjekt eines ‘unordentlichen’, gestörten Lebens, steht in viel größerem Maß als der Eingefügte unter Reflexionsdruck, denn er ist derjenige, der an vielen Stellen ‘gestolpert’ ist, dem viele Störerfahrungen zugemutet wurden und der die gesellschaftlichen Ordnungsangebote für sein Leben nicht hat akzeptieren können.“ (Sloterdijk 1978: 113 f.) Peter Sloterdijk macht deutlich, dass Menschen, die sich außerhalb normativer Lebensführung bewegen, stärker mit Selbstreflexionspraktiken vertraut sind, als solche die nicht durch äußere Umstände in ihrer Laufbahn gestört werden. Zu betonen ist hier jedoch, dass anders als bei Peter Sloterdijk ausgedrückt, nicht nur Menschen, deren Leben im Sinne der Psychoanalyse gestört sind und die „die gesellschaftlichen Ordnungsangebote“ nicht akzeptieren können, unter Reflexionsdruck stehen. Auch solche, die ohne aktives Zutun außerhalb gesellschaftlicher Normen leben, wie es bei vielen queeren Personen der Fall ist, entwickelt sich ein enormer Reflexionsdruck.

Für die Analyse ist zu beachten, dass fünf meiner Interviewparnter:innen erwähnen, psychotherapeutische Erfahrungen zu haben, jedoch werde ich nicht explizit auf die Therapieerfahrungen eingehen, da sie nur am Rande erwähnt werden. Zum einen sind die Erfahrungen in Anbetracht der teils stark entfremdenden und prekarisierenden Lebensrealitäten der Akteur:innen im Sinne einer „außergewöhnlichen“ Lebensführung (Fuchs-Heinritz 2009: 59 f.) als institutionalisierte Selbstthematisierung zu verstehen, welche der Selbstfindung und Selbstverwirklichung entgegen hoher Konformitätserwartungen dienen soll (vgl. Herma 2019: 32). Die Therapie ist als positive Entwicklung der Biografien zu deuten[5], da sie oftmals das Gespräch für nichtbinäre Personen eröffnet, über ihre Alltagserfahrungen und Lebensentwürfe zu sprechen. Die Therapie gibt Möglichkeiten Kohärenz, Kontinuität und Kongruenz der Geschlechtlichkeit in der autobiografischen Erzählung herzustellen, ohne

5 Es sollte jedoch beachtet werden, dass eine Vielzahl von (Psycho-)Therapeut:innen immer noch trans*feindliche Ansätze vertreten und im pathologisierenden Sinne eine Geschlechtsdysphorie zu behandeln versuchen (vgl. Wahala 2016). Im Falle dessen ist eine Therapie nicht als positiv zu bewerten, sondern stellt eine weitere Form der Diskriminierung in den Lebenswelten von trans* und auch nichtbinären und genderqueeren Personen dar.

gesellschaftliche Sanktionierung befürchten zu müssen. Sie wirkt somit als sinnstiftende Praxis der alltagsweltlichen Erfahrungen der Akteur:innen, da sie zum einen freiwillig ihre Geschlechtlichkeit thematisieren und in der Narration konkretisieren können. Zum anderen wird das autobiografische Erzählen geschult und dementsprechend auch die Konstruktion kohärenter und kontinuierlicher Geschlechtsentwürfe in der Narration. Diese habitualisierte Erzählpraxis zeigt sich auch in nahezu allen Interviews, da die Bitte zur Biografisierung der Geschlechtlichkeit lange monologische Narrationen initiiert, die wenige Unterbrechungen oder Unklarheiten aufweisen. Durch die lebensgeschichtlichen Erzählungen erschließt sich, „wie Personen gesehen werden möchten oder sich selbst sehen" (Schmidt-Lauber 2007: 172) und wie sie „als Expert[:inn]en ihrer Lebenswelt" (ebd. S. 184) ihr geschlechtliches „Selbstverständnis, Alltagswissen und persönliche Vorstellungen" (ebd.) formen.

1.3 Begriffliche Grundlagen nichtbinärer und genderqueerer Geschlechteridentitäten

Im Folgenden werden die Termini zu nichtbinären und genderqueeren Geschlechtlichkeiten definiert, um eine genaue Bestimmung für die Analyse zu ermöglichen. Da es sich bei Geschlechtlichkeit jedoch auch immer um Konstruktionen und Dekonstruktionen handelt, muss für die Terminologie ein gewisser Definitionsspielraum bestehen bleiben. Die Selbstdefinition als Mittel identitärer Definitionsmacht steht dabei im Fokus, um ein *othering*[6] durch Begrifflichkeiten zu vermeiden. Dies schließt mit ein, dass die hier verwendeten Bezeichnungen nur diejenigen meinen, die sich selbst damit identifizieren.

Nichtbinäre und genderqueere Geschlechtlichkeiten beschreiben ein Spektrum von Individuen, die sich mitunter mit uneindeutigen Mischfor-

---

6 Othering bezeichnet die Wahrnehmung von etwas als machtlos dargestelltem „Anderen" aus der Perspektive des mächtigen Eigenen. Vgl. dazu v.a. Simone de Beauvoir im Kontext ihrer Theorie der Subjektivierung von Männern und Frauen als „das Andere". Dazu schreibt sie: „Das Subjekt setzt sich nur, indem es sich entgegensetzt: es hat den Anspruch, sich als das Wesentliche zu behaupten und das Andere als das Unwesentliche, als Objekt zu konstituieren" (Beauvoir 2009: 13). Vgl. dazu auch u.a. Said 1994; Spivak et al. 2011.

men männlicher und weiblicher Identitäten identifizieren. Zum Teil identifizieren sie sich jedoch weder mit der Kategorie männlich noch weiblich (vgl. Catalpa et al. 2019: 305; Harrison et al. 2012). Ebenso findet bei manchen Personen eine temporäre Identifikation als männlich und in anderen Zeiträumen wiederum als weiblich statt oder es findet gar keine Identifikation über Geschlechtlichkeit statt (vgl. Matsuno/Budge 2017: 116 f.). Nichtbinäre Menschen konstruieren also einen Raum der Uneindeutigkeiten, Ambiguitäten und Fluidität, indem sie weder der Geschlechterdichotomie vollkommen widersprechen noch sich damit identifizieren (vgl. Bradford et al. 2018: 155 f.; Doan 2010: 639; Monro 2019: 126; Muñoz 2009: 11; Richards et al. 2016: 95 f.). So kann beispielsweise eine Identifikation auf Ebene des bei Geburt festgelegten biologischen Geschlechts stattfinden, das soziale Geschlecht wird jedoch unabhängig oder nur anteilig darüber definiert.

Trotz einiger Unterschiede im Identifizierungsprozess sowie in der geschlechtlichen Identität selbst werden sie meist unter der Kategorie Trans* aufgeführt (vgl. Catalpa et al. 2019: 305; Stryker 2008). Dabei wird jedoch nichtbinär oder *nonbinary* als Oberbegriff für ein breites Spektrum verschiedener Geschlechtlichkeiten verwendet[7]. Die meisten Personen, die sich außerhalb der Geschlechterdichotomie definieren, bezeichnen sich als genderqueer[8], genderfluid[9], nichtbinär, Enby[10], androgyn[11], agender,

7 Vgl. u.a. Smith/Schindler 2015, Glossary, http://www.transyouthequality.org/glossary/ (zuletzt überprüft am 30.03.2020); Queer Lexikon o.J., Glossar, https://queer-lexikon.net/glossar/ (zuletzt überprüft am 30.03.2020); Catalpa et al. 2019; Harrison et al. 2012; Monro 2005: 13; Richards et al. 2016.

8 Genderqueer wird wie nichtbinäre Geschlechtlichkeit als Oberbegriff für verschiedene Geschlechteridentitäten außerhalb einer Geschlechterdichotomie verwendet (vgl. ebd.).

9 Genderfluide Menschen definieren sich in Distinktion zu einer starren Geschlechteridentität durch temporäre, tagesabhängige oder kontextanhängige Wechsel der Identität oder der „gender expression“ (vgl. Catalpa et al. 2019: 312; Harrison et al. 2012: 20; Richards et al. 2017: 96; Smith/Schindler 2015).

10 Das Substantiv Enby beschreibt eine nichtbinäre Person und ist zu vergleichen mit „Mann“ und „Frau“. Das Wort kommt aus dem englischen von der Abkürzung ‘nb’ für nonbinary (Queer Lexikon o.J.).

11 Androgyne Geschlechtlichkeit zeichnet sich meist durch gleichzeitig existierende maskuline und feminine Aspekte aus (vgl. ebd.)

nogender[12], neutrois[13], bigender, trigender[14], genderfuck[15], Demiboy, Demigirl beziehungsweise demigender[16] oder als Drittes Geschlecht[17] (vgl. Bradford et al. 2018: 156; Catalpa et al. 2019: 307; Matsuno/Budge 2017: 117; Reineck 2017: 266; Richards et al. 2016: 96). So ist es für nichtbinäre Menschen möglich, verschiedene Aushandlungsprozesse der geschlechtlichen Identität im Alltag zu durchlaufen. Diese wechseln zum Teil je nach Tagesverfassung oder je nach Kontext, teilweise sind sie auch von operativen oder hormonellen Behandlungen begleitet (vgl. Catalpa et al. 2019: 307; Conlin et al. 2019; Matsuno/Budge 2017; Monro 2005: 13; Stachowiak 2017). Aufgrund dieser Identifikationsmerkmale stehen besonders nichtbinäre Menschen stetig vor rechtlichen wie auch alltäglichen Herausforderungen, wie beispielsweise bei der korrekten Datendokumentation für Ausweisdokumente oder der Wahl der richtigen (geschlechtsspezifischen) Toilette, worauf ich in Kaptitel 6.2.3 näher eingehen werde (vgl. Conlin et al. 2019: 116; Matsuno/Budge 2017: 117; Richards et al. 2016: 97). Zudem besteht erhöhtes Konfliktpotenzial mit dem sozialen Umfeld durch *misgendernde* Handlungen. *Misgendering* bezeichnet „the use of gendered language that does not match how people identify themselves, such as when people who identify as women are described as men" (Ansara/Hegarty 2014: 260).

---

12 Menschen, die sich als a- oder nogender bezeichnen, identifizieren sich in den meisten Fällen nicht mit einem Geschlechterkonzept (vgl. ebd.)

13 Neutrois wird meist in Assoziation mit einem neutralen Gender verwendet (vgl. ebd.).

14 Menschen, die sich als bi- oder trigender bezeichnen, identifizieren häufig mit zwei bzw. drei Geschlechtern, welche gleichzeitig oder auch temporär abwechselnd empfunden werden können (vgl. ebd.).

15 Genderfuck beschreibt ein Spielen und aktives Verwirren durch Vermischen verschiedener Geschlechterstereotypen (vgl. Catalpa et al. 2019: 307; Queer Lexikon o.J.).

16 Als Demiboy/Demigirl bzw. demigender bezeichnen sich Menschen, die sich teilweise mit einer männlichen oder weiblichen Geschlechtlichkeit identifizieren (vgl. Queer Lexikon o.J.; Smith/Schindler 2015).

17 Der Begriff des dritten Geschlechts wird weitläufig kritisch betrachtet, da er nur eine weitere eng gefasste Kategorie beschreibt und kein weites Spektrum außerhalb der Binarität öffnet. Er wird jedoch in der (ethnologischen) Forschung immer noch häufig verwendet (vgl. Fels 2005; Hossain 2017; Mead 2002).

So wird deutlich, dass eine eindeutige Definition für Individuen außerhalb der Geschlechterdichotomie nur schwer zu fassen ist. Zudem sind verschiedene Kongruenzen aber auch Differenzen mit anderen queeren Geschlechtlichkeiten zu erkennen, wodurch auch Überschneidungen mit Trans*-Identitäten deutlich werden.

Zweites Kapitel
Geschlechtertheoretische Ansätze

Dieses Kapitel konzentriert sich auf die zusammenfassende Darstellung der für die Arbeit wichtigen Theorien zu Geschlechtlichkeit in kulturhistorischer und queer-feministischer Perspektive. Der Fokus liegt auf all jenen Aspekten, die der Position des *doing gender* sowie der poststrukturalistischen und diskurstheoretischen Position der (Re-)Konstruktion von Geschlecht zugrunde liegen. Da dieser komplexe theoretische Rahmen nur schwer in Kürze zu fassen ist, werden vor allem die Aspekte herausgearbeitet, die für das Verständnis von nichtbinären Geschlechtern und die Analyse des erhobenen Materials relevant sind.

Zunächst gehe ich darauf ein, wie sich die Differenzierung und Dichotomisierung der Geschlechter unter historischen Gesichtspunkten entwickelten und wodurch sie sich heute auszeichnen, um die Problematik der Zweigeschlechternorm anhand von Nichtbinarität des Geschlechts zu verdeutlichen. Ausgehend von diesem Zweigeschlechtermodell versuche ich im weiteren Verlauf den theoretischen Prozess bis hin zur Auflösung dieser Kategorien nachzuzeichnen, um die Grundlagen für eine Dekonstruktion der Geschlechterbinarität zu schaffen, welche in der nachfolgenden Analyse am Beispiel nichtbinärer Geschlechtlichkeiten empirisch belegt wird.

2.1 Geschlechterdifferenzierung und Dichotomisierung in kulturhistorischer Perspektive

> „Die Zweigeschlechtlichkeit ist zuallererst eine soziale Realität" (Hagemann-White 1988: 229).

So beschreibt Carol Hagemann-White die sozial konstruierte Differenzierung zwischen den Geschlechtern respektive zwischen Mann und Frau. Dies ist nur ein Beispiel der Dichotomien, welche sich vielfach im Alltagswissen der Gesellschaft wiederfinden. Dabei scheint die Zweigeschlechtlichkeit in der westlichen Kultur *„eindeutig, naturhaft* und *unveränderbar*" (ebd.: 228, Hervorh. i. Orig.) zu sein. Dieser lägen, so Margaret Mead, Formen einer biologischen Arbeitsteilung zugrunde, „die oft nur in sehr entfernter Beziehung zu den ursprünglichen biologischen Unterschieden stehen" (Mead 1992: 10). Diese Zuordnung und Differenzierung zwischen Mann und Frau beziehungsweise männlich und weiblich geschieht oftmals unbewusst, jedoch mit einer solchen Zwanghaftigkeit, dass davon ausgegangen wird, „daß jeder Mensch entweder weiblich oder männlich sein müsse, was im Umgang erkennbar zu sein hat (Eindeutigkeit); daß die Geschlechtszugehörigkeit körperlich begründet sein müsse (Naturhaftigkeit); und daß sie angeboren ist und sich nicht ändern könne (Unveränderbarkeit)" (Hagemann-White 1988: 228).

Michel Foucault schreibt die soziale Konstruktion solcher binären Differenzierungen, wie es die Vorstellung einer Zweigeschlechtlichkeit abbildet, einer der Gesellschaft Stabilität verleihenden Ordnung zu. Diese *Ordnung der Dinge* basiert auf einer Einteilung „des *Gleichen* und des *Anderen (du Même et de l'Autre)*" (Foucault 2017b: 17, Hervorh. i. Orig.) innerhalb der Gesellschaft, um Kohärenz zwischen Ähnlichkeiten und Unterschieden herzustellen (vgl. ebd.: 22).

> „Die Utopien trösten; wenn sie keinen realen Sitz haben, entfalten sie sich dennoch in einem wunderbaren und glatten Raum, […] selbst wenn ihr Zugang schimärisch ist. Die *Heterotopien* beunruhigen, wahrscheinlich weil sie heimlich die Sprache unterminieren, weil sie verhindern, daß dies *und* das benannt wird, weil sie die gemeinsamen Namen zerbrechen oder sie verzahnen, weil sie im Voraus die 'Syntax' zerstören, und nicht nur die, die die Sätze konstruiert, sondern die weniger manifeste, die die Wörter und Sachen (die einen vor und neben den anderen) 'zusammenhalten' lässt" (Foucault 2017b: 20, Hervorh. i. Orig.).

Foucault macht das uns Bekannte an der sprachlichen Terminierung, also einer Bestimmbarkeit, fest und schreibt dem Unbekannten oder Fremden eine Unsagbarkeit und ein Unbehagen zu. Es bedarf also dieser Ordnung, die durch kontinuierliche Rekonstruktion ins Alltagswissen eingeschrieben wird, um Verunsicherung zu vermeiden. So fixiert sich nach Foucault die gesellschaftliche Ordnung in den „fundamentalen Codes einer Kultur, die ihre Sprache, ihre Wahrnehmung, ihre Schemata, ihren Austausch, ihre Techniken, ihre Werte, die Hierarchien ihrer Praktiken beherrschen" (ebd.: 22). Folglich entstehen Repräsentationen der Ordnung in Form von Alltagspraktiken im Sinne einer sozialen Rolle. Diese soziale Rolle spiegelt sich laut Raewyn Connell deutlich in der Zweigeschlechtlichkeit wider. „The notion of a socially provided script for individual behaviour, first learned and then enacted, was easily applied to gender" (Connell 1987: 30). Dem widerspricht eine Nichtbinarität des Geschlechts grundlegend und scheint somit in der westlichen Kultur zunächst undenkbar, da sie keiner eindeutigen Ordnung entspricht.

Demgegenüber stellte Margaret Mead in den 1930er Jahren bei Forschungen über die Geschlechterrollen in mehreren Gesellschaften des Südpazifiks fest, dass nicht überall die in der westlichen Gesellschaft als natürlich angesehene Zweigeschlechterordnung nach vermeintlich biologischen Gegebenheiten besteht und soziale Rollen unterschiedliche Ausprägungen haben können (vgl. Mead 1935). So beschreibt sie zunächst die kulturell unterschiedlichen Zuschreibungen der sozialen Geschlechterrollen und zeigt somit die kulturellen Manifestationen ebendieser. Ferner analysiert sie Gesellschaften, in denen nicht nur zwischen zwei Geschlechtern unterschieden wird, sondern mehrere, nicht konstante, institutionell wechselbare Geschlechter existierten und unterstreicht somit die soziokulturelle Konstruiertheit einer Geschlechterbinarität (vgl. ebd.). Folglich konstatiert sich dadurch nicht nur eine Abwertung oder sogar Überwindung des Biologismus hinter der Geschlechtlichkeit, wie es Hagemann-White beschreibt, sondern auch „eine subtile theoretische Neufassung dessen, was Geschlecht (gender) überhaupt ausmacht" (Hagemann-White/Rerrich 1988: 227). Zweifelsohne existieren auch Körpereigenschaften, vor allem jene, die mit der sexuellen Reproduktion in Verbindung stehen, die auf eine Geschlechtlichkeit schließen lassen können, „jedoch ist ihre Betrachtung und Verwendung als Maßstäbe für einen Primärstatus der Geschlechtszugehörigkeit offensichtlich variabel und von gesellschaftlichen Bedingungen abhängig" (ebd.: 229). Dementgegen soll die Infragestellung einer selbstverständlichen Zweigeschlechterordnung nicht zu einer Dekonstruktion der Anatomie führen, sondern vielmehr einen reflexiven Umgang und eine stärkere Bewusstwerdung für die in der westlichen Kultur vorherrschenden Geschlechterdichotomie schaffen und somit eine unflexible Ordnung aufbrechen (ebd.). Diesbezüglich betont Stefan Hirschauer, dass eine Unterscheidung der Genitalien „nicht automatisch auch zur Klassifikation von Personen [führe], sondern nur aufgrund einer entsprechenden geburtlichen Zuschreibungspraxis und einer präkonstruierten Zeichenhaftigkeit der Genitalien" die Geschlechtskennzeichnung des Individuums stattfinde (Hirschauer 1989: 101).

2.2 Vom Ein-Geschlechter- zum Zwei-Geschlechter-Modell

Die Zweigeschlechterordnung ausgehend von einer biologischen Differenzierung ist aus historischer Perspektive ein relativ junges Phänomen und wird erst durch die „gender revolution", wie sie Salvatore Cucchiari (1996) benennt, geschaffen. Cucchiari beschreibt zunächst auf theoretischer Ebene eine geschlechtslose Phase der Gesellschaft, die keine geschlechtlichen Unterschiede zwischen Mann und Frau und auch nicht zwischen Homo- oder Heterosexualität macht (vgl. ebd.: 56). Mit diesen hypothetischen Überlegungen setzt er den Grundstein, um die historische Relativität der gesellschaftlichen Entwicklung von Geschlechtlichkeit und Klasse zu verstehen.

Auch die historisch ausgerichtete Forschung von Thomas Laqueur untersucht den Wandel der Wahrnehmung des geschlechtlichen Körpers auf Basis der Anatomie. So stellt er die These auf, dass von der Antike bis ins 18. Jahrhundert von einem sogenannten „Ein-Geschlecht-Modell" in der westlichen Gesellschaft ausgegangen wurde, welches die Geschlechtsteile als gleichförmig ansah (Laqueur 1990: 10). Dabei wurde der menschliche Körper von der männlichen Morphologie bestimmt, sodass die Vagina als nach innen verlaufender Penis betrachtet wurde (vgl. ebd.: 25). Gleichsam wurden auch die Körperflüssigkeiten wie Blut, Samen respektive Vaginalsekret sowie Milch nicht als verschiedene Dinge verstanden, sondern als in Relation stehende und sich gegenseitig regulierende Flüssigkeiten (vgl. ebd.: 106 f.; Maihofer 1997: 29). Männer wurden in diesem Modell als wärmere, aktivere und Frauen als kältere, passivere Körper beschrieben und Prozesse wie die Menstruation bei Frauen[1] oder Nasenbluten bei Männern wurden als äquivalent gesehen und dienten dem Ausgleich von geringerer Hitze und hoher Feuchtigkeit innerhalb des Körpers (ebd.). Eine geschlechtliche Differenzierung fand also primär aus männlicher Perspektive in graduellen (negativen) Abweichungen zum Weiblichen statt, sodass der biologische Unterschied nicht grundlegend ontologischer Natur war (vgl. ebd.: 30). So konnten beispielsweise Frauen durch stark erhöhte körperliche Hitze zu Männern werden, indem ihr Pe-

1 Hier muss angemerkt werden, dass nicht nur Frauen menstruieren können.

nis sich nach den Gesetzen der Thermodynamik ausdehnte und nach außen stülpte. Männer konnten jedoch umgekehrt nicht zu Frauen werden, da, wie Laqueur nach Paolo Zacchia argumentiert, „nature always tends towards the more perfect" (Laqueur 1990: 141 f.). So war der Penis für die Zuordnung des Geschlechts das fundamentale Erkennungsmerkmal. Ein Geschlechtsrollentausch, wie beispielsweise in Shakespeares Werken, durch Übernahme von Verhaltensformen oder Kleidung konnte somit zu größerer Konfusion als in der heutigen Zeit führen (Garber/Bußmann 1993: 35 ff. & 51 ff.). Daher waren sowohl die Kleiderordnung als auch die Verhaltensformen deutlich strenger organisiert, um die soziale Ordnung nicht zu gefährden:

> „Dress, occupation, and particular objects of desire were allowed to some and not to others, depending on whether they had sufficient heat to extrude an organ. The body thus seemed to be the absolute foundation for the entire system of bipolar gender" (Laqueur 1990: 135).

Erst mit der Etablierung einer bürgerlichen Gesellschaft im 18. Jahrhundert entstand nach Laqueur eine Differenzierung der Anatomie und somit ein „Zwei-Geschlecht-Modell" (Laqueur 1990). Er zeigt auf, dass

> "almost everything one wants to *say* about sex – however sex is understood – already has a claim about gender. Sex, in both the one-sex and the two-sex worlds, is situational; it is explicable only within the context of battles over gender and power" (ebd.: 11, Hervorh. i. Orig.).

Durch dieses neue Geschlechter- und auch Sexualitätsdispositiv, welches durch die Epoche der Aufklärung und ihre Erkenntnisse entstand, rückt der geschlechtlich kodierte Körper in den Vordergrund und prägt das Alltagswissen auf eine neue Art, die eine Dichotomisierung und Hierarchisierung verstärkt (vgl. Cucchiari 1996: 41; Laqueur 1990: 194; Maihofer 1997: 31). Durch diese "kulturtheoretische 'Biologisierung der Weiblichkeit'" (Degele 2008: 62) wird die Dichotomisierung von scheinbar „ahistorischen, natürlichen Geschlechtskörpern" (Maihofer 1997: 22) auf gesellschaftlicher, institutioneller wie auch auf normativer Ebene gefestigt. Zwar, und das ist der zentrale Punkt sowohl für die Differenzierung als auch für nichtbinäre Geschlechtlichkeit, müssen *sex* und *gender* nicht immer in Übereinstimmung stehen, jedoch wird laut Robert Stoller die Genderidentität immer in Bezug auf *sex* und einer sich daraus ergebenden Kohärenz gesehen, was Widersprüche jedoch nicht ausschließt.

> “Gender identity starts with the knowledge and awareness, whether conscious or unconscious, that one belongs to one sex and not the other, though as one develops, gender identity becomes much more complicated, so that, for example, one may sense himself as not only a male but a masculine man or an effeminate man or even a man who fantasises being a woman” (Stoller 1984: 10).

Jedoch erkennt Laqueur mit der Trennung der beiden Ebenen, dass die Biologie genauso sehr von kulturellen Normen beeinflusst wird, wie Kultur auf Biologie basiert. So waren „Mann“ und „Frau“ während des 17. Jahrhunderts primär soziokulturelle Rollen, die nicht zwingend ein Geschlechtsein einschlossen und somit *sex* nicht als ontologische Kategorie wirken ließen (vgl. Laqueur 1990: 142). Die Relation zu diesen Biologismen „erweist sich im Gegenteil als ‘Effekt’ des modernen bürgerlichen Geschlechterdiskurses sowie als ‘Erfindung’ medizinischer, biologischer, psychiatrischer, philosophischer und politischer Diskurse“ (ebd.), wodurch die Konstruktion der Binarität und somit auch die Möglichkeit einer Dekonstruktion dieser deutlich wird.

Im Folgenden wird nun eine interaktionistische Konstruktion von Geschlecht als Folge der Einschreibung der Dichotomie in ein alltägliches Geschlechterwissen erläutert. Genauer wird sich damit befasst, welche Zuschreibungen, Inszenierungen, Praktiken und Darstellungen für eine Geschlechtszugehörigkeit notwendig sind.

2.3 Interaktionistische Konstruktion binärer Geschlechter

Wie lässt sich nun die Konstruktion einer Geschlechterbinarität und die damit verbundene Relation von (ver)geschlechtlich(t)em Körper und sozialem Geschlecht fassen? Dieser Frage kann sich mit den aus der Soziologie stammenden konstruktivistischen Konzepten angenähert werden. Stefan Hirschauer untersucht dazu (binäre) Geschlechtlichkeit aus der Perspektive von alltäglichem Geschlechterwissen, welches sich auf drei kulturelle Basisannahmen stützt: „Dichotomizität, Konstanz und Naturhaftigkeit der Geschlechtszugehörigkeit“ (Hirschauer 2004: 21). Ferner untersucht er das sich in Alltagspraktiken äußernde Geschlechterwissen, durch welches „Interaktionsteilnehmer ihre Geschlechtszugehörigkeit fortlaufend performativ zur Darstellung bringen“ (ebd.). Seine Konzeption basiert auf an trans* Personen durchgeführten ethnomethodologischen und mikrosoziologischen Studien durch Harold Garfinkel (1967), Suzanne J. Kessler und Wendy McKenna (1985) sowie Ervin Goffman (1977). Trans* Personen weisen nach Hirschauer einen gesellschaftlichen Irritationsstatus in alltäglichen Praktiken und Wahrnehmungsprozessen auf und bieten dadurch „einen innergesellschaftlichen Zugang zur Kontingenz unserer Geschlechterwirklichkeit“ (Hirschauer 1993b: 24). Die oben genannten Forschungen versuchen die „Herstellung des ‘natürlichen Unterschieds’“ (Hirschauer 1989: 100) aufzuzeigen, um die Frage zu klären, wie es zu einem binär funktionierenden, wechselseitig exklusiven Geschlechtersystem kommt und welche Alltagsprozesse eine Rolle spielen (vgl. Degele 2008: 79). Mithilfe der Verfremdung der Geschlechterordnung durch trans* Personen zeigt sich demnach die „interaktive und situationsspezifische Konstruktionspraxis“ von Geschlechtlichkeit (ebd.). In der frühesten Forschung von Harold Garfinkel über die trans* Frau Agnes wird die Interaktionsarbeit und ihr *Passing*, also der Prozess bis sie als Frau wahrgenommen wird, deutlich (vgl. Degele 2008: 80; Garfinkel 1967). Garfinkel untersucht die sozialen Praktiken, die sich Agnes aneignen muss, um eine gesellschaftlich wahrgenommene Geschlechtstransformation vollziehen zu können. Dabei kann der Prozess der Wahrnehmung der Geschlechtszugehörigkeit in eine darstellende und eine zuschreibende Ebene unterteilt werden (vgl. Hirschauer 1989: 103): „members’ practice alone produce the observable-tellable normal sexuality of persons, and do so only, entirely, exclusively in actual, singular, particular occasions through actual witnessed displays of common talk and conduct“ (Garfinkel 1967: 181).

Durch diesen auf meist unbewusstem Geschlechterwissen basierenden, interaktiven Aushandlungsprozess von Geschlechtsein findet auf beiden Ebenen, sowohl im Handeln als auch in der Wahrnehmung, eine Klassifikation statt. Hirschauer zeigt, „daß die Geschlechtszugehörigkeit von Teilnehmern wesentlicher Effekt interaktiver Leistungen ist, durch die kulturelle Bedeutungen in *Geschlechtsattributionen* zugeschrieben und in *Geschlechtsdarstellungen* gezeigt werden“ (Hirschauer 1989: 102, Hervorh. i. Orig.). Dieser Prozess findet über „ritual idioms“ wie Goffman das Repertoire von geschlechtlich konnotierten Praktiken nennt, statt (Goffman 1977). Hirschauer beschreibt diese als „sexuierte Darstellungselemente“ (Hirschauer 1989: 104), wodurch die darstellende Person innerhalb der sozialen Ordnung in Relation zu den wahrnehmenden Personen situiert wird und dadurch wiederum eine Konstruktion der Geschlechtlichkeit stattfindet (ebd.: 105). Goffman stellt die

These auf, dass die Konstellation der Geschlechter einer Ordnung unterliegt und somit die Handlungsfreiheit, Geschlechtlichkeit zu reproduzieren, durch diese eingeschränkt ist.

> „Der Unterschied der Geschlechter wird also nicht nur in Interaktionen erzeugt, er wird zugleich von Institutionen geregelt: der Paarbeziehung, der Familie als Sozialisationsinstanz, dem Arbeitsplatz und seinen Trennungen, dem Wettkampf. 'Institutionelle Reflexionen' scheinen so eine Form jener erwähnten Schnittstellen zwischen Interaktionsordnung und Gesellschaftsstruktur zu sein" (Goffman/Knoblauch 1994: 41).

So argumentiert er, dass die soziale Ordnung nicht zwingend „kulturell standardisierte Darstellungsformen" vorgibt, jedoch dabei hilft, „aus einem verfügbaren Repertoire von Darstellungen auszuwählen" (ebd.: 83). Garfinkel begründete die zumeist wahrgenommene Zweigeschlechtlichkeit mit einem einhergehenden Geltungsverlust, der dadurch entstehe, als anderes Geschlecht gesehen zu werden (Garfinkel 1967: 122). So wird gesellschaftlicher Druck ausgeübt, als dem *sex* entsprechend entweder männlich oder weiblich wahrnehmbar zu sein. Erst in Krisensituationen, wie es am Beispiel von trans* Personen deutlich wird, zeigt sich ein explizites Geschlechterwissen in der Interaktion. Hier wird sowohl von den „Lesenden" als auch den „Gelesenen" die soziale Norm der Zweigeschlechtlichkeit gestört und beide stellen das Geschlecht auf hervorgehobene Weise in der Interaktion her (vgl. Degele 2008: 80). Goffman spricht hier von einem „*Identifikationssystem*" (Goffman/Knoblauch 1994: 137), welches durch

> „Praktiken der Verortung und Benennung, wenn man sie als ein einziges System behandelt, zur Bestimmung derjenigen [dienen], mit denen wir Umgang haben, und sie ermöglichen so erst die Fortsetzung dieses Umgangs; beide Gruppen von Praktiken bestärken in hohem Maße die Kategorisierung entlang der Linie der Geschlechtsklassen. Schon vom Anbeginn einer Interaktion gibt es also eine Tendenz dazu, Dinge in geschlechtsbezogenen Begriffen zu formulieren; auf diese Weise stellt die Geschlechtsklasse ein Gesamtprofil oder einen Behälter zur Verfügung, auf das die unterscheidenden Merkmale zurückgeführt oder in den sie hineingeleert werden können" (ebd.: 138).

Die Identifikation entsteht also zunächst auf Basis körperlicher Geschlechtlichkeit in einer interaktiven Wahrnehmung, die also nicht nur auf ein Repertoire von Darstellungsmöglichkeiten, sondern auch auf ein Repertoire von Lesarten zurückgreift.

Darauf basierend versucht Hirschauer „die These einer *sozialen Konstruktion des Geschlechts* plausibel zu machen, die den Körper nicht als Basis, sondern als *Effekt* sozialer Prozesse sieht“ (Hirschauer 1989: 101, Hervorh. i. Orig.). Dabei geht er von einer „Bedeutungslosigkeit (bzw. absurden Bedeutungsüberfülle) körperlicher Phänomene und Verhaltensweisen“ (ebd.) aus, wie sich durch die „Sexuierung“ körperlicher Merkmale in Interaktion am Beispiel von trans* Personen zeigt. Diese werden also erst oder nur dadurch als kohärent geschlechtlich gelesen, wenn sie sich eine spezifische *Unterscheidungspraxis* zu eigen machen.

> „Ich meine hier unser *Identifikationssystem*, das zwei miteinander verbundene Dinge einschließt: erstens die Mittel, mithilfe derer wir entdecken, 'wer' in unseren Gesichtskreis gekommen ist, das heißt unsere Verortungspraktiken, und zweitens die Mittel der Benennung dessen, was wir auf diese Weise verortet haben. In Hinsicht auf die Verortung ist es klar, daß die äußere Erscheinung, die bei beiden Geschlechtern als angemessen gilt, die Typisierung der Geschlechter schon aus einiger Entfernung ermöglicht“ (Goffman/Knoblauch 1994: 137, Hervorh. i. Orig.).

Entscheidend für Hirschauer ist, dass sowohl Geschlechtsattributionen als auch Geschlechtsdarstellungen für die beteiligten Personen an kulturell geprägte Kompetenzen und Verantwortungen gebunden sind, die für das Lesen der Geschlechtszugehörigkeit bedeutend sind. So entsteht „eine dichte *Kollaboration* in der Unkenntlichmachung eines Konstruktionsprozesses“ (Hirschauer 1993b: 55, Hervorh. i. Orig.), da die beteiligten Personen jeweils auf das Zugeständnis einer Natürlichkeit ihrer eigenen Geschlechtszugehörigkeit angewiesen sind, um innerhalb der sozialen Ordnung intelligibel zu erscheinen (vgl. Maihofer 1997: 62).

So wird bei Hirschauer deutlich, dass es sich bei Geschlechtlichkeit um etwas Prozessuales, Gelebtes und auch Transformatives handelt, was in Interaktion entsteht. Auch wenn er weitestgehend von einer „Sexuierung“ innerhalb einer Zweigeschlechtlichkeit ausgeht, sind die durch seinen interaktionistischen Ansatz gewonnenen Erkenntnisse für eine Analyse nichtbinärer Geschlechtlichkeit von großem Nutzen. Durch die Möglichkeit eines *passings* bei trans* Personen wird die Umkehrung der Trennung von *sex* und *gender*, also die Auflösung eines biologischen Determinismus, und dadurch ein diskontinuierliches Verhältnis derselben möglich.

Ein für die Kulturanthropologie bedeutender Ansatz, welcher eine ähnlich interaktionistische Herangehensweise verfolgt und sich ebenfalls aus den oben genannten Trans*-Forschungen herausbildete, wurde von Candace West und Don Zimmerman durch den Begriff des *doing gender* (1987) geprägt. Darin unterteilen sie Geschlechtlichkeit auf Robert Stollers (1984) Konzept aufbauend in *sex*, *sex category* und *gender* (West/Zimmerman 1987: 127). Während *sex* und *gender* weiterhin als biologisch konnotierte und sozial konstruierte Geschlechtlichkeit bestimmt werden, beschreibt *sex category* die alltägliche Anwendung von *sex*-Kriterien, ähnlich wie bei Hirschauer. Sie müssen jedoch nicht mit *sex* übereinstimmen, da diese nicht in Abhängigkeit zueinander gesehen werden. So verstehen West und Zimmerman Geschlecht ebenfalls als Geschlechtsattributionen auf Grundlage sozialen Handelns in Form eines interaktiven, routinierten, alltäglichen Prozesses aller Interaktionsbeteiligten (vgl. Degele 2008: 80; Hirschauer 1993a; West/Zimmerman 1987). Daraus resultiert, dass Menschen kein Geschlecht *haben*, sondern es interaktiv *konstruieren* und *reproduzieren*.

Durch diese Darstellung des Geschlechterwissens hinterfragen West und Zimmerman wie auch Goffman und Hirschauer die Abhängigkeit sozialer Geschlechtlichkeit von einem biologischen Determinismus, welcher sich institutionell festigte (vgl. Goffman/Knoblauch 1994: 107; West/Zimmerman 1987: 132). Durch die Einführung einer *Sex Category* schaffen sie die Möglichkeit, Geschlechtlichkeit „under an infinitely diverse set of circumstances" zu rekonstruieren (ebd.: 139). So leiten sie daraus die Frage ab, inwiefern biologische Faktoren überhaupt in Beziehung zu *gender* stehen und institutionelle Ordnungen von Zweigeschlechtlichkeit, wie sie beispielsweise in der gesellschaftlichen Arbeitsteilung deutlich werden, von diesen beeinflusst sind (vgl. ebd.: 140). Jedoch tendieren auch sie weiterhin dazu Geschlecht lediglich in Binaritäten auszudrücken. Ferner erkennen sie, dass die Aushandlungen von Geschlechterrollen außerdem über die soziale Position bestimmt werden und diese kontinuierlich reproduzieren (vgl. ebd.: 146). „Gender is a powerful ideological device, which produces, reproduces, and legitimates the choices and limits that are predicated on sex category. An understanding of how gender is produced in social situations will afford clarification of the interactional scaffolding of social structure and the social control processes that sustain it" (ebd.: 147).

Sie unterstreichen noch einmal die Entkopplung von *sex* und *gender* im Sinne einer der Anatomie losgelösten geschlechtlichen Performanz und hinterfragen die Selbstverständlichkeit von Hirschauers Basisannahmen einer natürlichen „Dichotomizität, Konstanz und Naturhaftigkeit der Geschlechtszugehörigkeit“ (Hirschauer 2004: 21). Durch *Doing Gender* wird eine nichtbinäre ebenso wie eine nicht nur exklusive Geschlechtlichkeit erst denkbar. Geschlechtlichkeit wird eine alltäglich zu rekonstruierende, kulturelle und interaktive Performanz.

Während die hier erarbeitete, herkömmliche Sichtweise die Trennung von biologischem und sozialem Geschlecht jedoch kaum kritisch betrachtet, und zwar nur insofern, als dass „der Geschlechtskörper als *Moment* [oder nach Hirschauer als *Effekt*] des sozialen Geschlechts begriffen wird“ (Maihofer 1997: 40, Hervorh. i. Orig.), vertiefen die im Folgenden zu betrachtenden theoretischen Ansätze die allgemeine Infragestellung der Kategorie „Geschlecht“. Die vor allem durch Judith Butler angeführten Konzepte zeigen auf, dass nicht nur *gender*, sondern auch *sex* Produkte der sozialen Ordnung sind, was in einer Dekonstruktion des Geschlechts als solches resultiert. Dieser dekonstruktivistische Denkansatz ist für die Nachvollziehbarkeit nichtbinärer Geschlechtlichkeit unverzichtbar.

2.4 Diskursive Dekonstruktion von Sex und Gender

Die zuvor beschriebene Entkopplung von *sex* und *gender* macht deutlich, dass Geschlechtsstereotype und geschlechtlich differenziertes Verhalten nicht auf biologische Faktoren zurückzuführen, sondern ein Produkt gesellschaftlicher Machtverhältnisse sind (vgl. Degele 2008: 101). Um die Prozesse des Geschlechtseins zu verstehen, versucht Judith Butler nicht nur *gender*, sondern auch *sex* als hegemoniales Konstrukt sichtbar zu machen und mithilfe diskursiver Praktiken die soziale Ordnung zu hinterfragen (vgl. ebd.: 103; Butler 1991a). Butler stellt in dem 1990 veröffentlichten Buch *Gender Trouble* die These auf, dass „das Geschlecht (*sex*) definitionsgemäß immer schon Geschlechtsidentität (*gender*) gewesen ist“ (Butler 1991a: 26). They gelangt zu dem Schluss, dass sowohl die Kategorie „Frau“ als auch der anatomische Geschlechtsunterschied sowie die Zweigeschlechtlichkeit als soziale Konstrukte zu entnaturalisieren und dekonstruieren seien (ebd.: 218). Butler zeigt, wie eine „Plausibilität dieser binären Beziehung diskursiv hervorgebracht wird“ (ebd. 60) und argumentiert, dass in einem patriarchalen System mit einer heterosexuellen Hegemonie, Geschlecht (*sex*), Geschlechtsidentität (*gender*) und Sexualität ein Auftreten von „‘inkohärent’ oder ‘diskontinuierlich’ geschlechtlich bestimmte[n] Wesen“ nicht zulässig sei (ebd.: 38). Kohärenz und Kontinuität sind also an gesellschaftlich institutionalisierte und aufrechterhaltende Normen der Intelligibilität im Sinne einer sozial und kulturell normierten Wahrnehmbarkeit geknüpft und halten somit die soziokulturelle Ordnung aufrecht (vgl. ebd.). Durch diese „kulturelle Matrix“ werden demnach bestimmte Körper, Geschlechterentwürfe sowie Begehren ausgeschlossen, wodurch jene außerhalb der Intelligibilität liegen (ebd.: 38 f.). Folglich liegt auch Nichtbinarität als inkohärente oder diskontinuierliche Identität außerhalb der sozialen Ordnung, da „bestimmte kulturelle Konfigurationen der Geschlechtsidentität die Stelle des 'Wirklichen' eingenommen haben und durch diese geglückte Selbst-Naturalisierung ihre Hegemonie festigen und ausdehnen“ (ebd.: 60). Geschlechtlichkeiten außerhalb der Geschlechterdichotomie erfahren jedoch keine Naturalisierung und liegen somit im Bereich des „Unwirklichen“ (ebd.).

Ferner argumentiert Butler, dass die Begrifflichkeiten für Eingriffe und Bedeutungsveränderungen stets offen sind und als „fortdauernde diskursive Praxis“ gesehen werden können (ebd.). Kohärenz und Kontinuität entstehen somit durch sich wiederholende Praktiken und stetige Performativität[2] der Geschlechtsidentität, welche sich in die soziale Ordnung einschreiben und gleichzeitig innerhalb dieser verortbar sind. Diese geschlechtlichen Praktiken formen eine scheinbare Subjektposition der Geschlechtsidentität des Individuums. Gleichzeitig unterliegen sie durch die Rahmung der sozialen Ordnung einer spezifischen gesellschaftlichen Vorstellung, welche sie nur durch eine kongruente Erscheinung geschlechtlich intelligibel werden lässt (vgl. ebd.: 61). „Als substantivische Identität zu gelten, ist zudem eine mühsame Aufgabe, da diese Erscheinungen durch ein Regelsystem erzeugte Identitäten sind“ (ebd.: 212). So muss das Individuum ständig und wiederholt die Normen der sozialen Ordnung reproduzieren, um als Subjekt zu gelten.

Durch diese (körperliche) Identitätsarbeit im Sinne von geschlechtlicher Identitätspraxis wird deutlich, dass sich die soziale Geschlechtlichkeit mit der Vorstellung einer Geschlechterdichotomie auch auf die körperlich codierte Geschlechtlichkeit übertragen lässt und hier eine Binarität herstellt (vgl. De-

2 Mit dem Begriff der Performativität erfasst Butler sowohl das Konzept des *doing gender* (Kessler/McKenna 1985; West/Zimmerman 1987) als auch Foucaults Geschlechtertheorie als diskursives Konstrukt (Foucault 1978, 1986).

gele 2008: 108; Straube 2004: 126 f.). Erst durch die Dekonstruktion dieser Verhältnisse macht Butler deutlich, dass folglich auch der Geschlechtskörper eine fortlaufende soziale Konstruktion erfährt (Butler 1991a: 67). Zu beachten ist jedoch, dass damit keine historische Willkür gemeint ist und Geschlechterrollen oder Geschlechtlichkeit nicht einfach ausgedacht oder willkürlich inszeniert werden. Vielmehr betont Butler eine historische Bedingtheit der sozialen Geschlechterordnung und den daraus geltenden Normen: „Der Körper wird zu einem spezifischen Nexus von Kultur und Wahl, und 'seinen Körper existieren' wird zum individuellen Weg, die gegebenen Geschlechtsnormen aufzugreifen und zu reinterpretieren" (Butler 1991b: 64).

2.5 Rekonfigurationen von Geschlecht

In diesem 'Aufgreifen' und 'Reinterpretieren' der Geschlechtsnormen liegt nach Butler aber auch die Möglichkeit zur Rekonfiguration von Geschlecht. Durch die Reinterpretation als aktive Praxis eröffnen sich Handlungsmöglichkeiten zur Rekonfiguration pluralistischer, neuartiger und individueller Identitäten (vgl. Butler 1991a: 213; Maihofer 1997: 42).

> „Wenn die Regeln, die die Bezeichnung anleiten, nicht nur einschränkend wirken, sondern die Behauptung alternativer Gebiete kultureller Intelligibilität ermöglichen, d.h. neue Möglichkeiten für die Geschlechtsidentität eröffnen, die den starren Codes der hierarchischen Binaritäten widersprechen, ist eine Subversion der Identität nur *innerhalb* der Verfahren repetitiver Bezeichnung möglich." (Butler 1991a: 213).

Veränderungen sind also nur innerhalb der Normen der sozialen Ordnung möglich, ergeben sich nach Butler aber auch nahezu zwangsläufig durch die „Mannigfaltigkeit" von Anweisungen „eine gegebene Geschlechtsidentität *zu sein*" und der daraus entstehenden „inkohärenten Konfigurationen" (ebd.). So gibt es zwar Überschneidungen in den Identitäten „eine gute Mutter, ein heterosexuell begehrenswertes Objekt, ein tüchtiger Arbeiter zu sein" (ebd.), jedoch kann es nicht zu einer vollkommenen Kongruenz kommen. Durch dieses Konfliktpotenzial ergibt sich die Möglichkeit zur Rekonfiguration innerhalb der geschlechtlichen Normen, welche Butler primär auf körperlicher Ebene erkennt. Durch die Inszenierung der „Körperoberflächen *als* das Natürliche [...], können sie umgekehrt zum Schauplatz einer unstimmigen, entnaturalisierten Performanz werden, die den performativen Status des Natürlichen selbst enthüllt“ (ebd.: 214). In der Erkenntnis, dass der geschlechtlich codierte Körper eine Repräsentation der sozialen Ordnung darstellt, sieht Butler die Chance zur Subversion. Für they stellt die Travestie eine wichtige Form der Subversionspraxis dar, da sie „sich sowohl über das Ausdrucksmodell der Geschlechtsidentität als auch über die Vorstellung von einer wahren geschlechtlich bestimmten Identität (*gender identity*) lustig macht“ (ebd.: 201). Esther Newton beschreibt *Drag* wie folgt:

> “At the most complex, it is a double inversion that says ‘appearance is an illusion.’ Drag says, ‘my outside’ appearance is feminine, but my essence ‘inside’ [the body] is masculine.’ At the same time it symbolizes the opposite inversion: ‘my appearance ‘outside’ [my body, my gender] is masculine but my essence ‘inside’ [myself] is feminine’” (Newton 2006: 124).

In der „doppelten Umkehrung“ wird daher noch einmal deutlich, dass keine Kausalität von *sex* zu *gender* vorliegt, sondern der geschlechtliche Körper respektive die Geschlechtlichkeit per se als Illusion inszeniert wird (vgl. hierzu auch Maihofer 1997: 43). Nur innerhalb der sozialen Ordnung herrscht der Zwang nach einer Vereinheitlichung von Geschlechtlichkeit sowie einer „*Übereinstimmung* von anatomischem Geschlechtskörper und geschlechtlicher Identität“ (ebd.: 44). So wird am Beispiel der häufig diskriminierenden Alltagswelten von trans* und nichtbinären Personen der gesellschaftliche Zwang einer kohärenten Identität innerhalb der hegemonial heterosexuellen Geschlechterordnung besonders deutlich. Trotz der stetigen Gebundenheit an gesellschaftlich gegebene Geschlechternormen und -rollen „müssen wir doch keineswegs notwendig *ein* identisches, authentisches Geschlecht sein, noch sind wir in unserer Geschlechtlichkeit unbedingt an unseren geschlechtlichen Körper gebunden“ (ebd.). Dies macht deutlich, dass „durchquerte, vervielfältigte und veruneindeutigte“ (Weber 2004: 117) Geschlechtlichkeiten außerhalb der kulturellen Konstruiertheit anatomischer Körperlichkeit möglich sind.

Dabei geht es nicht darum, Identitäten, die sich eindeutig als Frau oder Mann sehen, zu verneinen, sondern eine Vervielfältigung der Geschlechter und eine Öffnung sexueller Orientierungen möglich zu machen. Diese Öffnung belegt Butler mit dem Begriff der Subversion. Andreas Reckwitz beschreibt die Subversion als das „Potenzial der ständigen Durchbrechung eingespielter Routinen von performances“ (Reckwitz 2004: 46). Damit ist die Möglichkeit der Störung, Transformation oder Verschiebung der Normen innerhalb der sozialen Ordnung, insbesondere der Geschlechterhegemonie, gemeint (vgl. Butler 1991a: 123 ff.). Diese zeigt sich in „Formen der Wiederholung, die keine einfache Imitation, [oder] Reproduktion" der Normen darstellen (ebd.: 57), sondern diese unterwandern. Subversive Strategien beabsichtigen jedoch nicht die alleinige Umkehrung der sozialen Ordnung. Vielmehr sollen sie die Kontingenz aber auch Veränderbarkeit dieser aufzeigen und so eine Neuformulierung erreichen (vgl. Butler 2019: 174).

Besonderes Widerstandspotenzial sieht Butler in queeren Praktiken „als Ausdruck der Verwerflichkeit zu einem Ausdruck für politisierte Zugehörigkeit" (ebd.: 176). Sie stellen subversive Strategien dar, welche durch „Wiederholungen hegemonialer Formen der Macht [...], die daran scheitern, getreu zu wiederholen, und die in diesem Scheitern Möglichkeiten eröffnen, die Begriffe der Verletzung gegen ihre verletzenden Zielsetzungen zu resignifizieren" (ebd.). Das heißt, dass diese Praktiken aus der sozialen Ordnung selbst stammen müssen und diese gegen sich selbst wenden lassen, um in einem Raum der Ambivalenz ein Widerstandspotenzial gegen die Eindeutigkeit und Naturhaftigkeit von geschlechtlicher Identität zu erzeugen (ebd.: 177). Butler macht dies am Beispiel der Travestie (1991a) und *drag* (2019) durch die parodistische Wiederholung der geschlechtlichen Inszenierungen deutlich. „In diesem Sinn ist *drag* in dem Maße subversiv, in dem es die Imitationsstruktur widerspiegelt, von der das hegemoniale Geschlecht produziert wird, und in dem es den Anspruch der Heterosexualität auf Natürlichkeit und Ursprünglichkeit bestreitet" (ebd.: 178). So enttarnen Praktiken des *drag* oder *cross-dressing* die politisch erzwungene Performanz der Geschlechteridentität und stellen damit Möglichkeiten der Transformation und Verschiebung der geschlechtlichen Ordnung her (vgl. Butler 1991a: 215).

Nichtbinäre Geschlechtlichkeiten stellen somit eine weitere Möglichkeit der Verschiebung oder Verqueerung der geschlechtlichen Ordnung dar. Dieses, wie Regina Frey es nennt, *transitive* Konzept von Geschlechtlichkeit verwirft zugleich auch eine Zweigeschlechtlichkeit zwischen zwei Polen und schafft ein *multiples* Geschlechter-Konzept, das „die Unterdrückungsverhältnisse mit Hilfe bestimmter Vorstellungen geschlechtlicher Identität (nämlich normiert, dual und heterosexuell)" ablehnt (Frey 2003: 68).

Zur Umsetzung dieser Öffnung entstehen im Nexus von Körperlichkeit, Geschlechtlichkeit und Geschlechterpraktiken spezifische „Technologien des Selbst" (Foucault 1995: 20). Diese Selbsttechniken beschreiben Praktiken, die den Individuen dazu dienen, sich selbst zu beobachten und in Bezug auf „Problematisierungen, in denen das Sein sich gibt als eines, das gedacht werden kann und muss" zu be- und hinterfragen (ebd.: 19). Das Geschlecht-Sein drückt sich also in „Formen der Bearbeitung von Denk-, Gefühls- und Verhaltensweisen; Praxen der Bearbeitung des eigenen Körpers, der Körperbeherrschung oder -veränderung, etc." (Schirmer 2010: 50) aus und schafft somit einen Modus der ständigen „praktisch-reflexiven Bezugnahme auf sich selbst" (ebd.). Die Geschlechtlichkeit wird also zu einer individuellen Existenzweise (Maihofer 1997), die es ermöglicht im Verhältnis zu sich selbst (und anderen) Identität als dynamisch zu praktizieren.

Butlers Forschung zur Dekonstruktion von Geschlecht als solches lässt jedoch die Frage größtenteils offen, wie innerhalb dieser gesellschaftlichen Kontingenz empirisch gezeigt werden kann, wie dennoch eine Subjektivierung der Geschlechtlichkeit, auch in Andrea Maihofers Sinne einer Existenzweise, und somit eine Dekonstruktion von Binarität möglich wird.

2.6 Queertheoretische Zugänge zu Geschlecht

Die Analyse solcher queeren Geschlechtlichkeiten schafft die Grundlage für die Ausarbeitung einer Queer Theory. Darunter entstehen seit Anfang der 1990er Jahre zahlreiche Forschungen, die „die Analyse und Destabilisierung gesellschaftlicher Normen von Heterosexualität und Zweigeschlechtlichkeit" (Jagose/Genschel 2017: 11) zum Gegenstand haben. Gleichzeitig wird die Queer Theory aber in ihrer Komplexität immer schwerer zu fassen. Somit soll an dieser Stelle kein Überblick über wichtige theoretische Konzepte innerhalb dieser vorgestellt werden, sondern nur exemplarische Ansätze für die Untersuchung von nichtbinärer Geschlechtlichkeit herangezogen werden[3].

Ebenso wie Butler betrachtet auch José Esteban Muñoz in seinem Konzept der *disidentification* das Geschlecht-Sein von und durch *drag*. In seiner Studie *Disidentifications. Queers of Color and the Performance of Politics* (1999) erarbeitet Muñoz durch die Untersuchung von US-amerikanischen „queer of color"-Performance-Künstler:innen eine Perspektive zur „Neuverhandlung bzw. Umarbeitung subjektivierender Anrufungen in und durch Performance-

3 Zur Einführung in Queer Theory: Lauretis (1991), Warner (1993), Hark (1993), Butler (1994), Genschel (1996), Jagose (2000), Turner (2000), Laufenberg (2023).

Praxen“ (Schirmer 2010: 34). Er beschreibt diese Praxen wie folgt: „Disidentification is meant to be descriptive of the survival strategies the minority subject practices in order to negotiate a phobic majoritarian public sphere that continuously elides or punishes the existence of subjects who do not conform with the phantasm of normative citizenship" (Muñoz 2009: 4).

Die Künstler:innen erarbeiten demnach Überlebensstrategien, durch die sie sich mithilfe inhärenter Umarbeitung dominant ideologischer Strukturen eine Subjektposition schaffen. Das heißt, sie lehnen die Hegemonien nicht ab, identifizieren sich aber auch nicht vollständig mit ihnen, sondern erarbeiten von innen heraus einen „dritten Modus“, der eine produktive Dimension darstellt (vgl. ebd.: 11 f.) und somit ähnlich wie bei Butler Veruneindeutigungen und Verqueerungen zulässt.

> "Disidentification is about recycling and rethinking encoded meaning. The process of disidentification scrambles and reconstructs the encoded message of a cultural text in a fashion that both exposes the encoded message's universalizing and exclusionary machinations and recircuits its workings to account for, include, and empower minority identities and identifications. Thus, disidentification is a step further than cracking open the code of the majority; it proceeds to use this code as raw material for representing a disempowered politics or positionality that has been rendered unthinkable by the dominant culture" (ebd.: 31).

Muñoz Konzept weist somit auch mögliche Handlungsräume für nichtbinäre Menschen auf, die sich ebenfalls in einem fluiden Spektrum von Geschlechtlichkeit, also weder in der vollständigen Ablehnung noch einer einheitlichen Aneignung, bewegen. Diese Handlungsräume fassen Christina Richards et al. (2016) in Strategien zum Ausdruck der Geschlechtlichkeit zusammen: Die Strategie der „Erweiterung“ oder „Umgestaltung“ von Raewyn Conell beschreibt die Ausweitung oder Öffnung bestehender Kategorien und der darin verankerten Stereotype von männlich und weiblich (Connell 2015: 267; 304). Eine andere Strategie beschreibt die Diversifizierung von Geschlechtlichkeit, sodass ein Spektrum verschiedener Ausdrucksformen, Praktiken und Erfahrungen entsteht (Matsuno/Budge 2017: 117; Monro 2019: 129). In einer ähnlichen Weise funktioniert die Strategie der Auflösung oder Verneinung von geschlechtlichen Unterschieden, wie sie vor allem von Bear Bergman und Kate Bornstein beschrieben wurde (Bergman/Barker 2017; Bornstein 1994). Diese Strategie hat eine „non-gendered social order“ (Monro 2005, 2010) zum Ziel, woraus unmittelbar die politische Wirkungsmacht und das soziale Wandlungspotenzial durch eine Öffnung zum Nichtbinären erkenntlich wird (Monro 2005: 81). Die vierte Strategie ist die der Ambiguität oder „VerUneindeutigung" (Engel 2002: 14 f.). Durch eine Schaffung von „VerUneindeutigung und Destabilisierung", wie Antke Engel es beschreibt, wird eine feste, lebenslange Eingeschlechtlichkeit angefochten sowie „die symbolische und soziale Bedeutung geschlechtlicher und sexueller Existenzweisen zwar immer in Relation zum, aber verbunden mit der überschreitenden Abwendung von binär-hierarchischen, normativ-heterosexuellen System entfalten" (ebd.: 15).

Diese theoretischen Konzepte lassen sich in den unterschiedlichen Bewältigungsstrategien und geschlechtlichen Narrationspraktiken der im vierten Kapitel folgenden Analyse erkennen. Oftmals ist keine eindeutige Trennung oder eine klare Zuordnung einer Strategie möglich, da Überschneidungen, Vermischungen oder auch Abweichungen und neue Strategieentwicklungen von den Individuen zum Ausdruck der Geschlechtsidentität genutzt werden.

Drittes Kapitel
Forschungspraktische Zugänge

Bevor ich zur Analyse des erhobenen Materials komme, stelle ich zunächst die forschungspraktischen Grundlagen meiner Forschung sowie das untersuchte Feld nichtbinärer Geschlechtlichkeiten dar. Im ersten Abschnitt beschreibe ich die gewählte empirische Methode des autobiografischen Interviews, um im Anschluss zu verdeutlichen, wie sich der Forschungsverlauf mit der gewählten Methode sowie die darauffolgende Transkription, Kodierung und Analyse gestalteten. Im dritten Abschnitt fasse ich einige forschungspraktische Überlegungen in Bezug auf meine Rolle als Forschender sowie die Positionen meiner Interviewpartner:innen zusammen, um die forschungsethischen Aspekte meiner Arbeit zu explizieren. Insbesondere im Themenfeld marginalisierter Geschlechtlichkeiten ist es wichtig Herausforderungen und Überlegungen, die sich schon vor und während der Forschung zeigten, zu reflektieren. Im vierten Abschnitt stelle ich schließlich das untersuchte Feld und die Akteur:innen vor.

3.1 Methodisches Vorgehen

Als methodische Grundlage dieser Arbeit zur Erhebung und Auswertung der empirischen Daten dient mir die methodische Praxis des qualitativen Interviews (vgl. Schmidt-Lauber 2007: 170; Schröder 1992: 11 ff.). Die Form des „offenen" oder „leitfadenorientierten" (Schmidt-Lauber 2007: 176 ff.) qualitativen Interviews zielt auf spontane Erzählungen aus dem Leben der Interviewten ab, um, anders als beim Berichten, Beschreiben oder Argumentieren, der vergangenen Handlung so nah wie möglich zu kommen (vgl. Scholz 2004: 10). Besonders in der von Fritz Schütze geprägten Form des narrativen Interviews können die „Orientierungsstrukturen des faktischen Handelns auch unter der Perspektive der Erfahrungskapitulation in beträchtlichem Maße rekonstruiert" werden (Schütze 1977: 1). Zudem erfordern narrative Interviews jedoch auch eine „einsozialisierte Alltagskompetenz des Erzählens" sowie „Erzähl- und Selbstreflexionskompetenz" (Völter 2006: 274). Dies ermöglichte mir, „biografische (Re)Konstruktionen, Identitätsentwürfe, Wahrnehmungen, Erfahrungen, Deutungen und Handlungsmotive der Menschen zu erkunden" (Spiritova 2014: 120) und dadurch Veränderungen und (Re-)Konstruktionsprozesse geschlechtlicher Identitäten der Interviewten zu ergründen. Durch die lebensgeschichtlichen Erzählungen erschloss sich mir, „wie Personen gesehen werden möchten oder sich selbst sehen" (Schmidt-Lauber 2007: 172) und wie sie „als Experten ihrer Lebenswelt" (ebd.: 184) ihr geschlechtliches „Selbstverständnis, Alltagswissen und persönliche Vorstellungen" (ebd.) formen. Um eine höhere Vergleichbarkeit der größtenteils autobiografischen Erzählungen zum geschlechtlichen Entwicklungsprozess und Handeln, aber auch zu geschlechtlichen Orientierungsmustern und Wertvorstellungen der interviewten Personen zu gewährleisten, erschien mir die Form des „leitfadenorientierten Interviews" am geeignetsten (vgl. ebd.: 177; Spiritova 2014: 121). Dabei werden vorformulierte Fragen oder Kategorien situationsangemessen im Gespräch eingebunden, ohne „in einen unflexiblen Umgang mit dem Fragenleitfaden zu fallen" (Schmidt-Lauber 2007: 177). Vor allem durch die Offenheit gegenüber Veränderungen der Situation ist das leitfadenorientierte Interview näher an der Kommunikationsform des Gesprächs zu verorten (vgl. Sutter 2013: 124). Dies ist hinsichtlich der Sensibilität des Themenfelds einer außerhalb der normativen Wertvorstellung liegenden Geschlechtlichkeit wichtig, da insbesondere im Kontext von Diskriminierungserfahrungen eine möglichst „entspannte Erzählsituation [...], die es dem Gesprächspartner ermöglicht, seine Erfahrungen und Vorstellungen in einer ihm angemessenen und vergleichsweise gewohnten Form zur Sprache zu bringen" essenziell für den Gesprächsverlauf ist (Schmidt-Lauber 2007: 175). Im Gegensatz zum „offenen Interview" (ebd.) bietet das leitfadenorientierte Interview sowohl genügend Flexibilität, um im Gespräch aufkommende Themen durch zuvor nicht vorformulierte Fragen zu vertiefen oder die Abfolge der Themen situativ zu variieren, als auch dem Gespräch exmanente Aspekte einzubringen. So sichert ein eingegrenzter, auf wenige Fragen oder Themenbereiche beschränkter Fragebogen die Vergleichbarkeit der Interviews meiner Forschung ab. Gleichzeitig achtete ich darauf, den strukturierenden Eingriff meinerseits zu begrenzen, um den Gesprächspartner:innen die Möglichkeit zu geben, eigene Relevanzsysteme und Sinnhorizonte auszuwählen (vgl. v.a. Schütze 1977; sowie Rosenthal 1995: 186 ff.; Fischer-Rosenthal/Rosenthal 1997: 139 ff.).

Zu Beginn der Interviews gab ich den interviewten Personen die Möglichkeit, Rückfragen zu stellen, die in der vorherigen Kommunikation über E-Mails oder per Chat nicht geklärt wurden. So schilderte ich meist erneut mein Forschungsprojekt und den Ablauf des Interviews sowie das weitere Vorgehen mit den erhobenen Daten. In seltenen Fällen wurden Fragen zu meiner eigenen Positionalität und meiner geschlechtlichen Identität gestellt. Im Rahmen dieser Befragungen wurde deutlich, dass meine eigene Position als queerer Forscher als durchaus wichtig wahrgenommen wurde, um ein nötiges Vertrauen für einen gewissenhaften, kritischen Umgang mit dem erhobenen Material zu gewährleisten.[1]

In dieser Einstiegsphase, um in das Interview einzuleiten, war für meine Forschung die Anregung eines möglichst offenen Erzählimpulses, der primär als Bezugspunkt des weiteren Gesprächsverlaufs diente, von besonderer Relevanz. Dafür wählte ich als erzählgenerierenden Stimulus die Bitte, mir die eigene Geschichte der Geschlechtlichkeit von ihren Anfängen oder den ersten Erinnerungen einer Auseinandersetzung bis zur gegenwärtigen Situation zu erzählen. Dies führte nicht notwendigerweise zur Erzählung der gesamten Lebensgeschichte, sondern ließ offen, welche biografischen Erfahrungen im Kontext geschlechtlicher Identität thematisiert wurden. Dadurch verdeutlichen sich die „Leitlinien des Erzählens“ (Lehmann 1983) in Hinblick auf die Darstellung von Erinnerungen an Nichtbinarität als „Lebensthema“. Darauffolgend wurden durch immanente Nachfragen an von den Interviewpartner:innen in der Eingangserzählung angeführten Themen angeknüpft (vgl. ebd.: 56). Das Ansprechen einzelner Aspekte und Situationen zielte auf die konkrete Verortung sozialer Zusammenhänge und Handlungsabläufe ab, um Relevanzsysteme der Befragten besser verstehen und vertiefen zu können. Abschließend stellte ich Nachfragen zu bis dahin nicht angesprochenen Themenbereichen.

---

1 Hierzu schreibt Robin Bauer, dass mit der Positionierung stets auch eine Machtaushandlung stattfinde. In seinem Beitrag zu inter* Personen erläutert er: „Eine Cis*- oder Trans*Forscher*in könnte sicherlich versuchen, einer Inter*Person wahrhaftig oder metaphorisch zu folgen, ihr über die Schulter zu schauen, in der Hoffnung ihren Standpunkt einzunehmen. Dies würde wahrscheinlich neue Perspektiven eröffnen, jedoch wäre die Verkörperung und gesellschaftliche Verortung niemals dieselbe. Dieser Einschränkung der Beweglichkeit des eigenen Standpunkts muss also immer Rechnung getragen werden“ (Bauer 2017: 34f.).

Dadurch konnte ich mir aus früheren Interviews oder der Forschungsliteratur als bedeutend erscheinende Aspekte ebenfalls abgleichen.

Für eine lockere und vertraute Erzählsituation während des Gesprächs versuchte ich durch eine teilweise dialogische Öffnung der Interviewsituation, in der ich auch Informationen über mich oder eigene Erzählungen preisgab, eine höhere Reziprozität zu erzeugen. Dabei blieb jedoch im Gegensatz zum Alltagsgespräch die Rollenverteilung von fragender und befragter Person auch trotz einer angestrebten 'Natürlichkeit' den Beteiligten stets deutlich und bewusst (vgl. Schmidt-Lauber 2007: 179 f.).

3.2 Forschungsverlauf

Die neun circa ein- bis zweistündigen Interviews wurden über einen Zeitraum von Januar 2020 bis Oktober 2021 geführt. Dabei überließ ich es den interviewten Personen, an welchem Ort sie sich treffen wollten, um sowohl eine vertraute als auch eine der Fragestellung angepasste Umgebung wählen zu können (vgl. ebd.: 178). Die meisten Interviews fanden an öffentlichen Orten, in Cafés oder in Parks statt. Lediglich zwei Interviews wurden im privaten Raum der eigenen Wohnung beziehungsweise im Garten der interviewten Person geführt, was ich den Wohnsituationen junger Menschen in Wohngemeinschaften und einer Angst vor zu viel Einblick in die Privatsphäre durch den Forschenden zuschreibe. Drei Interviews mussten aufgrund der Kontaktbeschränkungen während der Coronapandemie per Videoanruf geführt werden und weisen daher einige Veränderungen der Erzählsituationen auf. Eine interviewte Person erklärte sich aufgrund technischer Komplikationen während des online geführten Interviews zu einem persönlichen Treffen zu einem späteren Zeitpunkt und somit einem teils fortführenden, teils neu akzentuierenden Gespräch bereit.

Die aufgezeichneten Interviews wurden zeitnah zu den Gesprächsterminen vollständig und wörtlich transkribiert[2] sowie wenn gewünscht hinsichtlich

---

2 Zur besseren Lesbarkeit wurden einige Interviewpassagen in dieser Arbeit teilweise geringfügig sprachlich geglättet, wenn diese Teile, bspw. Interjektionen oder Verzögerungslaute wie „Ehm“, für die Interpretation nicht bedeutsam waren. Wortwiederholungen sowie abgebrochene Wörter löschte ich für den Forschungsbericht. Sprachliche Hervorhebungen sind durch Majuskeln gekennzeichnet, Satz- und Wortabbrüche werden durch Bindestriche an der Abbruchstelle markiert.

aller Personen-, Orts- und Vereinsnamen anonymisiert[3]. Da der eigene Name oft einen wichtigen identifikatorischen Faktor im Leben der interviewten Personen darstellt, bezog ich sie in den Prozess der Pseudonymisierung mit ein. Die Transkripte und auf Wunsch auch die Audioaufnahmen stellte ich den Personen nach Fertigstellung zur Verfügung und bat um Zustimmung, diese in der vorgelegten Form weiter verwenden zu können. An einer Stelle wurde nachträglich um die Auslassung eines Teils des Interviews gebeten.

Im Anschluss wurden die transkribierten Interviews zusammen mit den Notizen, Memos und Protokollen der Datenerhebung anhand thematischer Schwerpunkte codiert und hinsichtlich einer Rekonstruktion alltäglicher, kollektiver Praxen, sozialer Kontexte und geschlechtlicher Sinnhorizonte der Verqueerung einer Zweigeschlechtlichkeit ausgewertet. Dabei muss beachtet werden, dass bereits das Transkribieren von Gesprochenem in verschriftlichte Sprache eine „Veränderung der Quelle" und somit eine Art Vorinterpretation darstellt (vgl. Schmidt-Lauber 2007: 181 f.).

Für die Analyse der Interviews entwickelte ich zunächst einen Katalog von Schlagwörtern, die entweder abstrahierend den Inhalt eines Interviewausschnitts darstellten oder selbst aus dem Gesagten der interviewten Personen stammten. So entstanden die Analysekategorien aus den Interviews selbst, welche dann in einem nächsten Schritt unter Berücksichtigung anderer Studien und Theorien zur vergleichenden Analyse auf eine höhere Abstraktionsebene gebracht wurden. Dabei stehen nicht nur die einzelnen Aussagen der interviewten Personen im Fokus, sondern immer auch der Gesamtzusammenhang des Interviews im Vergleich zu den anderen Interviews

---

Aussagen des Interviewers sind mit „I", diejenigen der Interviewten mit „B" gekennzeichnet.

3 An dieser Stelle möchte ich auf eine Problematik der wissenschaftlichen Anonymisierungspraxis hinweisen die u.a. von Maria do Mar Castro Varela angesprochen wird. Sie beschreibt „das Verschwinden" der Interviewpartner:innen im primär forschungsethischen Akt der Anonymisierung. Dies bewirkt ein Hervorheben der Machtkonfiguration im Feld der Wissenschaft, was die Anonymisierung also nicht nur als Schutz des Forschenden sowie der „Beforschten" agieren lässt, sondern sich auch als Zuschreibung der Interpretationshoheit des Forschenden und Entziehung der Möglichkeit des direkten Einspruchs der Interviewpartner:innen auswirkt (vgl. Castro Varela 2007: 108 f., besonders FN 5) Aus diesem Grund habe ich meinen Interviewpartner:innen stets die Wahl gelassen, ob und wie das erhobene Material anonymisiert oder pseudonymisiert werden soll.

(vgl. Sutter 2013: 129). Von besonderem Interesse waren hier vor allem die biografischen Bestandteile „der eigenen Geschichte der Geschlechtlichkeit" aus den Eingangserzählungen und die Form ihrer Darstellung und Ausführlichkeit. Das Aufstellen von Analysekategorien barg dabei einige spezifische Schwierigkeiten, da wie Bornstein schreibt, die Kategorisierung von etwas Fluidem, Nicht-Kategorisierbaren eine Herausforderung darstellt. "To attempt to divide us into rigid categories [...] is like trying to apply the laws of solids to the state of fluids: it's our fluidity that keeps us in touch with each other. It's our fluidity and the principles that attend that constant state of flux that could create an innovative and inclusive transgender community" (Bornstein 1994: 69). So sind die Analysekategorien stets als unnatürlich abgetrennte Bereiche der Alltagswelten der Akteur:innen zu sehen, die in ihrer Fluidität und Uneindeutigkeit in Reziprozität teils überlagernd und in zirkulären Prozessen nicht eindeutig rigide kategorisiert werden können.

Um hier dennoch den interviewten Personen gerecht zu werden, gestaltete ich den Forschungs- und Auswertungsprozess so transparent wie möglich und wie gewünscht. Hier folgte ich Ansätzen kollaborativen Forschens und verlagerte die Definitions- und Repräsentationsmacht zurück ins Feld durch Miteinbeziehen in den Auswertungs- und Feedbackprozess, bevor die Arbeit eingereicht wurde (vgl. Hauer et al. 2021: 7).

3.3 Reflexion

Wie schon erwähnt, beabsichtigt die Methode des narrativen Interviews eine möglichst geringe Beeinflussung der interviewenden Person. So ist nach Schütze „die narrative Erfahrungsrekapitulation [...] nicht auf die interaktive Dynamik und Gesprächsorganisation der kommunikativen Situation, in der das Handlungsschema des narrativen Interviews stattfindet, zurückzuführen" (Schütze 1984: 79). Dennoch ist durch den dialogischen Aufbau sowie die Interaktion mit den Gesprächspartner:innen im Rahmen der Untersuchung von Geschlechtlichkeit eine eindeutige Beeinflussung der Interviewsituation erkennbar (vgl. Schirmer 2010: 74). Durch die Frage, wie die gegenseitige geschlechtliche Wahrnehmung der jeweils anderen Person stattfindet, befand ich mich im Laufe der Interviews immer wieder in neuen Situationen, abhängig davon, welche geschlechtlichen oder sozialen Verortungen sich im Gespräch entwickelten. „Denn in den Erzählungen ist gewissermaßen als situatives a priori immer ein Bild der Person enthalten, der die Geschichte erzählt wird" (Lindemann 2011: 21). Gelegentlich wurden diese „konstitutiven unterschwelligen Annahmen" (ebd.) expliziert, sodass ich Einblicke zu den Prozessen der Interviewpartner:innen bekam, wie ich gelesen wurde, welche Gemeinsamkeiten und Unterschiede mir zugeschrieben, aber auch welche „queeren" Kompetenzen mir dadurch zugetraut wurden. Teilweise überraschte es mich sogar, wen sich meine Interviewpartner:innen imaginierten, wie beispielsweise an folgendem Kommentar deutlich wird: „Mir fällt ein, dass ich Sascha auch für einen Frauennamen gehalten habe. [...] Ja, ich habe gedacht, da kommt eine queere Frau. Und habe gedacht, schon in der Transition oder was ist hier los?" (Interview Rio: 81). So wurden auch mir durch meinen geschlechtsunspezifisch konnotierten Vornamen und die thematische Verortung teils nichtbinäre oder zumindest nicht-cis-inhärente Eigenschaften zugeschrieben. Dadurch wurden die Interviewsituationen zu reziprok erfahrbaren Situationen eines Verqueerens von Zweigeschlechtlichkeit, was die Konstitution von Geschlechtlichkeit auch in Situationen des Erzählens erlebbar machte. Dieser Verortungsprozess bezieht sich ebenfalls auf die Überprüfung der Reflexionsfähigkeit des Forschenden und der Frage, „ob nur Menschen, die selbst trans* oder inter* sind das Recht bzw. die Fähigkeit haben, Aussagen im Forschungskontext zu treffen" (Sauer 2015a: 7). Zu bedenken ist in jedem Fall die Nähe zur Lebensrealität und den Problemen des Forschungsfeldes, um mögliche Objektivationen der Menschen zu vermeiden (vgl. ebd.). So gibt auch Robin Bauer in Bezug auf Donna Haraways Konzept der *Situierten Wissen* im Prozess der Wissensproduktion zu bedenken, dass „[e]in alltägliches Leben mit Cis*-Privilegien und ohne das Anecken an der Norm der Zweigeschlechtlichkeit [...] beispielsweise einen ganz anderen Blick auf die soziale Realität als die gesellschaftliche Positionierung als inter- oder transgeschlechtlich" ergibt (Bauer 2017: 33). Diese „Einschränkung der Beweglichkeit des eigenen Standpunkts" (ebd.: 34) ist für die Erkenntnismöglichkeiten meiner Forschung von hoher Bedeutung, insofern dass Objektivität letztendlich nur „partiale Subjektpositionen" in Relation zu anderen partialen Subjektpositionen sein kann (ebd.: 37; vgl. auch Haraway 2006: 107 f.). Es geht also weniger darum,

> „dass Forschende sich unabhängig vom Kontext als inter*, trans* oder cis* 'outen' müssen oder sich gar eindeutigen Identitätskategorien zuordnen müssen [...]. Es geht [...] vielmehr um die Übernahme von Verantwortung für die eigene

> Verstrickung in gesellschaftliche Machtstrukturen und die Folgen dessen für die Wissen, die produziert werden, also um eine politisch-ethische Dimension in der Wissensproduktion" (Bauer 2017: 37 f.).

Demzufolge ist es für meine Forschung von besonderer Relevanz eine „fortlaufende Reflexion und Kritik und die Übernahme der Verantwortlichkeit für die selbst generierten Wissen" (ebd.: 39) zu berücksichtigen. Nach Bauer resultiert daraus eine „Art Verwundbarkeit der Forschenden" (ebd.). So positioniert er die forschende Person als auch die Forschung am Rande einer „neutralen Wissenschaft" (ebd.). Neben der Gefahr der Annahme einer objektiven Wahrheit weist Vivianne Namaste in diesem Kontext auf objektifizierenden Tendenzen beispielsweise bei trans* Forschung hin. "Despite an investment in social inquiry, however, prevailing paradigms within the social sciences risk objectifying the issues, populations, and people they study. Within such a framework, a research problematic is defined by and for sociologists instead of the people who live in the milieu being studied" (Namaste 2007: 27).

In meinem Forschungsprozess war es daher essenziell, die Interviewpartner:innen nicht als „beforschte Objekte" anzusehen, sondern vielmehr als „Wissenssubjekte" in einem interaktiven Generierungsvorgang von Wissen. Sämtliche erhobenen Daten und deren Analyse wurden in verschiedenen Arbeitsphasen den Interviewpartner:innen zugänglich gemacht und auf Wunsch angepasst, sodass den Interviewpartner:innen stets die Möglichkeit gegeben war, Subjektpositionen zu generieren und die verarbeiteten Daten mit ihren Lebenswelten abzugleichen.

Ebenfalls erwähnenswert scheint es, dass den meisten der interviewten Personen empirische Forschungen in Form von autobiografischen Interviews durch ihren eigenen Bildungsweg oder spezifische Arbeitskontexte sowie ehrenamtliche Tätigkeiten vertraut waren (vgl. Kapitel 4.3.5). Dadurch befand ich mich in einem zur Forschung relativ offen eingestellten Feld, musste jedoch stets mit einer dem Thema und damit verbundenen Negativerfahrungen geschuldeten Skepsis rechnen. Vor allem mein Auftreten und die oftmals damit einhergehende Geschlechterattribution als cis-Mann erschwerten mir in manchen Situationen sowohl den Feldzugang als auch eine Vertrautheit zu meinen Interviewpartner:innen herzustellen. Durch diesen „Statusunterschied" (vgl. Dobeneck/Zinn-Thomas 2014) und die mir vorerst zugeschriebene fehlende queere Kompetenz musste ich mein Vorgehen, Vertrauen zu gewinnen, besonders reflektieren und planen.

Ebenso befanden oder befinden sich viele meiner Interviewpartner:innen in psychotherapeutischer Behandlung und sind daher mit dem autobiografischen Sprechen besonders vertraut, was sich auch in den Interviews widerspiegelt (vgl. Kapitel 4.3.2). So konnte ich von einer Geübtheit im selbstreflektierten Erzählen ausgehen. Dies ließ die Interviews einerseits deutlich strukturierter verlaufen und brachte eine gewisse Leichtigkeit und Routine in den Erzählvorgang. Andererseits nahm ebendiese Routine die Spontaneität der Erzählung, wodurch die Akteur:innen oftmals berichteten, statt ihre geschlechtliche Biografie zu erzählen (vgl. Kapitel 1.2.1 und 4.3.2).

3.4 Untersuchte Felder und Akteur:innen

Für die Forschung führte ich neun teilstrukturierte autobiografische Interviews mit acht Personen, die sich mit den Selbstbeschreibungen nichtbinär, genderqueer, agender oder ähnlichen Selbstzuschreibungen außerhalb einer Zweigeschlechtlichkeit identifizieren. Aufgrund der selbstdefinitorischen Wirkmächtigkeit nichtbinärer Geschlechtlichkeiten war es notwendig, den Kontakt über Mailinglisten von LGBTQIA*-Organisationen und deren Vermittlung, das heißt im 'Schneeballverfahren', herzustellen, da ein Zugang zum Feld über teilnehmende Beobachtungen zu keinen Ergebnissen führte. Dies lässt erste Schlüsse auf Veruneindeutigungen auf visueller Ebene zu, da es zwar im Rahmen von Trans*-Cafés und ähnlichen Treffpunkten Möglichkeiten des Feldzugangs gibt, jedoch keine klare Zuordnung der Akteur:innen ohne Vorbefragung stattfinden konnte. So waren explizite Interviewanfragen an nichtbinäre Personen zielführender. Gleichzeitig beschränkte dies meine forschungspraktischen Zugänge jedoch auf diese daraus entstandenen narrativen Interviews und die Beobachtungen während der Interviewsituationen. Hauptkriterium meiner Auswahl war, dass sich die auf meinen Aufruf gemeldeten Personen in irgendeiner Weise außerhalb eines binären Geschlechtersystems definieren. Dabei spielte eine lokale Verortung des Wohnorts oder eine Verortung innerhalb einer bestimmten Sozialschicht sowie zeitliche Faktoren des Identifikationsprozesses wie das Lebensalter (vgl. Lehmann 1983: 41-50) keine Rolle. Das bedeutet, dass meine Interviewpartner:innen in unterschiedlichen Städten leben und sich an unterschiedlichen Punkten der Auseinandersetzung mit ihren geschlechtlichen Identitäten befinden sowie verschiedene Bildungshintergründe aufweisen. So ist von manchen ein Identifikationsprozess außerhalb einer Geschlechterdichotomie über Jahre oder Jahrzehnte zu vermerken, für andere wiederum liegt die Selbstbeschreibung als nichtbinär nur einige Wochen bis Monate zurück.

Im Folgenden werde ich meine Interviewpartner:innen, ihre Lebensbedingungen sowie ihr Selbstverständnis von Geschlechtlichkeit vorstellen, um so die sozialen Kontexte der erzählten Geschlechtlichkeiten zu verdeutlichen. Zudem nenne ich die selbstgewählten Pronomen der Personen, um das Leseverständnis zu erleichtern.

Biogramm von Nica

Nica lernte ich über einen gemeinsamen Bekannten als nichtbinär und genderqueer kennen. Nica erklärte sich für mein erstes Interview für die Masterarbeit im Januar 2020[4] bereit und wir trafen uns in einem Café. Er:sie ist zum Zeitpunkt des Interviews 24 Jahre alt, studiert Konferenzdolmetschen und arbeitet im Bereich audiovisueller Übersetzungen. Des Weiteren nutzt Nica sowohl grammatisch maskuline (er/ihn/sein) wie auch feminine (sie/sie/ihr) Pronomina gleichwertig.

Biogramm von Juli

Juli lernte ich über eine E-Mail-Anfrage mit meinem Forschungsvorhaben über eine Trans*-Organisation kennen. Nach einem E-Mail-Austausch trafen wir uns im Januar für ein Interview in einem Café. Zu diesem Zeitpunkt war Juli 21 Jahre alt und studierte Nachhaltige Sozialpolitik, strebte jedoch eine Hebammenausbildung an, die er im Oktober begann. Zudem ist Juli seit einigen Jahren sehr engagiert im Kontext queerfeministisch-aktivistischer Initiativen. Juli ist trans*-nichtbinär und verwendet grammatisch maskuline (er/ihn/sein) sowie 'neutrale' (es/es/sein) Pronomen abwechselnd.

4 Fortan nenne ich nur noch die Monate, in denen die Interviews stattfanden, um die Wiederholung der Jahreszahl zu vermeiden, da alle Interviews im selben Jahr stattfanden.

Biogramm von Tris

Den Kontakt zu Tris fand ich über einen Bekannten. Tris definiert sich als genderqueer/-fluide und nichtbinär und engagiert sich ehrenamtlich im Bereich queerer Bildungspolitik und leitet Workshops zur Aufklärung verschiedener Zielgruppen. Zum Zeitpunkt des Interviews im Februar ist Tris 25 Jahre alt. Auch mit Tris traf ich mich in einem Café. Tris verwendet den Vornamen anstelle von Pronomen.

Biogramm von Max

Max kannte ich aus meinem Bachelorstudium, jedoch ohne zu wissen, dass er sich als nichtbinär identifiziert. Ich nahm Kontakt zu ihm auf, nachdem ich von einer gemeinsamen Freundin erfahren hatte, dass Max für ein Interview infrage käme. Wir verabredeten uns zu einem Interview im Februar in einem Café. Max ist zum Zeitpunkt des Interviews 21 Jahre alt, studiert und arbeitet als Übersetzer. Max bezeichnet sich selbst als Enby[5] und ist trans*- nichtbinär. Er verwendet die Pronomen er/ihn/sein und es/es/sein.

Biogramm von Rio

Rio antwortete ebenfalls auf meine E-Mail-Anfrage über das Trans*-Netzwerk, bei dem er_sie seit mehreren Jahren tätig ist. Wir trafen uns im März in Rios Wohnung, in der er_sie gemeinsam mit seiner_ihrer Partnerin lebt. Rio ist zum Zeitpunkt des Interviews 52 Jahre alt und identifiziert sich als agender bzw. nichtbinär. Damit stellt er_sie unter den interviewten Personen die Person mit dem längsten Narrativ von Aushandlungsprozessen der Geschlechtlichkeit dar. Rio arbeitete als Jurist:in, ist aber nach einer Abhängigkeitserkrankung nun als Sekretär:in tätig und engagiert sich ehrenamtlich bei der Selbst- und Suchthilfe sowie in einem Netzwerk für Kleinkunst-Partys für trans* und queere Menschen. Rio nutzt die Pronomen er_sie/ihn_sie/sein_ihr als Mischform des grammatischen Maskulinums und Femininums.

5 In Max Sinne ist Enby hier nicht paternalistisch gemeint und sollte nicht ohne Konsens bei anderen nichtbinären Personen verwendet werden, da der Begriff von manchen aufgrund einer diminuierenden Wirkung abgelehnt wird.

Biogramm von Naoum

Zu Naoum entstand der Kontakt zunächst per E-Mail. Aufgrund der Kontaktbeschränkungen durch die Coronakrise verlief der Austausch zunächst online, sodass wir uns für ein Online-Interview im April verabredeten. Naoum ist zu diesem Zeitpunkt 35 Jahre alt und arbeitet in einem queeren Jugendzentrum in der Bildungs- und Trans*-Arbeit sowie in der Beratung. Zudem engagiert Naoum sich seit mehreren Jahren in verschiedenen queer-aktivistischen Kontexten ehrenamtlich und gibt Workshops im bildungspolitischen wie auch akademischen Kontext. Naoum beschäftigt sich mit der akademischen sowie künstlerisch-literarischen Auseinandersetzung mit Geschlechtlichkeit und ist als Autor:in tätig. Naoum ist trans*-nichtbinär und sieht sich selbst im „Geschlechterruhestand" (Gender Retirement). Das bedeutet, dass Naoum der Kategorie Geschlechtlichkeit keine oder nur sehr geringe Bedeutung im eigenen Leben gibt. Aufgrund technischer Probleme brachen wir das erste Online-Interview nach 20 Minuten ab und trafen uns zwei Wochen später in Naoums Garten für ein zweites Interview. Naoum verwendet im Deutschen keine Pronomen und nutzt stattdessen Naoums Namen.

Biogramm von Henri

Mit Henri war aufgrund größerer Entfernung des Wohnorts vorerst kein persönliches Interview möglich. Durch den Umstieg auf Online-Interviews nahm ich erneut Kontakt auf und führte im Mai das Interview über Zoom. Ich stellte fest, dass der Interviewablauf ein anderer ist als in offline Situationen, konnte aber dennoch eine neue Perspektive auf das Thema erfassen. Zum Zeitpunkt des Interviews ist Henri 23 Jahre alt und hat ein nichtbinäres Geschlecht. Henri studiert Politikwissenschaften und arbeitet in der Bildungspolitik im Kontext von Klimagerechtigkeit und Diversität. Henri benutzt das Neopronomen „mie".

Biogramm von Noel

Der Kontakt zu Noel entstand über ein Internetforum und beschränkte sich zunächst auf einen kurzen Chat. Durch die Online-Interviews erklärte er sich zu einem Interview bereit. Das Interview mit Noel im Mai 2020 war mein zweites Online-Interview und das letzte Interview der gesamten Datenerhebung. Noel ist zu dem Zeitpunkt 22 Jahre alt und studiert Design. Nichtbinäre Geschlechtlichkeit war für Noel noch nicht lange ein Begriff, aber er identifizierte sich mit dieser Kategorie über sein Schwul-Sein hinaus. Das Interview stellt demnach Geschlechterwissen und Praktiken zu Beginn einer primär auch theoretischen Auseinandersetzung mit Nichtbinarität und wenigen Veränderungen in Bezug auf Noels Geschlechtlichkeit dar. Er verwendet die Pronomen er/ihn/sein und they/them.

Viertes Kapitel
Narrative Konstruktionen nichtbinärer und genderqueerer Identitäten

Im folgenden Kapitel untersuche ich, wie nichtbinäre Geschlechtlichkeiten in der autobiografischen Erzählung konstruiert werden, welche Prekarisierungen durch die Zweigeschlechternorm die Alltagswelten der Akteur:innen prägen und auf welches Geschlechterwissen sowie auf welche Subjektivierungspraktiken sie zurückgreifen. Ich untersuche die (Re)Konstruktion geschlechtlicher Identitäten und fokussiere mich auf das Spannungsverhältnis zwischen gesellschaftlichen Prozessen und Strukturen geschlechtlicher Entfremdungs- sowie Abwertungstendenzen und individuellen Subjektivierungspraktiken zum Aufbau von Resilienzfähigkeit und zur Subversion der Geschlechterdichotomie.

Dazu orientiere ich mich zum einen an geschlechtlichen Abwertungen, im Sinne von „Technologien der Macht" (Foucault 1993: 26), im Alltag meiner Interviewpartner:innen, da diese in Form einer häufig thematisierten Anstrengung, Geschlechtlichkeit im Alltag zu praktizieren, und eines daraus resultierenden Leidensdrucks wichtige Bestandteile der Lebenswirklichkeiten der Erzähler:innen darstellen. Solche meist objektifizierend wirkenden Abwertungen definiere ich im Kontext gouvernementalitätstheoretischer Konzepte von Foucault und Bourdieu mit Fokus auf das Konzept der symbolischen Gewalt. Dieses beruht als „Wahrnehmungs-, Denk- und Handlungsmatrizen aller Mitglieder der Gesellschaft" auf „der androzentrischen Vorstellung von der biologischen und sozialen Reproduktion" als „Objektivität des Alltagsverstandes" (Bourdieu 2016: 63). Die Akteur:innen sind als „symbolische Objekte" konstituiert, „deren Sein (*esse*) ein Wahrgenommenwerden (*percipi*) ist" (ebd.: 117), was sie durch eine symbolische Gewalt der männlichen Herrschaft zu „beherrschten Objekten" werden und durch die Blicke anderer mehr einem Wahrgenommenwerden als einem Sein unterliegen lässt. Zum anderen stelle ich diesen Abwertungsprozessen individuelle Subjektivierungspraktiken im Sinne von Foucaults Technologien des Selbst (vgl. 1993, 2017a) entgegen. Diese Selbstpraktiken ermöglichen es dem Individuum mithilfe von Transformationen der (körperlichen) Existenzweise sich aus der Objektposition zu befreien (vgl. Foucault 1993: 26 f.).

In meiner Forschung stellen Selbstpraktiken also Handlungen dar, die die Interviewpartner:innen in ihren autobiografischen Erzählungen zeigen, mit denen sie Handlungsmacht für die (Re)Konstruktion ihrer Geschlechtlichkeiten und somit Subjektivierungspotenziale ihrer Identität schaffen. Diese narrativen Konstruktions- und Handlungsformen untersuche ich an exemplarischen Interviewausschnitten. Um eine Kontextualisierung sowie die subjektiven Perspektiven der Interviewpartner:innen zu ermöglichen, verwende ich teils ausführliche Transkriptionsausschnitte der Interviews in der Analyse.

Im ersten Abschnitt arbeite ich zunächst die geschlechtlichen Möglichkeiten und Erfahrungsweisen jenseits der in der westlichen Gesellschaft hegemonial vorherrschenden Geschlechterdichotomie heraus, um aufzuzeigen, wie die geschlechtlichen Identitäten der Interviewpartner:innen und das ihnen vorliegende Geschlechterwissen im Prozess einer Transition konstruiert und gelebt werden. Im zweiten Abschnitt stelle ich die Erzählungen zu gesellschaftlichen Restriktionen, mit denen die Akteur:innen aufgrund einer rigiden Zweigeschlechtlichkeit im Alltag konfrontiert werden, vor und untersuche sie entlang der narrativen Leitlinie des „Leidensdrucks" auf entfremdende, also von Selbstrealisierung abhaltende und prekarisierende Prozesse. Im dritten Abschnitt gehe ich auf die individuellen Bewältigungsstrategien und Subjektivierungspraktiken im Sinne von „Selbstfindung, Selbstverwirklichung und Selbstentfaltung" (Herma 2019: 33) zur Überwindung der jeweiligen unterdrückenden und als sozial prekär zu bezeichnenden Positionen ein. Dabei sind vor allem Praktiken der Selbstthematisierungen als „dynamische Verschränkungen von Subjektivierung und Dispositiven" (Laufenberg 2014: 158) als Leitmotiv zu erkennen. Anhand der hervorgehenden Bewältigungs- und Subjektivierungspraktiken sollen die Konstruktionen der geschlechtlichen Identitäten und der Umgang mit vermeintlichen Brüchen in Kohärenz und Kontinuität analysiert und nachvollziehbar gemacht werden.

Die alltäglichen Lebensrealitäten mitsamt ihrer der normativen Ordnung zugrundeliegenden Prekarisierungstendenzen und Unterdrückungsmechanismen sowie die daraus resultierenden Bewältigungsstrategien und Subjektivierungspraktiken der Interviewpartner:innen stehen meist reziprok und in Gleichzeitigkeit zueinander, sodass eine Trennung eher ein artifizielles Hilfsmittel der Analyse darstellt. Oftmals sind sowohl Prekarisierungen als auch Subjektivierungen im Alltagshandeln verflochten und kommen in den Erzählungen als Akzentuierungen hervor. So muss darauf geachtet werden, dass in meiner kategorischen Vorgehensweise für die Analyse meist nur Fokus auf Ausschnitte der Interviews und den darin thematisierten Alltagswelten gerichtet und aufgrund der Komplexität nur selten auf den Gesamtzusammenhang der Fallbeispiele in Bezug auf die kategorisierten Bewältigungsstrategien eingegangen werden kann. Jedoch ist der Gesamtkontext für die Erstellung und Auswertung der Analysekategorien sowie für deren Relationalität von wesentlicher Bedeutung. So findet die Kontextualisierung weniger Ausdruck in der hier gewählten Darstellungsweise, wird jedoch stets mitgedacht und partiell aufgegriffen.

4.1 Narrative Identitätsbildung

Die Konstruktion nichtbinärer Geschlechtlichkeiten wird besonders in biografischen Erzählungen der Akteur:innen deutlich, da sich darin die Selbstoffenbarung der Facetten und Strategien einer Identitätsarbeit widerspiegelt (vgl. Lucius-Hoene/Deppermann 2004a: 168) und das Selbsterlebte im Kontext der Erzählung in einer kohärent und kontinuierlich wirkenden Identität situiert wird (vgl. ebd.: 167). Diese biografischen Konstruktionen zeigen den Prozess des Konstruierens und geben somit Rückschlüsse auf verschiedene Phasen oder Strategien der Geschlechtlichkeit.

Besonders Personen, die durch die Normierung einer rigiden Zweigeschlechtlichkeit ständigen Diskriminierungen ausgesetzt sind, bedürfen komplexer Strategien einer Identitätskonstruktion sowohl auf biografischer als auch geschlechtlicher Ebene, um Brüche in Kohärenz und Kontinuität zu vermeiden. Diese „identitätskritische, anti-klassifikatorische theoretische und politische Bewegung“ der Infragestellung einer Geschlechterbinarität (Engelfried 1997: 61) ist somit auch „Ausgangspunkt antizipativen Denkens und experimenteller Praxis, sei es im Hinblick auf Selbstverständnisse oder Selbstverhältnisse, Beziehungsformen, Lebensweisen, (Selbst-)Repräsentationen oder politische Praktiken“ (ebd.). Die dazu verwendeten Repräsentationen der Nichtbinarität sind also ein komplexes Zusammenspiel von Antizipation und (Sich-)Ausprobierens möglicher Lebensentwürfe.

In der Analyse autobiografischer Konstruktionen wird die Auseinandersetzung mit Verhandlungen gesellschaftlicher Strukturen eines Zweigeschlechtersystems und möglichen Handlungsspielräumen der nichtbinären Akteur:innen innerhalb dessen sichtbar (vgl. Sutter 2013: 82). Hierbei können vor allem das Spannungsverhältnis zwischen gesellschaftlich-institutionellen biografischen sowie geschlechtlichen Schemata und Objektivationen und subjektiven Deutungen wie auch Individualisierungsprozessen untersucht werden (vgl. Fischer-Rosenthal/Rosenthal 1997; Scherger 2007: 40). So sind in der Analyse der geführten Interviews verschiedene Arten der Veruneindeutigung von Geschlechtlichkeit erkennbar, die eine Geschlechterdichotomie und somit hegemoniale Repräsentationen und Praktiken überwinden (vgl. Engel 2002: 163). Diese Subversionen von Zweigeschlechtlichkeit manifestieren „sich in Prozessen, die hegemoniale Formen verschieben, umarbeiten und reartikulieren" (ebd.). Engel beschreibt verschiedene mögliche Formen, wie beispielsweise

> „Verzicht auf eine Markierung [...], wo eine Markierung erwartet wird. Oder durch das gleichzeitige Aktivieren diverser, einander widersprechender Geschlechterkonnotationen. Sie zeigt sich in 'aktiven Fehlaneignungen' (Butler) eines Identitätsdiskurses, wodurch Instabilität oder Inkohärenz hervortreten. Oder dadurch, dass Geschlechterimaginationen in so rapider Geschwindigkeit aneinandergereiht werden, dass keine kohärente Bedeutung mehr hergestellt werden kann" (Engel 2002: 163, Fußnote 3).

Dies wird bei den Akteur:innen in konkreten Verhandlungen von Materialität und vor allem von Kleidung deutlich, die „kategoriale Fixierungen" von Geschlecht (vgl. ebd.) unterminierbar lassen, aber auch Verhandlungen des Geschlechtskörpers durch Reartikulationen von geschlechtlichen Markern im Sinne eines *doing gender*. Diese können in Form von operativen Eingriffen, hormonellen Behandlungen oder körperlichen Gestaltungspraktiken stattfinden. Andere Strategien sind eine Veruneindeutigung des Namens oder eine Neu-Positionierung innerhalb gesellschaftlicher Strukturen durch Teilnahme bei aktivistischen Gruppen oder in der Bildungsarbeit. Die Vielfalt der Repräsentationen nichtbinärer Geschlechtlichkeiten ist kaum begrenzbar, „[d]enn einem Verständnis von Subjektivität als unabschließbaren Prozess [...] findet die Reartikulation keine Grenze an den Körpern, sondern erfasst diese durch die irreduzible Verflechtung semiotischer, materieller und imaginärer Prozesse" (ebd.: 164). Daher sind sie in ihrer Mannigfaltigkeit und

Individualität nur schwer zu fassen, da sie sowohl kontextuell, situativ als auch temporär abhängig sind. Sie lassen sich aber in exemplarisch ausgewählten Mustern näher untersuchen.

Für die Analyse meiner Forschung bediene ich mich Foucaults Typisierung von „Techniken, welche die Menschen gebrauchen, um sich selbst zu verstehen" (Foucault 1993: 26). Er unterteilt diese in: 1. Technologien der Produktion, 2. Technologien der Zeichensysteme, 3. *Technologien der Macht*, „die das Verhalten von Individuen prägen und sie bestimmten Zwecken oder einer Herrschaft unterwerfen, die das Subjekt zum Objekt machen" (ebd.) und 4. *Technologien des Selbst*, „die es dem Einzelnen ermöglichen, aus eigener Kraft oder mit Hilfe anderer eine Reihe von Operationen an seinem Körper oder seiner Seele, seinem Denken, seinem Verhalten und seiner Existenzweise vorzunehmen, mit dem Ziel sich so zu verändern, daß er einen gewissen Zustand des Glücks, der Reinheit, der Vollkommenheit oder der Unsterblichkeit erlangt" (ebd.).

Letztere beiden Technologien stellen im Folgenden die zwei Hauptkategorien der Analyse dar, unter denen sich jeweils verschiedene Strukturen, Techniken und Praktiken zur Prekarisierung der Alltagswelten nichtbinärer Personen sowie zu deren Dekonstruktion und der Selbstermächtigung und -verwirklichung der Akteur:innen wiederfinden.

4.2 Technologien der Macht als Prekarisierungen des Alltags

> "During the transition stage all kinds of normally routine activities such as shopping, eating in a restaurant, or using public lavatories can become a source of anxiety. Every interaction with persons who are unaware of or unsympathetic to an individual's transition process can be fraught with uncertainty and potential upset" (Devor 2004: 61 f.).

Nichtbinäre Personen werden stetig mit institutionellen wie interpersonellen alltäglichen Konflikten konfrontiert, durch die sie marginalisiert werden. Grund dafür ist ein „habitualisiertes Sehen" des Körpers mit der „Grundannahme einer Zweigeschlechtlichkeit" (Lindemann 2011: 39). Dies zeigt sich in zahlreichen Handlungen, wie beispielsweise *Misgendering*, also der Zuschreibung eines falschen Geschlechts (vgl. Ansara/Hegarty 2014: 260), bei Vornamens- oder Personenstandsänderungen auf offiziellen Dokumenten oder bei der Nutzung öffentlicher geschlechterspezifischer Toiletten. Diese alltagsweltlichen Prekarisierungserfahrungen basieren auf Widerständigkeiten der geschlechtlichen Heteronomie in Form von initial geschlechtlichen Einordnungen einer Person aufgrund der wahrgenommenen (geschlechtlichen) Gestalt (vgl. Alkemeyer 2013: 42; Schirmer 2010: 199). Diese objektifizierenden und unterwerfenden Prozesse sind an körperliche Merkmale gebunden, aufgrund derer das Geschlecht zugeordnet wird. Gesa Lindemann beschreibt die Konstruktion des objektivierten Geschlechts wie folgt:

> „Der Körper ist ein Ding und zugleich ein Zeichen; da die Zeichenhaftigkeit unmittelbar mit seiner Konstitution als Ding zusammenfällt, erhält die Zeichenhaftigkeit die gleiche Objektivität, die dem Körper als Ding zukommt. [...] Mit anderen Worten, die Art, wie der Körper ein Zeichen ist, wird wesentlich dadurch bestimmt, dass er ein Ding ist, d.h., indem der Körper zum Zeichen wird, unterliegt die Zeichenhaftigkeit ihrerseits einer Objektivierung. Diesen Sachverhalt bezeichne ich mit dem Terminus objektiviertes Geschlecht bzw. Geschlechtskörper" (Lindemann 2011: 41 f.).

Demzufolge ist die Zeichenhaftigkeit und damit die geschlechtliche Bedeutung insofern mit dem Körper als Objekt verbunden, dass beides nicht getrennt voneinander wahrgenommen wird. Dadurch ist der Körper nicht nur Merkmalsträger des Geschlechts, sondern *ist* als „Geschlechtskörper" das Geschlecht, sodass er nicht mehr in seiner gesellschaftlichen Konstruiertheit zu erkennen ist, sondern eine Objektivierung erfährt (vgl. ebd.: 42 f.; Schirmer 2010: 200). Innerhalb dieser Objektivierungsprozesse werden nichtbinäre Personen häufig aufgrund der verqueerten Geschlechtskörper einzig als Geschlecht oder Irritation der Geschlechtlichkeit wahrgenommen, ohne Handlungsmacht haben zu können. Diese nonkonformistische Position trägt für nichtbinäre Personen häufig noch eine stärkere Bedeutung als für andere queere Personen, da sie gesellschaftlich als nicht-intelligibel wahrgenommen werden. Aus dieser Position außerhalb gesellschaftlicher Geschlechternormen resultiert bei den Interviewpartner:innen ein deutlich erkennbarer Leidensdruck, hervorgerufen durch alltägliche Diskriminierungsformen. Dies verdeutlicht das Konzept der *Microaggressions* von Derald Wing Sue: "[M] icroaggressions are brief, everyday exchanges that send denigrating messages to certain individuals because of their group membership [...]. These exchanges are so pervasive and automatic in daily conversations and interactions that they are often dismissed and glossed over as being innocent and innocuous" (Sue 2010: xvi f.).

Die meisten Interaktionen, in denen nichtbinäre Personen Unterwerfungstendenzen ausgesetzt sind, entstehen unbeabsichtigt aus Unwissenheit oder auch Unsicherheit sowie teilweise als diskriminierende und transphobe Handlungen. So möchte ich mit einer gewissen Naivität binär geschlechtergetrennten Toilettenräume, misgendernden Handlungen oder Gesetzen in den meisten Fällen keine böswilligen Absichten zuschreiben, sondern diese auf strukturelle Machtgefälle im Kontext einer rigiden Zweigeschlechtlichkeit zurückführen (vgl. Bourdieu 2015), die wiederum *Microaggressions* durch habitualisierte Wahrnehmungs- und Handlungsschemata hervorrufen (vgl. Arayasirikul/Wilson 2019). Dennoch wirken diese abwertenden Interaktionsmuster so weit prekarisierend, dass sie die Lebenswirklichkeiten von Personen außerhalb einer Geschlechterdichotomie maßgeblich beeinflussen. „The power of microaggressions lies in their invisibility to the perpetrator, who is unaware that he or she has engaged in a behavior that threatens and demeans the recipient of such communication" (Sue 2010: xv).

4.2.1 Kategorisierung und Passing

Eines der Hauptmerkmale nichtbinärer Biografien sind Erzählungen über eigene und fremde Kategorisierungen des Geschlechts und die problematische Auseinandersetzung mit diesen sowie *Passing*[1]-Praktiken. *Passing* beschreibt das „Durchgehen" als ein gewähltes Geschlecht auf Basis gleicher Vorstellungen von Geschlechtlichkeit, also jenen der trans* Personen und die der Außenstehenden (vgl. Garfinkel 1967: 118). Auch wenn alle Personen geschlechtlich besetzte Handlungen und Strategien anwenden, um Geschlechtlichkeit auszudrücken und intelligibel zu machen, ist *Passing* meist mit einem Wechsel des geschlechtlichen Ausdrucks konnotiert (vgl. Wagels 2013: 92 f.). Garfinkel beschreibt diese geschlechtlichen Wechsel als äußerst restriktiv. „Only upon highly ceremonialized occasions are changes permitted and then such transfers are characteristically regarded as 'temporary' and

---

1 Manche Personen empfinden den Begriff Passing als stigmatisierend bezüglich einer authentischen Identität. Daher wird ebenfalls der Begriff Blending in der Literatur verwendet, als Ausdruck für eine „ongoing and societally-enmeshed nature of self-presentation and gender identity" (Fiani/Han 2019: 190). Jedoch wird der Begriff *Passing* in den erhobenen Daten von den Interviewpartner:innen selbst genannt, sodass ich für diese Arbeit ebendiesen verwende.

'playful' variations on what the person 'after all', and 'really' is. [...] Thereby societies exercise close controls over the ways in which the sex composition of their own populations are constituted and changed" (Garfinkel 1967: 116).

Folglich stellt es die betroffenen Personen vor die Herausforderung, eine eindeutige Geschlechtszugehörigkeit innerhalb gesellschaftlicher Normvorstellungen zu reproduzieren. Solche marginalisierten Positionen bezeichnet Patricia Hill Collins in ihren Forschungen zu Schwarzen Feministinnen als „outsiders-within" (Collins 1986: 11), da sie die Regeln und Normen der Mehrheitsgesellschaft kennen und aneignen müssen, um gesellschaftlich akzeptiert leben zu können, ihnen dennoch bestimmte Privilegien verweigert sind. Auf Trans*-Lebensweisen und *Passing* angewandt, bedeutet dies also, dass trans* Personen die gesellschaftliche Rekonstruktion und Performativität von Geschlechtlichkeit im Alltag in doppelter Perspektive reflektieren und antizipieren müssen. Einerseits benötigt es erkenntnistheoretische und performative Fähigkeiten der gesellschaftlichen Geschlechternormen, andererseits sind sie gezwungen, die Wahrnehmung ihrer „reifizierten Geschlechterrealität" (Lindemann 2011: 70) von Außenstehenden zu antizipieren, um eine Normalitätskonstruktion zu wahren (vgl. Bauer 2017: 35).[2]

Thomas Kando sieht *Passing* im Unterschied zu Garfinkel als eine Variante des Stigmamanagements und nicht als Praxis einer Normalitätskonstruktion, da er ein vollständiges Angleichen von trans* Personen an die gesellschaftlichen Geschlechternormen ausschließt und *Passing* vielmehr als Problembewältigungsstrategie beschreibt (vgl. Kando 1972). Demzufolge können sich *Passing*-Praktiken situativ und kontextuell verändern, um das Sicherheitsempfinden und die geschlechtlichen Ausdrucksweisen miteinander abzustimmen (vgl. Fiani/Han 2019: 190). Als *Passing*-Praktiken nutzen die Akteur:innen sowohl anatomische als auch sozialisierte Marker, die sich in

---

2 Bauer betont zudem, dass die *outsider-within*-Position kein Garant für eine gesellschaftskritische Sichtweise ist. „So können beispielsweise Trans*Menschen selbst die Normierungen der heteronormativen Zweigeschlechtlichkeit für eine unhinterfragbare, objektive Wahrheit halten und teilweise reproduzieren, was wiederum verdeutlicht, dass es sich eben nicht automatisch um 'unschuldige' Positionierungen handelt und auch die Standpunkte der Unterdrückten einer kritischen Analyse bedürfen" (Bauer 2017: 35 f.). Dies ist jedoch bei nichtbinären und genderqueeren Menschen selten der Fall, da eine kritische Hinterfragung und Dekonstruktion der Geschlechterdichotomie nahezu unumgänglich sind.

Form von spezifischem Auftreten oder Verhalten, Mimik, Gestik, Kleidung, Schmuck sowie Make-up manifestieren können. Ebenso können körperliche Materialisierungen wie Kopf- und Körperbehaarung oder Zu- und Abnahme von Körper- und Muskelmasse Teil des *Passings* sein. Dazu zählen ebenfalls operative oder hormonelle Eingriffe, um sowohl die Wahrnehmung des eigenen Körpers als auch das Wahrgenommenwerden der Geschlechtlichkeit durch andere Personen anzupassen (vgl. Feichtinger 2008: 25; Fiani/Han 2019: 190). Für nichtbinäre Personen stellt das *Passing* eine besondere Herausforderung dar, da sie sich häufig einer Kategorisierung enthalten und möglichst nach Uneindeutigkeit und Fluidität streben (vgl. ebd.).

Im Folgenden werde ich analysieren, welche prekarisierenden Prozesse durch Kategorisierungen und Passing die nichtbinären Alltagswelten beeinflussen und wie sich diese in den Interviews manifestieren.

„Ich wusste das schon immer. Ich hatte am Anfang halt nur nicht die Worte dafür."[3] – Das Infragestellen der eigenen Geschlechtlichkeit

Eine der größten Hürden für nichtbinäre Personen im Prozess der Identitätskonstruktion ist zunächst das Herausbrechen aus der Geschlechterdichotomie. Die Erkenntnis oder das Wissen zu erlangen, dass sie nicht nur Mann oder Frau sein können, ist durch viele gesellschaftliche Normvorstellungen der Zweigeschlechtlichkeit und Heterosexualität im kollektiven Geschlechterwissen gehemmt (Lindemann 2011: 39). In der rigiden Kategorisierung in Mann und Frau findet sich die Grundlage der Prekarisierung der Lebensrealitäten von Personen außerhalb einer Geschlechterbinarität. Sie wachsen mit der Vorstellung auf, sich der Geschlechterdichotomie anpassen zu müssen und lernen oftmals keine anderen Geschlechtlichkeiten kennen, sodass sie ihr Anderssein gar nicht erst benennen können. Dieser Prozess soll nun am Beispiel von Rio dargestellt werden.

In Rios Eingangserzählung zeigt sich deutlich der Prozess der Selbstfindung, begleitet von einer Verinnerlichung des Sich-Infragestellens (Interview Rio: 78) aufgrund der Vielzahl von Abwertungsprozessen durch unterdrückende Kategorisierungen im Lebensverlauf. Bei ihm_ihr findet der Identifikationsprozess entlang verschiedener Normen bis zum letztendlichen Ausbruch und der Dekonstruktion des Ausgangsgeschlechts statt. Auf die Frage nach der

3 (Interview Max: 54).

Geschichte der Geschlechtlichkeit antwortet Rio entlang chronologischer Orientierungspunkte und zeigt somit die Identitätskonstruktion und die stetige Veränderung sowie die weiterführende Verqueerung im Laufe der Jahre.

> „Ich hab tatsächlich sehr, sehr lange Jahre meines Lebens überhaupt nicht gewusst, was ich bin. [...] Da hab ich im Lateinunterricht, da wurde irgendwie dekliniert, Maskulinum, Femininum, Neutrum. Da hab ich gedacht: 'Neutrum, das ist es! Damit-, ich bezeichne mich jetzt immer als *es*'. Das hab ich aber überhaupt nicht durchgezogen, andern Leuten zu erzählen, sondern nur im stillen Kämmerlein für mich. Und hab dann im Laufe der Jahre gedacht, es klappt auch nicht so richtig. Ich werde ja auch von der Außenwelt NIE so wahrgenommen, sondern immer nur als Mädchen und heranwachsende Jugendliche, junge Frau, was auch immer. Und ja, dann hab ich glaub ich gemerkt, das funktioniert nicht, ich muss mich irgendwie völlig aus diesem Sexualmodus rausnehmen. Und hab dann schon so, das hing auch mit meiner Selbstfindung in puncto sexueller Orientierung zusammen, dass ich dann überlegt hab, ja was bist du, ob, für wen interessierst du dich, das ist alles so anstrengend, jetzt versuchst du mal das zu machen, was alle von dir erwarten. Das ist also junge Frau verliebt sich in jungen Mann. Da hab ich gemerkt, mit der Liebe klappt das schon mal gar nicht. Und ich hab gemerkt, ich identifiziere mich ja dann über mein Gegenüber und das ist auch sehr frustrierend gewesen. Dann hab ich gedacht, ja ok, ich interessier mich offenbar nicht für Männer, dann interessier ich mich vielleicht für Frauen, aber das trau ich mich jetzt nicht, also mach ich jetzt gar nichts. Und das war ne relativ lange Phase des Zölibats, wo ich mich überhaupt niemandem mitgeteilt hab über mich. Also es war viel Einsamkeit, viel Schweigen. Ich hab überhaupt nicht mich ausgetauscht mit anderen Leuten darüber. Das ging wirklich etliche Jahre so, bis ich dann auf nen Trupp Feministinnen gestoßen bin und die haben tatsächlich da so ne gewisse, wie soll ich das sagen, so ein tolles Selbstgefühl als Frau ausgestrahlt. 'Ja vielleicht versuchst du es doch mal, aber dann in Richtung lesbisch sein'. Und da hab ich gedacht, da kommst du der Sache schon näher. Also das versuchen wir jetzt mal. Und hab gedacht, jetzt ist alles gefunden, alles eingetütet, so soll es bleiben, damit werd ich froh. Und hab dann natürlich im Laufe der Zeit gemerkt, ne das ist es jetzt irgendwie auch nicht. Und hab vor allen Dingen diese Definition Lesbe ist gleich Frau liebt Frau für mich komplett abgelehnt. Also das war klar, das ging nicht. Bis ich dann wirklich den Mut gefunden hab, zu sagen, ok ich bin jetzt nicht Frau, was ich bin, weiß ich nicht, aber das wird sich dann schon finden. Und dann tadaaa, 2001 hab ich Leute kennengelernt, die sich als Drag Kings bezeichnen und ich hab das Wort gelesen und hab gedacht, das ist es. Und hab überhaupt nicht gewusst, was die machen, da war dann was von Büh-

nenshow die Rede. Ich hab in meinem Leben keine Bühnenshow gemacht und ich möchte das auch nicht, aber ich hab gedacht, irgendwas-, das ist irgendwie-. Wir haben das damals Maskulinität in der Lesbenszene genannt und haben da so nen kleinen Verein gegründet, also nicht eingetragen, aber schon so ein kleines Partykollektiv. Und da hab ich dann halt plötzlich ganz viele Leute kennengelernt, die sich als trans*, als genderqueer, ne ich glaub genderqueer gabs damals noch gar nicht, also jedenfalls da verschiedene Selbstdefinitionen hatten, die ziemlich stark in meine Richtung gingen. Wir haben gemerkt, wir definieren es alle anders, alle unterschiedlich. Aber das hab ich auch als große Freiheit empfunden, weil ich ja gemerkt hab, im Grunde sind wir uns schon sehr ähnlich. Wir sitzen in einem Boot, aber haben trotzdem die Freiheit unser Geschlecht oder unser Gender genauso individuell auszudrücken, wie wir das auch empfinden. Oder wir können das auch noch weiter entdecken, so miteinander macht das viel mehr Spaß als alleine da zu Hause zu sitzen und sich zu grämen, dass man nicht zur Mehrheit passt. Ja und ich glaub, das war so die Zeit, da ist das ganze losgegangen. Also für mich, dass ich gemerkt hab, ich bin jetzt no-gender" (Interview Rio: 67 f.).

In Rios lebensgeschichtlicher Erzählung der Geschlechtlichkeit wird die Unterdrückung durch die normative Ordnung sowie eine graduelle Loslösung von dieser erkennbar. Besondere Schlüsselerlebnisse sind stets an soziale Räume gekoppelt, die ähnliche Geschlechtlichkeiten und damit neue Zugänge zu einer Art Gegenwissen offenbaren. Insbesondere das „Potential von Drag Praxen zur subversiven Ausstellung und Anfechtung von Wahrheits-, Wirklichkeits- und Authentizitätsansprüchen" (Schirmer 2010: 32) löst in Rio einen Reflexionsprozess zur Dekonstruktion der Geschlechterbinarität und Re-Evaluierung möglicher alternativer geschlechtlicher Selbstverhältnisse aus.

Ebenso wird der Nexus von Geschlechtlichkeit und sexueller Orientierung deutlich, der sich in ähnlichen Identifikationsprozessen und dem Infragestellen hegemonialer Normvorstellungen und Praktiken manifestiert. Ein Zusammendenken der beiden Kategorien ist bereits durch Definitionen wie beispielsweise „Lesbe ist gleich Frau liebt Frau" gegeben. Das ungeschlechtliche (no-gender) Empfinden ist jedoch seit der Kindheit Teil von Rios Lebenswirklichkeit und setzt ihn_sie durch rigide Kategorisierung von Geschlechtlichkeit und sexueller Orientierung anhaltend unter Leidensdruck. Diese Marginalisierung führt zur Vereinsamung und zum Verschweigen der eigenen Identität, sodass Rio immer weiter an den Rand der Gesellschaft gedrängt wird. Erst die mit der Zeit sinkenden gesellschaftlichen Restriktionen und damit neu entstehende Gruppierungen und Vernetzungsmöglichkeiten lassen eine graduelle Auslebung für ihn_sie zu. Wichtige Faktoren in Rios Alltag sind demnach der Austausch mit anderen und ein damit verbundenes Gruppenzugehörigkeitsgefühl. Relevant sind ebenfalls geschützte Räume, in denen ein Entdecken und Ausleben von Geschlechtlichkeit außerhalb von binären Normen möglich sind, ohne Objektifizierungen als Frau durch die „Außenwelt" ausgesetzt zu sein. Demzufolge sind sowohl kollektive Wissens- und Geschlechterpraktiken als auch individuelle Freiräume und Subjektivierungsmöglichkeiten essenziell für Rios Geschlechtlichkeit. Wenn diese jedoch nicht gegeben sind, beispielsweise an der Arbeitsstelle oder in anderen nicht-queeren Räumen des Alltags, wie er_sie erzählt, sei seine_ihre Geschlechtlichkeit mit Anstrengung und Leidensdruck verbunden. Die Prekarisierung des Alltags durch Infragestellen der eigenen Geschlechtlichkeit ist ein Leitmotiv in Rios Erzählung.

> „Das waren so Verzweiflungstaten, ich hab schon irgendwie gemerkt, ich muss irgendwas tun, ich weiß nur nicht was. Ich glaube das war, die Krux meines Lebens war, ich wusste oft nicht-, ich wusste sehr genau, was ich nicht wollte, aber ich wusste nicht, was ich wollte. Diese Entscheidung zu etwas Positivem. Eine positive Selbstbezeichnung. Ich weiß, meine Psychologin ist wahnsinnig geworden. Ich hab dann irgendwann ne Psychotherapie gemacht, weil ich gedacht hab, da muss jetzt was passieren. Und ich hab gesagt, ich empfinde mich als no-gender. Und da hat sie gesagt: 'Nee das geht so nicht, das können Sie nicht'. Sie war einfach immer-, ihr war das wichtig, dass ich mich FÜR etwas entscheide. Dass ich mich positiv und nicht nur in der Abgrenzung oder Ablehnung festmache. Und das ging nicht. Und ich hab gedacht: 'Was mach ich hier?' Und ich glaub, das ist so immer mal wieder ganz großes Thema gewesen und dann hab ich mich wieder, vielleicht um auch einfach wieder Kraft zu schöpfen, gesagt: 'So ich lass mich wieder mitziehen. Ich bin wieder mit im Flow. Ich grenz mich nicht groß ab, ich bin dann eben lesbisch, ich bin dann eben ne Frau, ok'. Ich konnt das nicht wirklich unterschreiben, aber ich hab einfach manchmal auch, ich will nicht sagen resigniert, aber ich hab gesagt: 'Komm pack die Revolution ein, es ist es nicht wert. Die Leute verstehen dich eh nicht, lass es'. Und das ist so ein Hin und Her gewesen, was mich über die Jahre schwerst erschöpft hat, muss ich sagen. Aber heute sag ich mir: 'Ok, die Leute, auf die es ankommt, die wissen, wie ich mich fühle, die wissen auch, dass ich manchmal knatschig bin deswegen. Aber die akzeptieren mich so, wie ich bin'. Und dann kommts am Ende gar nicht mehr so sehr auf das Geschlechterding an. Das ist so meine Erfahrung damit. Aber es ist schon so ein Prozess gewesen, der sehr

kurvenreich verlaufen ist. Und, oder besser gesagt so mit Höhen und Tiefen verbunden war und es ist so unnötig“ (Interview Rio: 76).

Nur in Räumen, die Sicherheit geben und die die Geschlechterdichotomie kritisch hinterfragen, kann Rio sich den Prekarisierungen der normativen Ordnung entziehen und sich selbst verwirklichen. Besonders deutlich werden der Kraftaufwand und die negativen psychischen Folgen der Unterordnung in binäre Geschlechtlichkeiten für Rio. Solche negativen Konsequenzen der stetigen Unterdrückung durch die Marginalisierung nichtbinärer Geschlechterrollen zeigen sich in allen Interviews. Dies verdeutlicht den hohen Leidensdruck und die prekären alltagsweltlichen Erfahrungen der Akteur:innen durch eine rigide Vorstellung von Zweigeschlechtlichkeit, auf welche ich im Folgenden eingehen werde. Gleichzeitig zeigen sich bereits in frühen Abschnitten der Biografien Subjektivierungspraktiken, die ich in Kapitel 4.3. vertiefe.

(Zwei-)Geschlechtlich sein müssen

An den zuvor dargestellten Ausschnitten aus Rios Erzählung wird deutlich, dass die universelle Kategorisierung in Frau und Mann elementarer Bestandteil der westlichen Gesellschaft ist (vgl. Bublitz 2018: 86). Es findet eine Einordnung in *ein* Geschlecht statt, sodass trotz Irritation, oftmals durch diese aber auch verstärkt, eine widerständige Kategorisierung als männliches oder weibliches Geschlecht erkennbar wird. Dieser Kategorisierungszwang wird vor allem bei Max deutlich, nachdem er seine trans* Identität durch den Zugang zu neuem Geschlechterwissen über das Internet erkannt hatte.

> „Es war quasi dann der Druck nur von der anderen Seite. Also einmal zuerst der gesellschaftliche Druck hat mir halt so die weibliche Rolle zugeschrieben und dann aber aus dem, was ich gelesen hab, so in meinem eigenen, was ich mir selber auferlegt habe, dann halt in die andere Box. Und das hat's eigentlich am Anfang irgendwie besser gemacht und dann aber mich halt nicht, ich sag mal, mich auch nicht glücklich gemacht. Es hat mir genauso wehgetan jetzt. Bis ich halt einfach reflektiert hab, wie ich mich denn eigentlich wirklich selber fühle. Und dann halt festgestellt hab, dass es dann halt eben diese anderen Gefühle, dass man sich nirgendwo zuschreiben muss“ (Anhang Max: 53).

Als scheinbar logische Konsequenz auf die Ablehnung der weiblichen Geschlechterrolle muss die Akzeptanz der männlichen folgen. Die habitualisierte Zweigeschlechtlichkeit und die gesellschaftliche Norm der Dichotomie verwehrt Max also ein Handeln entsprechend seines Geschlechtsempfindens.

Erst durch tiefgreifende Selbstreflexion und Austausch mit anderen queeren Personen über Internetforen erkennt Max, dass die Dichotomisierung des Geschlechts nicht universell gilt und nicht seiner Identität entspricht. Es wird ersichtlich, dass zur Subversion der Geschlechtlichkeit ein langer Prozess subjektivierender Denk- und schließlich auch Handlungsmuster notwendig ist, der ein Aufbrechen der naturalisierten, kontradiktorischen Vorstellung von Mann und Frau erst möglich macht. Ohne diese in der westlichen Kultur sozialisierte Natürlichkeit zu hinterfragen, ist keine Subjektivierung möglich. In Julis Erzählung findet diese Dekonstruktion der Binarität bereits in der Schulzeit statt, da es über Wissen von Nichtbinarität verfügt.

> „Was ich halt tatsächlich eher gesagt hab am Anfang, also ich bin kein Mädchen und ich bin auch kein Junge und irgendwie, ich verwend keine Labels. Das war einfach irgendwie keine Ahnung, das Gefühl nichts passt irgendwie. Und so an den Punkt so gekommen, dass ich das halt Leuten gesagt hab und das auch in der Schülerzeitung geschrieben hab dann auch und-. Irgendwie, ist auch mir irgendwie mehr accessible schien, als zu sagen: 'Ich bin ein Mann'. Weil dann irgendwie direkt die Erwartungshaltung kommt, jetzt irgendwie auf jeden Fall alles ändern, jetzt irgendwie Namen als auch Pronomen und auch Körper und so. Aber ich hab einfach so das Gefühl, warum muss ich jetzt schon wieder irgendwo in ne Schublade passen, nur weil die eine nicht passt. Das war so ein, so die ersten paar Monate auf jeden Fall, dass ich gesagt hab, irgendwie, wenn Label, dann irgendwie nichtbinär, aber eigentlich gar kein Label und-. Trotzdem bin ich da wieder hin zurück, war ne Reise dazwischen" (Interrview Juli: 30 f.).

Die Nicht-Zuordnung findet intentional statt, um Konflikte beim Passing zu vermeiden, da mit der Zuordnung zu einem Geschlecht auch ein entsprechendes Passing erwartet wird, um als dieses Geschlecht wahrgenommen zu werden. Daher entscheidet sich Juli zunächst gegen jegliche Kategorisierung, merkt jedoch im Gesprächsverlauf an, dass dies mit vielen Problemen verbunden war. Die Nicht-Zuordnung entzieht sich so zwar einer Passing-Erwartung, setzt jedoch ein bestimmtes Verständnis und ein Geschlechterwissen voraus, das eine Nicht-Geschlechtlichkeit oder ein nichtbinäres Geschlecht zulässt.

Es zeigt sich, dass, auch wenn die Dekonstruktion der Binarität im Alltag erfolgreich war, dieses Subjektivierungspotenzial stets situativ und kontextuell abhängig ist. Kontexte, die beispielsweise die finanzielle oder physische Sicherheit beeinflussen, wie ein Bewerbungsgespräch für einen Job oder sich nachts auf der Straße aufzuhalten, schränken die Handlungssicherheit stark ein, wie Max später im Gespräch schildert. Dadurch müssen neue Bewältigungsstrategien entworfen werden.

> „Ich bin reservierter, wenn es halt darum geht, in nem formelleren Kontext-. Also ich treff mich jetzt mit jemandem, keine Ahnung, ich gehe zu nem Bewerbungsgespräch oder ich treff mich mit nem Dozenten. So dann würde ich mich schon eher binärer einordnen, halt von meiner Kleidung und wie ich mich gebe. Also ich versuche mich, das ist auch sehr individuell, aber ich persönlich bin dann halt eher-, präsentier mich dann auch nur als binär. Und es gibt auch Situation, wo ich versuche, dass die Leute nicht rausfinden, dass ich trans* bin. Gerade in der Öffentlichkeit. Also keine Ahnung, wenn ich abends rausgehe oder so. Dann würd ich schon versuchen, mich auch eher binär zu kleiden. Wie gesagt, kommt so ein bisschen drauf an, wo man hingeht. Ist natürlich auch immer halt ne Frage von Sicherheit“ (Interview Max: 60).

In solchen formellen oder riskanten Situationen findet folglich eine binäre Einordnung zu Gunsten der Sicherheit statt, um weniger aufzufallen respektive sich an die Geschlechterbinarität anzupassen. Nova Bradford sieht dies als eine weitere Bewältigungsstrategie. Sie beschreibt das Handeln als "actively altering their linguistic self-presentation based on their current environment in order to be perceived as legitimate or valid" (Bradford et al. 2018: 167). So vervielfältigen sich also die Ausdrucksweisen der sich anpassenden Rolle und der fluiden Identität gemäß der Intelligibilität. Demnach erfordert dieses Handeln besondere Flexibilität und kontextuelle Reflexion der Situation. Nach Butler stellt Gender „eine Praxis der Improvisation im Rahmen des Zwangs [dar]. Außerdem 'spielt' man seine Geschlechtsrolle nicht allein. Man 'spielt' immer mit oder für einen anderen, selbst wenn dieser andere nur vorgestellt ist“ (Butler 2015: 9). Butler begründet also einen Zwang mit der Orientierung an der (imaginierten) Fremdwahrnehmung, sodass auch hier von Entfremdungsprozessen gesprochen werden kann, bei denen die eigene Subjektivität der Geschlechtlichkeit der Darstellung entsprechend der Wahrnehmung der Interaktionspartner:innen untergeordnet ist. Spezifische Kontexte wirken demnach besonders unterdrückend, da sie stärker an soziokulturelle Normen gekoppelt sind und daher ein höheres Risiko für gesellschaftliche Sanktionierung implizieren.

Aber auch in queeren Räumen kommt es zu Konflikten der Kategorisierung und Zuschreibung, da die Vielzahl der Bewältigungsstrategien und der Vorstellungen von Geschlechtlichkeit unterschiedliche Geschlechterwissen produziert, die nicht immer einen Konsens finden. Von solchen „intragroup conflicts" (Bradford et al. 2018: 164) erzählt auch Rio. Er_Sie ist in einem queeren Umfeld aktiv und stößt dort häufig auf Intergruppenkonflikte durch Identifikationsdruck.

> „Dann hab ich mit den Trans*-Partys in den letzten zwei Jahren noch mal ganz junge Leute kennengelernt, so Anfang 20, die noch so mitten in dieser Selbstfindung stecken. Die haben mich sehr verunsichert. Da hab ich gedacht, ich muss jetzt ab sofort Testosteron nehmen und ganz viele YouTube-Filmchen gucken, sonst spring ich ausm Fenster (lacht). Das hat mich total wahnsinnig gemacht, aber auch irgendwie dem Ganzen noch mal n bisschen Schub gegeben und ich hab gedacht, ja ich hab mehr, oder ich hätte jetzt mehr Freiheiten mich umzugestalten, so wie ich mich empfinde, aber das fand ich auch wieder so repressiv, dass ich so lange warten muss, so und so lange Testo [Testosteron] nehmen muss, so und so zu diesen Psychologen und Ärzten was auch immer latschen muss, das will ich nicht. Und es hat ne Weile gedauert und dann hab ich wieder zu mir gefunden und gedacht: 'Na gut es ist eben das alte agender Thema. Du wirst so bleiben, wie du bist und das ist ganz ok so'. Ich merke, dieses Thema verfolgt mich in Wellen mein Leben lang. Also es ist mal sehr drängend, auch belastend und dann wieder ganz ok. Und es hängt stark davon ab, wie andere sich definieren und mir ihre Definitionen um die Ohren hauen. Wenn ich meine Ruhe hab, ist alles gut. Ich glaube das ist so, ich glaube diese Selbstdefinitionsgeschichte, Selbstfindungsgeschichte, kann man nicht isoliert betrachten. Also die ist immer im Zusammenhang mit anderen Menschen, mit dem sozialen Umfeld zu sehen. Und das macht es manchmal so quälend und manchmal auch so befreiend, so je nachdem auf welche Menschen man trifft. Das ist so, so meine Story zu meiner Selbstwerdung und Selbstentdeckung" (Interview Rio: 68 f.).

Durch die Auseinandersetzung mit anderen Personen entstehen für Rio Unsicherheiten, da unterschiedliche Geschlechterwissen aufeinandertreffen, bei denen der Generationenkonflikt und altersbedingte Zugänge zu Wissen Divergenzen erzeugen. Rio muss erst wieder isoliert zu sich selbst finden, um die eigene Geschlechtlichkeit definieren zu können. Besonders deutlich wird, dass Geschlechtlichkeit im Sinne des *Doing Gender* in Interaktion hergestellt wird und vor allem bei den jüngeren Personen an das Passing gekoppelt ist. Die optisch-körperliche Wahrnehmung wird durch Hormontherapien verändert, was Rio als zu regressiv wahrnimmt. Die Einnahme von Hormonen verändert den Körper in einer solchen Weise, dass eine Fluidität gehemmt wird. Zur Verschreibung hormonell wirkender Medikamente muss eine institutionelle weitestgehend binäre Einordnung als „das andere Geschlecht" von Psycholog:innen stattfinden, wie ich in Kapitel 4.2.3. weiter erläutern werde. Diese Hemmnisse rufen für Rio entfremdende Tendenzen in variierender Stärke hervor, die er_sie jedoch zu überwinden versucht.

Folglich kann daraus geschlossen werden, dass Passing und die verbreitete Geschlechterordnung unterdrückende und prekarisierende Einflüsse auf nichtbinäre Personen haben, da beides binär konstruiert ist. Sie verspüren einen Druck, binärgeschlechtlich eingeordnet werden zu müssen, um Kohärenz und Kontinuität reproduzieren zu können und somit intelligibel zu sein. Damit gehen ebenso eine gewisse Unversehrtheit und Sicherheit im Alltag einher. Eine fluide Geschlechtlichkeit liegt für die Mehrheitsgesellschaft außerhalb der Intelligibilität und erfordert von den Interviewpartner:innen subjektivierende Bewältigungsstrategien. Den Druck, welchem diese unterliegen, werde ich im nächsten Kapitel beschreiben.

Sich erklären müssen

> „Die Verknüpfung des Verbots mit der nachhaltigen Forderung, zu sprechen, ist ein konstantes Merkmal unserer Kultur" (Foucault 1993: 25).

Aufgrund der Loslösung von und dem Wunsch nach Dekonstruktion der Geschlechterdichotomie stehen die Akteur:innen häufig unter Erzähl- und Deutungszwang. Da das prävalente Geschlechterwissen binäre Geschlechterverhältnisse beinhaltet, bedarf es für jegliche Abweichungen und irritierende Handlungs- und Deutungsmuster oftmals eine Erklärung. Für nichtbinäre Menschen erzeugt dies besonders häufig Situationen, in denen sie sich und ihre Existenz erklären und rechtfertigen müssen. Sowohl durch misgendernde Handlungen als auch durch Irritationen oder Nachfragen sehen sich die Interviewpartner:innen oftmals in der Position, sich outen zu müssen, um Konflikte zu lösen und Situationen zu korrigieren. Dieses erzwungene und oftmals auch ungewollte Coming-Out bringt Schwierigkeiten mit sich und erfordert zudem einen hohen psychischen Kraftaufwand. So sagt Foucault über das Coming-Out von Homosexuellen: „Zwischen der Aussage: 'Ich bin homosexuell' und der Weigerung, dies zu sagen, findet sich eine sehr vieldeutige Dialektik. Die Aussage ist notwendig, weil man dadurch ein Recht in Anspruch nimmt, aber zugleich ist sie auch ein Käfig oder eine Falle" (Defert/ Foucault 2005: 351 f.).

Das Outing eröffnet also ein Dilemma, in welchem die „Selbst-Identifizierung mit Homosexualität individuelles und kollektives Handlungsvermögen eröffnet und zugleich einschränkt" (Laufenberg 2014: 22), da einerseits die Möglichkeit zur Selbst-Erklärung gegeben wird, andererseits aber eine marginalisierte Position in der Gesellschaft eingenommen wird. Im Gegensatz zu Homosexualität erfahren trans* sowie nichtbinäre und genderqueere Personen häufiger ungewollte Coming-Out Situationen aufgrund körperlicher Irritationen durch Passing-Aspekte. Ein Outing oder eine „Enttarnung" werden häufig als riskante Stresssituationen wahrgenommen, da die marginalisierte Position ökonomische wie auch soziale Nachteile mit sich bringen kann (vgl. Levitt/Ippolito 2014: 54). Zudem ist der psychische Kraftaufwand ein in allen Interviews hervorgehobener Aspekt, den der alltägliche Erklärungszwang mit sich bringt. Den Interviewpartner:innen bleibt oft keine Wahl, ob sie ihr Geschlecht thematisieren wollen oder nicht. Sie müssen ihre Geschlechtlichkeit erklären, um die Interaktion mit anderen Personen möglich zu machen, da eine explizite Thematisierung von ihnen eingefordert wird. Max erzählt, dass er entweder zum Outing und zur Selbst-Erklärung gezwungen ist oder seine Geschlechtlichkeit verbirgt und versucht als männlich wahrgenommen zu werden, sodass keine Nachfragen gestellt werden.

> „Ich komm nicht umhin mir halt manchmal vorzustellen, wie es denn wäre, wenn ich einfach cis wäre. Nicht als Wunsch, sondern nur so als Hypothese. Dann stell ich halt schon fest, dass mein Leben vermutlich sehr anders aussähe. Und in Teilen halt auch sehr vereinfacht. Es geht halt auch immer dadurch so, Leuten so zu erklären. Da braucht man auch Energie und Zeit dafür, Leuten so zu erklären, was heißt es denn trans* zu sein, und gerade, wenn man halt sagt ich bin nichtbinär, dann das zu erklären. Das weiß halt nicht jeder. Und ist auch überhaupt nicht schlimm, dass das nicht jeder weiß, jeder hat da so seinen anderen Anfangspunkt. Mein Anfangspunkt lief halt im Internet ab und nicht in nem Gespräch. Aber es ist auch so, mit wieviel muss man, muss man sich halt auch fragen, wieviel Energie hab ich heute? Kann ich Leuten das heute erklären? Oder in dem Moment? Oder sag ich es dann einfach nicht? Will ich mich jedes Mal neu outen? Oder steck ich mich halt jetzt in diese 'Ich bin männlich'-Box und versuch quasi stealth [engl. heimlich, versteckt, getarnt] zu sein. Also es gibt halt trans* Männer, die halt so ihr Leben leben, halt versuchen als cis wahrgenommen zu werden. Das ist halt für mich-, für mich wär das schon wieder-, dann würd ich mir selber wehtun damit. Und das kann ich halt auch nur für nen bestimmten Zeitraum. Wenn ich sage jetzt, keine Ahnung, bei der Veranstaltung, oder in dem Kontext zeig ich mich jetzt

> für den Zeitraum als typisch männlich. Ich möcht mich jetzt nicht erklären müssen“ (Interview Max: 61).

Das Dilemma zwischen einem offenen Ausleben der Geschlechtlichkeit und dem damit verbundenen Energie- und Zeitaufwand einerseits und einer Verschleierung der eigenen Identität andererseits impliziert folglich einen weiteren Abwertungsprozess. Den Akteur:innen bleibt häufig keine Wahl ihr Geschlecht zu thematisieren oder dies explizit nicht zu tun, was wiederum als umgekehrte Selbstthematisierung gedeutet werden kann. Aus der Erklärungssituation kann jedoch auch die Möglichkeit des Aufklärens und einer damit einhergehenden Transformation des Geschlechterwissens der Interaktionspartner:innen gesehen werden, wie aus dem Interview mit Henri hervorgeht.

> „Viele Leute sind erst mal so ein bisschen überrascht, oder ich hab auch das Gefühl, sie trauen sich dann nicht mehr zu fragen, aber würden eigentlich gerne mehr fragen. Und dann tut es mir auch ein bisschen leid, weil ich denke, also gerade wenn es irgendwie nette Menschen sind, die ich so sympathisch finde und ich gerade Zeit habe und Kapazität, dann denk ich mir auch: ‘Ok ich könnte es der Person jetzt auch einfach erklären und dann wüsste die Person irgendwie mehr und, dann würde sich die Person vielleicht auch mir gegenüber wohler fühlen’, weil ich dann merke, dass Leute, die Angst haben, dass sie vielleicht was falsch machen könnten. Ja genau, und dann ist es aber-, will ich auch nicht von mir aus Sachen erklären, ohne dass die Person gefragt hat, weil es mir auch n bisschen holprig vorkommt. Aber genau, also solche Situationen kommen irgendwie relativ häufig vor, wenn ich neue Menschen kennenlerne“ (Interview Henri: 118).

Die ambivalente Situation und die erwähnte Häufigkeit eines solchen Erklärungszwangs zeigen deutlich die objektifizierenden Vorgänge dieser Situation. Nichtbinäre Personen sind gezwungen, wenn sie weitestgehend uneingeschränkt ihrer Geschlechtlichkeit Ausdruck verleihen und damit eine Subjektposition einnehmen wollen, dies zu erklären oder eine Rechtfertigung für ihr Aussehen, ihren Namen oder ihre Pronomen zu geben. Auf das subjektivierende Potenzial eines Coming-out werde ich in Kapitel 4.3.2 näher eingehen. Ebenso wird erneut eine hohe Selbstreflexivität in der Interaktion sichtbar, da Henri erzählt, es abzuwägen, inwieweit mie das Geschlecht explizieren solle, ohne danach gefragt zu werden. Dies birgt jedoch die Gefahr, misgendert zu werden, die auch hingenommen werden kann, um weitere Konflikte und den Erklärungszwang zu verhindern.

Zudem sprechen Tris und Nica darüber, dass ein Coming-out sowie Erklärungen vor allem in Situationen mit Autoritäts- oder Machtgefälle Mut erfordern, da Geschlechtlichkeit stets ein emotional sensibles Thema sei und die Angst vor Unverständnis oder Verletzungen oft dominiere (vgl. Interview Nica: 2; Interview Tris: 42). Sie müssen sich also der Geschlechterdichotomie aus Selbstschutz unterordnen und können diese nur durch große Anstrengung subvertieren. Die prekarisierenden Faktoren der Angst vor Unverständnis und physischer sowie psychischer Verletzung sowie die Angst davor, solche Verletzungen durch ihre eigene Geschlechtlichkeit hervorzurufen, werden im folgenden Kapitel thematisiert.

4.2.2 Unsicherheiten, Verletzungen und Fremdscham

> "First, 'hiding' and living in the closet represent times or situations in which an LGBT person chooses not to disclose his/her sexual orientation to others, often for fear of retaliation or loss of social support" (Sue 2010: 185).

Queere Personen erfahren an vielen Punkten ihrer Biografie psychische wie auch physische Gewalt, wodurch sie oftmals ein ständiges Unsicherheitsgefühl verspüren. Insbesondere zeigt sich dies im Verstecken der eigenen Geschlechtlichkeit, meist aus Angst vor sozialem Ausschluss oder Gewalt. Zudem zeigt sich in den Interviews, dass die Angst andere zu verletzen oder zu enttäuschen ebenso ein entscheidender Faktor ist, sich nicht zu outen. Beides tritt meist in einem reziproken Prozess der Selbstfindung auf, welcher sich über Jahre erstrecken und viel Unsicherheit hervorrufen kann. Diese beiden Seiten der Angst, welche zur Entfremdung der eigenen Geschlechtlichkeit beitragen, werden im Folgenden dargestellt.

Angst vor sozialem Ausschluss und Verletzung

In allen geführten Interviews lassen sich Erzählpassagen finden, die „Verlustängste von Freund:innen [und] Familien" (Interview Naoum 2: 103) oder Angst vor psychischer oder physischer Gewalt thematisieren. Daher vertrauten sich viele der Interviewpartner:innen erst spät im Leben Personen an und sprachen offen über ihre Geschlechtlichkeit. Max erzählt von einer schwierigen Kindheit und Problemen in der Schule durch andere Kinder, die böswillige und schmerzhafte Behauptungen gegen ihn äußerten. Dadurch wurde Max in Einsamkeit gedrängt und versteckte seine Geschlechtlichkeit, bis er andere queere Menschen traf und in eine andere Stadt zog.

> „Und während ich in der Schule beispielsweise Schwierigkeiten hatte, wenn Leute gesagt haben so: ‘Bist du ein Junge oder ein Mädchen?’ Und ich so: ‘Who knows, both or nothing. You tell me’. Da hatte ich halt so Angst davor, dass diese Frage kommt und ich irgendwie entdeckt werde oder so. Keine Ahnung, jetzt fliegt deine Tarnung auf oder sowas“ (Interview Max: 57).

Die Aufdeckung der „Tarnung“ führt zu hoher Unsicherheit, da einerseits eine kohärente und Kontinuität abbildende Erklärung gefordert werden und es andererseits zu gewaltvollen Handlungen kommen kann. Die imaginierte Antwort auf Englisch zeigt, dass Max heute über genügend Resilienz verfügt, um auf solche Fragen eine subjektivierende Antwort zu geben. Gleichzeitig bedient es sich einer Fremdsprache, um durch die „Macht- und Abhängigkeitsbeziehungen“ beim Übersetzen Distanz und mehr Sicherheit zu schaffen (Schachtner 2016: 222). So gilt Tarnung innerhalb der Binarität aber auch heute noch oftmals als Schutz für Max.

> „Wie gesagt, kommt so ein bisschen drauf an, wann, wo man hingeht. Ist natürlich auch immer halt ne Frage von der Sicherheit. Also extrem. Will ich auf der Straße angesprochen werden, will ich, dass wer, mit-, also sehr persönliche Fragen stellen, irgendwas Verletzendes hinterherrufen. Ist mir auch schon passiert“ (Interview Max: 60).

Psychische Gewalt in Form von Diskriminierung ist eine kollektive Erfahrung der Interviewpartner:innen. Noel schildert, dass er oft mit solchen Diskriminierungserfahrungen konfrontiert werde. Er bekomme oft „einfach dumme Kommentare hinterhergerufen“ wie beispielsweise „Schwuchtel oder irgendwelche Gestikulierungen“ (Interview Noel: 129). Und auch Tris spricht von „extremen Diskriminierungs- und Unterdrückungserfahrungen“ (Interview Tris: 46). Diese Erzählungen zeigen, wie häufig solche prekarisierenden Erfahrungen gemacht werden, die nichtbinäre Personen in cis- und heteronormative Geschlechterrollen zurückdrängen sollen.

Während primär über Angst vor und Erfahrungen mit psychischer Gewalt erzählt wird, die meist durch Verstecken in einer binären Geschlechtszuordnung zu vermeiden versucht wird, nutzt Juli ähnliche Strategien als Reaktion auf Angst vor physischer Gewalt durch die Enttarnung seiner Trans*-Geschlechtlichkeit während seines Praktikums in einer Entbindungsstation im Krankenhaus. Vor allem im Umkleideraum hat es Angst, aufgrund seines

Körpers als trans* gelesen zu werden, da es keine Möglichkeit gibt, sich im Privaten umzuziehen.

> „Ich kam damit halt total gut klar, dass die mich als männlich gelesen haben, weil es alles Frauen waren. Und es halt eher so, keine Ahnung, ich könnte auch diesen Job nicht machen, wenn ich als Frau gelesen würde. Das würde mich in den WAHNsinn treiben. Aber so da als männlich gelesen zu werden, das war ok. Aber ich habe halt total Probleme damit, wenn mich irgendwelche cis-Männer als Mann lesen, weil sie, das ist immer so dieses: 'Ich bin einer von denen'. Und ich da auch tatsächlich irgendwie Angst habe manchmal, 'ok, wenn die das dann rauskriegen und vielleicht auch gewalttätig werden oder so'" (Interview Juli: 26).

Juli nimmt eine deutliche Unterscheidung zwischen cis Männern und cis Frauen als Interaktionspartner:innen vor. Während von cis Frauen, die ihn als Mann lesen, keine Gefahr ausgehe, werden cis Männer als gefährlich beschrieben, da hier eine direkte Konfrontation im Umkleideraum stattfinde. Ein Gelesenwerden als Frau scheint dahingegen ein Widerspruch mit der queeren Identität zu sein, da eine Frau als Hebamme als üblicher gesehen wird als ein Mann in diesem Beruf, sodass davon jedoch keine Angst, sondern vielmehr Ablehnung ausgeht.

In dem erhobenen Material finden sich viele solcher Diskriminierungen, die zeigen, dass nichtbinäre Personen oftmals sozial prekäre und von Gewalt geprägte Alltagswelten (er)leben. Trotz dieser marginalisierten Stellung in der Gesellschaft oder auch genau wegen dieser Position weisen die Interviewpartner:innen eine hohe Reflexivität im Umgang mit anderen auf. Sie antizipieren mögliche Wahrnehmungsmuster und Reaktionen und versuchen negative Erfahrungen in der Interaktion zu vermeiden.

Fremdscham und die Angst andere zu verletzen

> „Am Anfang war das quasi noch alles sehr neu für mich und ich hatte auch sehr viel Angst davor, dass ich Leute, ja sozusagen, dass ich andere Leute da irgendwie mit meiner Geschlechtsidentität belasten könnte oder so" (Interview Henri: 114).

Ein weiterer einschränkender Faktor im Leben von nichtbinären Menschen ist die Angst, andere Personen emotional zu verletzten oder sie in unangenehme Situationen zu bringen, wie Henri im Interview expliziert. Dieses antizipatorische Handeln schließt auf eine hohe Reflexionskompetenz durch eine ständige Auseinandersetzung mit sich selbst und dem eigenen „Anders-sein“ im Sinne eines Nichtentsprechens der Zweigeschlechternorm, was sich auch in den Selbstthematisierungen (Kapitel 4.3.2) zeigt. Durch ein häufiges Erleben von Negativerfahrungen mit Irritationsmomenten entwickeln die Interviewpartner:innen eine gewisse Sensibilität für die Innenperspektive ihrer Interaktionspartner:innen. So versucht Tris zum Beispiel eine Situation zu besänftigen und der misgendernden Handlung die zentrale Gesprächsrolle zu nehmen.

> „Danach hat dann irgendeine Person, die mich als männlich gelesen, danach am Gesicht wohl irgendwie festgestellt: ‘Oh es ist wohl doch kein Mann’ und hat sich entschuldigt und es war ganz schlimm für diese Person, glaub ich. ‘Oh my god, I'm sorry’. So. ‘Alles gut, ich sehe das nicht so eng, ist echt nicht schlimm so’. Also es war so, einfach für mich so interessant zu sehen, dass es so krass ist, was das für ne Bedeutung trägt so im Umgang miteinander. Und das machts halt auch für gerade-, irgendwie für mich selber ist das natürlich auch schlimm, weil es das so-, es ist irgendwie immer Ding“ (Interview Tris: 42).

Die hohe Bedeutungszuschreibung der richtigen und eindeutigen Bestimmung des Geschlechts beeinflusst die Interaktion in solch einem Maße, dass der Fokus auf die Fehlkategorisierung gerichtet wird und andere Themen unterbrochen werden. Durch Richtigstellung des vermeintlichen Geschlechts als weiblich durch Neuinterpretation der Gesichtszüge findet also eine Priorisierung der Geschlechtsbestimmung in der Interaktion und Wahrnehmung statt, die wiederum eine Selbstthematisierung von Tris erfordert. Durch diese Bedeutungsverschiebung entsteht sowohl Unwohlsein für die Beteiligten als auch Erklärungszwang für Tris. Tris hat in der Situation keine andere Wahl, als die Geschlechtlichkeit zu thematisieren oder sich ein Geschlecht zuschreiben zu lassen, da die:der Interaktionspartner:in eine richtige Kategorisierung erwartet. Die andere Person nimmt also zunächst nur das Geschlecht wahr, ohne Tris zu involvieren, und spricht Tris somit die Subjektposition ab. In dem Moment hat Tris also nicht nur ein Geschlecht, sondern *ist* ein Geschlecht und dies sogar ausschließlich (vgl. Lindemann 2011: 217).

Solche Handlungsmuster, in denen die Geschlechtlichkeit hervorgebracht und perpetuiert wird, sind nicht nur in informellen Alltagskontexten entscheidend für den Interaktionsverlauf, sondern durchziehen auch das Arbeitsumfeld, wie in Rios Erzählung deutlich wird.

> „Also dieser Fremdschämfaktor spielt da noch eine Rolle, ne, dass ich mich schäme, weil es anderen wehtun würde. Das ist nicht Fremdschämen, aber das ist so, ich merke ja schon, dass das manchen Leuten peinlich ist. Also ich weiß vor einigen Jahren hat mich ein Kollege immer mit Herr und meinem Nachnamen angesprochen und hat dann nach einer viertel Stunde, er wollte sich ein Buch ausleihen, das war ein relativ harmloser Anlass, hat er dann gemerkt: ‘Oh Gott, das stimmt ja gar nicht, das ist ja eine Frau, die mir gegenübersteht’. Und der hat sich dann entschuldigt und ist knallrot geworden und war furchtbar in Sorge, dass ich dem das jetzt übelnehmen könnte. Und ich hab das überhaupt, weder am Anfang, richtiggestellt. Das war eg-, das ist, ich fand das GUT, dass das mal so durcheinanderläuft. Aber ihm war das sehr unangenehm und das tat mir im Nachhinein für ihn dann leid“ (Interview Rio: 74).

Die Schuldzuweisung, Schmerz oder Scham zu verursachen, wird durch die explizite Ansprache noch deutlicher. Rio gibt sich die Schuld dafür, dass eine Fehlkategorisierung der Geschlechtlichkeit durch den Kollegen stattfand und dieser dadurch in eine peinliche Situation geriet. So zeigt sich, wie inhärent die Zweigeschlechtlichkeit der Gesellschaft ist, sodass trotz des eigenen Empfindens und eines Subjektivierungsdrangs eine Nichtbinarität oder Nichtgeschlechtlichkeit als Fehler wahrgenommen wird. Obwohl Rio die Irritation des Kollegen als positiv wahrnimmt und sich dadurch als außerhalb der Geschlechterdichotomie empfindet, überwiegt die negative Emotion der Schuld.

Dadurch werden selbst einfache alltägliche Kontexte zu komplexen und komplizierten Interaktionen, die zumeist von den außerhalb der Norm liegenden Personen richtiggestellt werden müssen, um die Interaktion aufrechtzuerhalten. Der Thematisierungsdruck und die Angst vor Verletzung oder Verletzen durch Scham rückt die Interviewpartner:innen in einen Subjektivierungszwang, da sie ohne Selbstthematisierungen und antizipierendes Handeln nur als irritierendes Geschlecht wahrgenommen werden. Eine Interaktion ohne die Thematisierung von Geschlecht scheint somit nicht möglich und erzwingt eine ständige Auseinandersetzung und Reflexion dessen.

4.2.3 Alltagsweltliche und institutionelle Hürden – juristisch-bürokratische Einschränkungen

Prekarisierungen durch Machtgefälle aufgrund von Geschlechtlichkeit entstehen jedoch nicht nur in Interaktion mit anderen Personen, sondern auch im Alltagshandeln durch kategorisierende soziale Räume oder Institutionen. Solche Unterdrückungserfahrungen werden als besondere Hürden nichtbinärer Lebenswelten empfunden und rufen daher stark emotional verknüpfte Erzählungen hervor. Diese Art von äußeren Prekarisierungen veranschauliche ich anhand von zwei Analysekategorien. Zunächst beschreibe ich den Zuordnungszwang nichtbinärer Menschen in geschlechtsspezifische öffentliche Toiletten und Umkleideräume, welcher ein immer wiederkehrendes, oft ironisch dargestelltes Motiv in den Erzählungen darstellt. Daraufhin gebe ich einen kurzen Überblick über die rechtliche Lage in Deutschland und die Erfahrungen mit einer gesetzlichen Änderung des Vornamens und der personenstandsrechtlichen Geschlechtszuordnung.

Von öffentlichen Toiletten und Umkleideräumen

Toiletten und Umkleideräume stellen ein offensichtliches und viel diskutiertes problematisches Umfeld für Personen dar, die sich nicht als cis Mann oder cis Frau identifizieren, da eine binäre Zuordnung für alle Nutzer:innen oft zu Unwohlsein führt (vgl. Schirmer 2010: 315 f.). Dieses Problem erscheint für nichtbinäre Personen noch offensichtlicher als beispielsweise für binäre trans* Männer oder -Frauen nach der Transition, da viele sich der binären Einteilung von Toiletten entziehen (vgl. Barnett et al. 2018). Dies wird auch in einigen Interviews deutlich, in denen das Toilettenmotiv aufgegriffen wird, um die Zuordnungsproblematik im Alltag widerzuspiegeln. Für Nica war das Abgewiesenwerden von einer Reinigungskraft in einer Club-Toilette zur Benutzung der Frauentoilette ein „Befreiungsschlag", der zwar aggressives Konfliktpotenzial hervorrief, später jedoch als wiederkehrendes Motiv zur Thematisierung der Nichtbinarität gilt (Interview Nica: 2 f.). Nica entscheidet sich in der Situation, die Nutzung beider Toiletten zu beanspruchen und befreit sich somit von der unterdrückten Position als zu einer Toilette respektive einem Geschlecht zugehörig wahrgenommen. Indem er:sie diesen Erfolg situativ wiederholend hervorruft und beide Toiletten verwendet, wird eine politische Wirkmächtigkeit und Subversion des binären Konstrukts öffentlicher Toiletten erreicht. Dies ist, wie andere Erzählungen zeigen, jedoch nicht ausschließlich mit subjektivierenden Empfindungen verbunden. Der Toilettenbesuch als intim empfundene Notwendigkeit ruft oft auch starkes Unwohlsein und Diskriminierungserfahrungen hervor (vgl. Lindemann 2011: 58 ff.). Juli vermeidet aufgrund solcher Negativerfahrungen den Toilettenbesuch nahezu gänzlich während der Schulzeit, was eine starke, fast schon gewaltförmige Einschränkung durch den Zwang der binären Zuordnung verdeutlicht.

> „Ich bin dann ab da [seit dem öffentlichen Outing als trans*] auch eigentlich kaum noch auf Toilette gegangen in der Schule. Ich glaub ich war einmal auf dem Jungenklo, da kam mir dann einer aus meiner Stufe entgegen, der dann anscheinend das Memo noch nicht gekriegt hatte, guckt mich an, guckt auf die Tür. Ja es war halt ok, aber ich hatte dann halt auch eher Angst, wenn dann halt Unterstufenschüler oder so das mitkriegen und dann irgendwie nicht so ganz wissen, was los ist und zum Lehrer rennen. So und. Ja. Das war schwierig" (Interview Juli: 28 f.).

Die Antizipation einer imaginierten Erfahrung wird zum Hemmnis aufgrund der Widerständigkeit der geschlechtlichen Heteronomie. Als reales Erlebnis wird bei Rio der unangenehme Charakter solcher immer wiederkehrender Situationen beschrieben, in welchen sogar Anfeindungen stattfinden.

> „Und ich fühl mich relativ wohl, wenn ich so eine Irritation hervorrufe. Also nicht diese unschönen Szenen auf der Toilette. Das ist manchmal einfach nur nervig und störend, weil ich ja auch irgendwie einfach nur auf die Toilette möchte. Das ist ja jetzt keine Polit-Aktion von mir. Aber das ist unter Umständen sehr unerfreulich gewesen, wenn mich da irgendwelche Frauen runtergepeitscht haben. Oder ich erlebe das immer mal wieder so bei öffentlichen Toiletten, dass Männer mir hinterhergehen. Die achten gar nicht mehr auf diese Beschilderung. Das find ich ganz witzig irgendwie. Oder es kann auch unangenehm sein. Ich weiß, ein kleiner Junge hat seinen Vater gefragt, warum er denn nicht in DIESE Toilette da gehen kann, wo ich gerade verschwunden war. Machte ein RIEsiges Geschrei und dem Vater war das super peinlich. Und sagte 'Nein nein, wir sind hier richtig'" (Interview Rio: 74).

In beiden Erzählungen zeigt sich die unabsichtliche politische Aufladung des Toilettengangs durch Zuschreibungen eines Geschlechts von anderen Personen. Durch den Zwang, sich für eine Toilette entscheiden zu müssen, werden sowohl Juli als auch Rio als binär geschlechtlich gelesen und rufen durch ihre Körper Irritationen hervor, die im Kontext der intimen Toilettensituation zu gesteigertem Unwohlsein führen (vgl. Lindemann 2011: 59). Einerseits führen solche Reaktionen zu Belustigungen, wenn in Rios Erzählung cis Männer die Frauentoilette betreten und dadurch peinlich berührt und von der Geschlechtlichkeit irritiert sind. Andererseits kann dies aber auch Angst vor dem Entdecktwerden und damit einhergehender Diskriminierung oder sogar gewalttätigen Übergriffen hervorrufen, wie am Beispiel der Umkleidekabine bei Julis Praktikumsstelle im Krankenhaus erkennbar wird.

> „Und deshalb habe ich dann auch irgendwie an meinem ersten Tag im Krankenhaus gemerkt, um in den OP zu gehen, muss man sich dann auch umziehen. Dann muss ich in die Männerumkleide und das war tatsächlich auch nochmal so, schwierig. Aber wusste ja niemand, dass ich trans* bin. Ich kann ja jetzt nicht sagen, also, man kann sich ja auch nirgends anders umziehen als in diesen Umkleiden, weil man muss ja durch die Schleuse durch. Also, dass ich da tatsächlich dann auch in den ersten Monaten auch ANGST hatte, hat das tatsächlich echt noch mal eine größere Rolle gespielt als auch sonst in meinem Alltag, weil, ansonsten weiß das inzwischen jeder" (Interview Juli: 26.).

Die institutionell erzwungene Zuordnung zum Männerumkleideraum ruft in Juli Angst hervor, darin begründet, dass die in demselben Umkleideraum anwesenden cis Männer auf die Irritation durch Julis Trans*-Sein mit Gewalt reagieren könnten. Das Konzept des Gruppen-Umkleideraums im Krankenhaus und den Zwang sich diesem auszusetzen durch die dortigen Hygienemaßnahmen erzeugt einen Raum der Verletzlichkeit durch Entblößung des Körpers, dem Juli nicht entgehen kann. Auch zeigt sich die institutionelle Rigidität der Zweigeschlechterordnung innerhalb des Krankenhauses durch die Kategorisierung der Hebamme als Frauenberuf.

(Bio-)Familie als biopolitisches Spannungsfeld

Als ebenfalls machtvoller institutioneller Kontext wirkt die Familie als „tradierte Organisationsform der Reproduktion" (Laufenberg 2014: 259). Im Leben vieler queerer Personen stellt die Familie einen disparaten Lebensbereich dar, in dem viele verschiedene Subjekte aufeinandertreffen, die unterschiedliche Prägungen und Dispositionen erfahren und somit konfligierende Wissen und widersprüchliche Erfahrungen reproduzieren. Daher ist für viele queere und insbesondere trans* Personen die Familie weniger als geschützter Raum als vielmehr ein kontrovers wahrgenommener Raum zu betrachten, was großen Einfluss auf die Identitätsbildung und Resilienz hat (vgl. Munroe et al. 2020).

So hat auch die Mehrheit meiner Interviewpartner:innen negative Erfahrungen mit ihren Geschlechtlichkeiten im Kontext der Familie gemacht. Lediglich Naoum und Juli erzählen davon, „Glück" zu haben, in Familien groß geworden zu sein, die ihre Geschlechtlichkeiten akzeptierten. Rio, Nica und Max erzählen jedoch von Abwertungen und Unterdrückungserfahrungen in ihren Familien durch Desinteresse, ignorierendes Verhalten oder sogar Verleugnung der Geschlechtlichkeit. Nica beschreibt eine gewisse Gleichgültigkeit in der Beziehung zu seiner:ihrer Mutter, da kein Verständnis für die Geschlechtlichkeit aufkomme.

> „Es ist halt so ein Ding mit meiner Familie, ist halt eh nicht so ein richtig gutes Verhältnis mit denen und ich hab eigentlich gar keinen Bock, mich mit denen in dem Kontext auseinanderzusetzen. Deswegen mach ich‘s einfach nicht. Und wenn ich dann einfach irgendwie Nagellack drauf hab und meine Mutter dann danach fragt: ‘Warum hast du Nagellack drauf?’ Ich so: ‘Ja warum nicht?’ Ich hab halt bei manchen Menschen gar keinen Bock, mich halt zu erklären. Das ist halt bei meiner Familie sehr krass der Fall, weil ich aber auch gemerkt hab, das ist für mich nicht so mein Bezugspunkt, deswegen, da ist es halt irgendwie überhaupt nicht ausgesprochen. Aber selbst, wenn ich‘s dann machen würde, ich glaub sie würden‘s erstmal nicht verstehen, ich mein es ist ja auch komplett ne andere Generation. Aber ich glaube jetzt nicht, dass es irgendwie negativ aufstoßen würde. Aber da hab ich jetzt nicht so das Bedürfnis drüber zu reden. Also man könnte mich ja irgendwie darauf ansprechen, irgendwie, ja wenn man interessiert wäre, warum ich Nagellack trage. Aber ist bisher nicht passiert. Find ich vollkommen in Ordnung. Im allerschlimmsten Falle ist es einfach Desinteresse, was auch vollkommen ok ist, weil ich mich auch nicht immer erklären möchte“ (Interview Nica: 8 f.).

Die Distanzierung zur Familie lässt sich in der Erzählung in doppelter Weise erkennen. Einerseits aus Selbstschutz vor Unverständnis, andererseits um ein Outing und Erklärungen zu vermeiden. Dennoch wird der subtile Wunsch deutlich, die Geschlechtlichkeit in der Familie zu thematisieren, obwohl Nica Gegenteiliges expliziert. Hier wird das prekäre Familienverhältnis deutlich, welches durch die Reproduktion geschlechtlicher Normen in der Machtposition der Eltern evoziert wird.

Besonders ersichtlich werden die Unterdrückungserfahrung und der Leidensdruck bei Max. Seit seiner Jugend entwickelt sich ein konflikthaftes Verhalten mit den Eltern, welches durch das Coming-out als nichtbinär entstand und letztlich zum Auszug und Kontaktabbruch führt.

> „Und dann irgendwie so mit 15 hab ich das das erste Mal bei meinen Eltern angesprochen. Auch eigentlich aus dem Vertrauen heraus, was ich zu denen hatte, dass ich halt mit meinen persönlichen Empfindungen, Bedürfnissen, Problemen halt zu denen kommen kann. Ja. Das war dann ne ziemlich große

Enttäuschung für mich, weil ich hab nen Brief geschrieben. Und hab dann auch mich mit 15 ganz direkt als nichtbinär bei meinen Eltern geoutet. Das heißt, ich hab gar nicht gesagt ich bin, keine Ahnung, ich möchte ein Junge sein oder so, sondern ich bin nichtbinär, ich fühl mich weder so noch so. Und ich weiß nicht ganz genau, wie man das beschreiben kann, so dass es jemand anderes versteht, der das selber nicht so empfindet. Das ist sowas, ja wo man einfach so die Worte noch nicht für hat. Also ICH hatte sie noch nicht. Ja. Und zu dem Zeitpunkt hatte ich halt noch keinen-, also ich wusste, dass ich gern nen anderen Namen nutzen möchte. Und hab meinen Eltern auch gesagt, dass ich gerne halt mit dem Namen angesprochen werden möchte. Eigentlich dachte ich, dass meine Eltern mir eigentlich quasi dabei helfen würden, dass sie mir halt nen anderen Namen geben. Ich mein, das wär ja eigentlich so das perfekte Szenario, dass man sich halt aussuchen dürfte, oder dass die Eltern dann sagen: 'Gut dann suchen wir zusammen noch nen neuen Namen'. Und ich hatte halt auch das Bedürfnis dann andere Pronomen zu benutzen. Ich fühl mich zumindest im Deutschen, weils halt schwierig ist, irgendwie geschlechtsneutrale Pronomen im Deutschen zu verwenden. Also es gibt Neo-Pronomen, aber wenn man jemandem das Thema neu erklärt, der vermutlich-, meine Eltern hatten vermutlich gedacht, sie sind noch nie in ihrem Leben jemandem begegnet, der überhaupt irgendwie trans* ist, was sehr sehr unwahrscheinlich ist. Aber wenn man das halt jemandem neu erklärt, find ich, ist das noch mal ne ziemlich dicke Barriere, wenn man dann noch jemandem sagen muss, 'benutz für mich die Pronomen, die du nicht gewöhnt bist'. Also das ist noch mal so n weiterer Punkt. Das heißt, ich hab denen halt gesagt, ich hätte gern nen anderen Namen und ich würd gern 'er' als Pronomen verwenden. Und das Problem war, dass meine Eltern halt, da so nicht so wirklich drauf reagiert haben. Und es lief dann darauf hinaus, dass ich zur Therapie gegangen bin. Und meine Eltern halt vermutlich die Hoffnung hatten, dass es nur ne Phase ist und dass man mit nem Therapeuten darüber reden kann und das geht dann schon von alleine wieder. Meine Mutter hat das quasi, was ich immer noch ganz interessant finde, meine Mutter hatte sogar die Vermutung, dass, also das hat sie nicht so bezeichnet, also meine Mutter hatte die Vermutung, dass ich intersex bin. Weil sie meinte, es muss ja an den Hormonen liegen. Und ich hab irgendwie nen Überschuss an männlichen Hormonen. Fun Fact: Hab ich nicht (lacht). [...] Und aber mit meinen Eltern hat das nichts gegeben. Das heißt, wie gesagt, fast forward, so, bin ich mit 18, meine Eltern haben quasi mit mir darüber nicht geredet, halt gar nicht. Und dann hab ich mich halt dazu entschieden-, mich vor meinen Freunden geoutet, denen ich sehr viel vertraut hab. Unter anderem halt vor meinem jetzt Freund und hab halt gemerkt, dass das-, dass ich war mir dann sehr sicher halt. Ich hab halt festgestellt, da gibts Leuten, die akzeptieren das einfach so, wie es ist. Und

> die unterstützen mich und ich muss nicht, mich quasi, bei meinen, ich muss diese Intoleranz nicht hinnehmen, sondern ich-, dass also-, ich bin so wie ich bin und die Leute nehmen das auch so hin und ich hab da auch keine Angst davor. Und von daher hab ich mich in meiner Abizeit halt sehr darauf fokussiert, dann halt so schnell wie möglich mich aus diesem ungesunden Umfeld rauszubringen" (Interview Max: 2 f.).

Die Eltern tolerieren die nichtbinäre Geschlechtlichkeit nicht und ignorieren Max Versuche, darüber zu sprechen. Die trans* Identität wird als „Phase" oder hormonelles Ungleichgewicht für unwichtig erachtet und selbst eine Psychotherapie führt keine Änderung der Beziehung und der Einstellung der Eltern herbei. So entwickelt sich für Max das Elternhaus zu einem unsicheren und unterdrückenden sozialen Raum, den er direkt nach dem Schulabschluss verlässt. Bei seinen Freunden und seinem heutigen Partner findet er das nötige Verständnis und die Unterstützung zur Flucht aus dem intoleranten Umfeld. Später erzählt er, dass ein Anwalt als vermittelnde Person eingesetzt werden musste und Max weder über Geld noch materiellen Besitz zum Zeitpunkt des Umzugs verfügte. Dies verdeutlicht die Unterdrückung und psychische Belastung durch die Eltern und zeigt, dass viele nichtbinäre und genderqueere Alltagswelten von Prekarisierung innerhalb familiärer Kontexte geprägt sind. Vor allem in Kapitel 4.3.6. werde ich auf die Bewältigungsstrategien der Akteur:innen eingehen, die sie dazu befähigen, ihre Geschlechtlichkeit auszuleben und solche unsicheren Räume zu verlassen.

Gesetzliche Änderung des Vornamens und der personenstandsrechtlichen Geschlechtszuordnung

Deutlich werden Prekarisierungserfahrungen ebenfalls auf juristischer Ebene, da auch in der deutschen Gesetzgebung Diskriminierung von trans*, nichtbinären und genderqueeren Personen vorherrscht. Das deutsche Gesetz fordert vor allem im Personenstandsgesetz (PStG) eine rigide Zweigeschlechternorm von Mann und Frau ein. Binnen einer Woche muss ein lebendgeborenes Kind beim Standesamt als männlich oder weiblich mit einem geschlechtsspezifischen Vornamen registriert werden. Seit 2018 kann im Fall von Intergeschlechtlichkeit ebenfalls divers als Geschlechtseintrag angegeben werden, jedoch ist dies häufig die Ausnahme, da inter* Säuglinge oftmals noch operativ dem männlichen oder weiblichen Geschlecht angleichend „korrigiert" werden (vgl. Klöppel 2016; Lindenberg 2019). So dient der Geschlechtseintrag vielmehr einer „Beurkundung der sogenannten ‘materiellen Wahrheit’“ (Baumgartinger 2015: 5), also den normierten Genitalien, als jener des Geschlechts. Auch das sogenannte Transsexuellengesetz (TSG) enthält restringierende und entmündigende Paragrafen. So ist es nach § 4 Abs. 3 des TSG notwendig, zwei unabhängige Gutachten zum Zugehörigkeitsempfinden und dessen zukünftiger Kontinuität der Geschlechtlichkeit einzuholen. Dies widerspricht der in Kapitel 4.1 erläuterten These, dass nichtbinäre Personen oftmals ihre Geschlechtlichkeit prozesshaft und nicht kontinuierlich empfinden. Nach § 7 Abs. 1 ist es den Personen, die ihren Vornamen oder Personenstand ändern wollen, verboten, Kinder zur Welt zu bringen, da die Änderung anderenfalls ungültig wird. Ebenso zeigt die Abgrenzung zur Gesetzgebung für inter* Personen in § 22 Absatz 3 und § 45b des PStG eine deutliche Diskriminierung und auch Unklarheit der gesetzgebenden Instanzen. Auch wenn einige trans* Personen ebenfalls davon Gebrauch machen, ist das genaue Verfahren beispielsweise für nichtbinäre Menschen unklar, wie auch aus dem erhobenen Material hervorgeht (vgl. Interviews Nica & Max). Zudem ist eine Streichung des Geschlechts über § 45b des PStG für nichtbinäre Menschen möglich. Auch die aktuellen Diskussionen zur Änderung des TSG und zum Selbstbestimmungsgesetz machen deutlich, wie stark Geschlechtlichkeit in der deutschen Gesetzgebung als kontinuierlich und ohne immense operative Eingriffe unveränderbar wie auch ausschließlich binär gedacht wird.

Zusätzlich soll für die Namensgebung aller Personen in Deutschland eine Veruneindeutigung durch Inkongruenz von Namen und Körpern rechtlich verhindert werden, denn nach § 262 Abs. 4 der Dienstanweisung für Standesbeamte und ihre Aufsichtsbehörden soll der Vorname einer Person geschlechtsspezifisch sein, also als solcher das Geschlecht der Person bezeichnen. Bei als geschlechtsunspezifisch kategorisierten Namen soll dies durch einen auf das Geschlecht schließenden Zweitnamen korrigiert werden. Dies ruft sowohl dem Namensrecht als auch dem TSG gemäß bei der behördlichen Namens- und Personenstandsänderung insofern Probleme hervor, da geschlechtlich nichtbinäre Personen gesetzlich nicht berücksichtigt werden.

Im TSG ist ausschließlich von „dem anderen Geschlecht“ (Transsexuellengesetz 20.07.2017: § 1, Abs. 1) im Falle der Änderung des Vornamens die Rede. Daran wird deutlich, dass auch auf rechtlich-institutioneller Ebene in der Gesetzgebung nach einer normierten Zweigeschlechtlichkeit gehandelt wird. Diese Hindernisse, die zu institutionell erzwungenen Brüchen in der

Identität und Wahrnehmung von nichtbinären Personen führen, werden besonders am Arbeitsplatz und in der Universität deutlich.

Bei Henri wird die durch bürokratische Hürden in der Universität hervorgerufene Abwertung ersichtlich, da Henri den „Deadname" (vgl. Fiani/Han 2019: 189), also den alten, bei Geburt gegebenen Namen, im alltäglichen Umfeld nicht preisgeben will, dazu aber durch bürokratische Automatisierungen im (universitären) Alltag gezwungen ist.

> „Und natürlich in der Uni ein Problem, was es irgendwie gibt ist, dass es, also als ich angefangen hab zu studieren, gab es noch keine Möglichkeit den Namen intern zu ändern. Inzwischen, also ich bin mir immer noch nicht hundertprozentig sicher, aber ich hab gehört, dass es inzwischen eine Möglichkeit gibt. Allerdings hab ich das noch nicht gemacht. Und jetzt ist, während wir so mit Präsenzzeit studiert haben, war das kein Problem, weil ich ja einfach dorthin gegangen bin und gesagt hab: 'Hey ich bin Henri' so. Und die Dozierenden haben das auch total gut hingenommen, dass ich halt meinen richtigen Namen sozusagen draufgeschrieben hab und meine Matrikelnummer und dann meistens noch irgendwie Bescheid gesagt hab: 'Hey, der Name stimmt irgendwie nicht mit dem überein, was da steht, aber, das ist sozusagen mein richtiger Name' und dann haben die das eigentlich immer akzeptiert. Und jetzt aber dadurch, dass wir so viel auf Moodle machen und so kann ich quasi auf Moodle meinen Anzeigenamen nicht ändern und dann sehen quasi Menschen die ganze Zeit meinen Deadname, was mich ein bisschen belastet. Aber zum Glück machen wir dann auch Videokonferenzen und so. Also haben sie zumindest so zu meinem Gesicht, haben sie dann, kennen sie dann meinen richtigen Namen" (Interview Henri: 116).

Der Name spielt also auf rechtlich-bürokratischer Ebene eine entscheidende Rolle zur eindeutigen Zuordnung von Personen sowie laut Bundesverfassungsgesetz zum Erhalt des Kindeswohls und der „natürlichen Ordnung der Geschlechter" (Bundesverfassungsgericht 05.12.2008). Dies widerspricht jedoch eindeutig der Wahrnehmung und Identität nichtbinärer Personen, da ein deutliches Unwohlsein mit den bei Geburt gegebenen Namen und den großen Hürden zur Änderung dieser vorherrscht, oftmals ohne den Wunsch, hormonelle oder operative Veränderungen vorzunehmen. Ebenso sind mit den Änderungen hohe Kosten und ein starker Zeit- und Energieaufwand verbunden.

Eigene biografische Erfahrungen mit einer Personenstands- und Vornamensänderung finden sich in Max Erzählung und geben Aufschluss über die

Problematik einer binären Kategorisierung für nichtbinäre Personen. Max änderte über die gesetzliche Unklarheit von § 45b den personenstandsrechtlichen Geschlechtseintrag, zeigt aber, dass andere Faktoren als das eigene Empfinden, wie beispielsweise Sicherheit und Passing, eine entscheidende Rolle spielen.

> „Es ist halt auch nicht, ich hab halt meinen Namen erst im letzten Jahr ändern können. Anfang letzten Jahres. [...] Es war halt, also es wird uns halt auch extrem schwer gemacht. Halt mit dem direkten Namen auf dem Pass oder dem richtigen Geschlechtseintrag. Also ich hab beispielsweise als Geschlechtseintrag das 'm'. Ich hab mir nicht das 'd' für divers eintragen lassen, sondern das 'm' für männlich. Was auch was mit Sicherheit zu tun hat. Das ist eigentlich auch so was, wo ich konform gehe und auch sage, ok, männlich ist halt das, wie ich eher wahrgenommen werden möchte, als halt irgendwie ein Ding, was nicht reinpasst. Also wenn ich jetzt, keine Ahnung, zum Arzt gehe oder mich irgendwo ausweise, am Flughafen. [...] Ja da muss man sich halt immer überlegen, will man angestarrt werden, weil man das 'd' im Pass hat oder will man angestarrt werden, weil man das 'm' oder das 'f' drin hat und dann aber nicht in diese Kategorie gelesen wird. Das ist, das kriegt man ja trotzdem mit Blicken mit, so 'Bist du's auch wirklich?'" (Interview Max: 62).

Insbesondere wird hier wieder die Angst vor Diskriminierungserfahrungen zum Beispiel bei Passkontrollen am Flughafen deutlich, die ihn als nichtbinäre Person dennoch dazu veranlasste, sich mit männlichem Geschlecht nach Personenstandsrecht eintragen zu lassen. Zum einen wird der Geschlechtseintrag „divers" als der Gesellschaft fremd beschrieben, was wiederum Erklärungsdruck hervorrufen könnte und daher keine sichere Wahl sei. Zum anderen kann hier eine phallozentrische Perspektive vermutet werden, da ein Wahrgenommenwerden und Passing als männlich in der Gesellschaft einfacher sei, wie Naoum erzählt. Naoum kritisiert sowohl eine fehlende intersektionale Herangehensweise beispielsweise bezüglich der Prozesskosten als auch die „misogyne" respektive phallozentrische Herangehensweise innerhalb dieses binär gedachten, juristischen Prozesses (vgl. Interview Naoum 2: 111). Diesen Phallogozentrismus beschreibt Lindemann als „stärkere symbolische Kraft des objektivierten männlichen Geschlechts und das größere Problem, sich in der weiblichen Position zu deklarieren bzw. zu behaupten" (Lindemann 2011: 282). Diese zwei Aspekte „verstärken sich gegenseitig, was dazu führt, daß der Wunsch nicht in die Strukturen der realisierenden Geschlechtswahrnehmung eingefügt werden kann" (ebd.). So gibt es aufgrund von trans*-misogynen gesellschaftlichen Tendenzen eine noch höhere Wahrscheinlichkeit einer Unterdrückung bei trans*-weiblichen Personen (vgl. Arayasirikul/Wilson 2019).

Es wird deutlich, dass die Gesetzgebung in Deutschland deutlich diskriminierende Aspekte für trans* Personen beinhaltet. Personen außerhalb einer Zweigeschlechtlichkeit werden im TSG und PStG gar nicht berücksichtigt und befinden sich oftmals in einer Grauzone. Dies bedeutet jedoch häufige Prekarisierungen und Entmündigung für die betroffenen Personen und zwingt sie zu hohem reflektorischen, zeitlichen und finanziellen Aufwand. Ebenso zeigen die Beispiele, „wie über Sprachhandlungen staatliche Macht über einzelne Körper ausgeübt wird, wie eine anscheinend natürliche, gesunde biologische Zweigeschlechtlichkeit über krankmachende (pathologisierende) Verwaltungspraktiken erzeugt wird" (Baumgartinger 2015: 6), die wiederum Praktiken und Argumentationen zur Rechtfertigung eines Zweigeschlechterdispositivs hervorbringen.

4.3 Technologien des Selbst als Praktiken der Subjektivierung und alltäglicher Resilienz

> „In solchen ereignishaften Ausgestaltungen situativ sich öffnender Leerstellen können die sich subjektivierenden Individuen überraschende Erfahrungen machen, ein 'anderes' Welt- und Selbstverständnis ausbilden und beginnen, Spielräume bewusst auszuloten, auszudehnen und eventuell auch zu überschreiten" (Alkemeyer 2013: 41).

Trotz einer gesellschaftlich prekären Lage, die sich, wie zuvor dargestellt, sowohl durch strukturelle Diskriminierung in Form von institutionell-juristischen Hürden als auch durch soziale Diskriminierungsformen beispielsweise durch normierte und internalisierte Interaktionspraktiken manifestiert, weisen nichtbinäre Personen vielfältige Bewältigungsstrategien zur Verqueerung der geschlechtlichen Ordnung sowie eine hohe Resilienz gegenüber Diskriminierung, Misgendering und Frustration auf. Die Resilienz wird in den Interviews beispielsweise als hohes „persönliches Leidenslevel" (Interview Rio: 73) beschrieben, welches sich gewissermaßen in einem Prozess der Gewöhnung an den Leidensdruck, also an alltägliche *Microaggressions* (vgl. Sue 2010), aufbaute.

Um diese Überlebenskämpfe, Spannungen und Widersprüche des Alltags sichtbar zu machen, werden im folgenden Kapitel verschiedene Subjektivierungsstrategien aufgezeigt, um so die Ambivalenzen und Brüche der Identitäten im Prozess der Subjektwerdung erkennbar zu machen (vgl. Alkemeyer et al. 2013: 15). Der Fokus liegt auf den „Rekonstruktionen alltäglicher Selbst-Bildungsprozesse“ (ebd.), die in erster Linie intelligible und darüber hinaus resiliente Subjekte schaffen. Thomas Alkemeyer beschreibt diese Prozesse wie folgt:

> „Sie bilden und schaffen sich als Subjekte, indem sie sich in den ‘Spielzügen’ diskursiver und nicht-diskursiver Praktiken für andere wie für sich selbst intelligibel machen und als ‘mitspielfähig’ zeigen, d.h. indem sie eine erkennbare und bestimmten normativen Forderungen entsprechende, *an*erkennbare *Form* annehmen, die in ihren Bewegungen, Haltungen, Mimiken, Gesten und ‘Auftritten’ zum Ausdruck kommt. ‘Mitspielfähigkeit’ beruht dabei zentral auf einem praktischen, inkorporierten Wissen, das durch praktische Mitgliedschaft in einem sozialen Feld erworben wird“ (ebd.: 18, Hervorh. i. Orig.).

Es genügt jedoch nicht, bereits existierende und dominante Praxen des Intelligibel-Werdens anzueignen und zu reproduzieren. Laufenberg argumentiert, dass die Akteur:innen ebendiese in ihrer „inneren Logik dekonstruieren und überwinden“ müssen, um die geschlechtliche Ordnung zu subvertieren und sich selbst als Subjekte zu rekonstruieren (Laufenberg 2014: 315).

Zur Untersuchung der Subjektivierungen nehme ich die sozialen Praktiken der Akteur:innen in Bezug auf ihre Körperlichkeiten und materiellen Alltagswelten, also die „Dinge und Artefakte wie [...] Kleidung, Sprache, Bilder, Sitten und Gebräuche [...] als ‘Ko-Akteure des Sozialen’“ (Alkemeyer et al. 2013: 16) sowie Prozesse der Transformation, Selbstbildung, Vergemeinschaftung und Reterritorialisierung in den Blick. Im folgenden Teil der Analyse gehe ich der Frage nach, wie sich die Akteur:innen durch soziale Praktiken selbst bilden, organisieren und transformieren, um als intelligible Subjekte innerhalb der bestehenden geschlechtlichen Ordnung anerkannt zu werden.

4.3.1 *Brüche der Geschlechtlichkeit*

> “There are many ways to transgress a prescribed gender code, depending upon the world view of the person who’s doing the transgressing: they range from preferring to be somewhat less than rigidly-gendered, to preferring an entirely non-definable image. Achievement of these goals ranges from doing nothing, to maintaining several wardrobes, to full surgical transformation” (Bornstein 1994: 51).

Die Transformation oder Transition der Geschlechtlichkeit ist ein wichtiger Schritt für Identitätsbildung, *Passing* sowie das Intelligibel-Werden. Die Veränderungen und Rekonstruktionen des Selbst dienen als Aneignung des eigenen Körpers und der eigenen Geschlechtlichkeit und können durch Aufbrechen der (cis-)normativ hervorgerufenen Unterdrückungen zur Subjektivierung dienen. Transitionen können sowohl auf körperlicher als auch auf sozialer Ebene bei nichtbinären Personen stattfinden und sind meist mit einem Ausdruck der geschlechtlichen Verqueerung verbunden. Solche Veränderungen können in Form von Operationen oder Hormontherapien, aber auch durch Umgestaltung des Körpers durch Kopf- und Körperhaar, Muskel- und Gewichtszu- oder -abnahme, durch körperformbetonende oder -verdeckende Kleidung oder durch reflexive Aneignung des eigenen Körpers geschehen. Alison Shaw betont, dass vor allem bei Transitionen außerhalb der Geschlechterdichotomie „ritual marking and modification to secondary sexual characteristics" sowie Ausdrucksformen durch Kleidung als „universal symbol of gender difference" angewandt werden (Shaw 2005: 6).

Die Transition wird in den Interviews häufig mit dem Motiv des Experiments aufgegriffen, da dieser Veränderungsprozess ein Ausprobieren des eigenen Geschlechtsausdrucks und ein Abstimmen innerhalb des Alltags im Spannungsfeld zwischen eigener Geschlechtlichkeit und normativer Ordnung darstellt. So kann die Transition als Technologie des Selbst zur Herstellung einer oder mehrerer Versionen möglicher zukünftiger Geschlechtlichkeit dienen. Dieser Prozess findet in ständigen, zirkulär stattfindenden Verhandlungen zwischen prekarisierenden Alltagsrealitäten und Imaginationen des Selbst im Sinne von „Selbstentfaltungen" (Herma 2019: 32) der eigenen Geschlechtlichkeit statt.

Im Folgenden werde ich zunächst die Erzählungen körperlich-materieller Transitionen hinsichtlich der Frage nach der Bedeutung sowie den physisch-symbolischen Rekonstruktionsprozessen von „Körpersubjektivitäten" (Wagels 2013: 83) in der geschlechtlichen Selbstwahrnehmung analysieren und im Anschluss auf die sozialen Veränderungen zum Ausdruck der Geschlechtlichkeit eingehen.

Körperliche Transitionen

> "Like reclaiming their names, participants described a critical process of reclaiming their identities and bodies [...]. Clothing represented one crucial point of

divergence between binary and non-binary narratives regarding gender expression, in that non-binary narratives demonstrated earnest attention to the role of clothing in gender presentation and perception by others, whereas binary self-presentation manifests more implicitly in accordance with binary norms" (Fiani/Han 2019: 190).

Körperliche Transitionen verfügen für nichtbinäre Personen über ein Subjektivierungspotenzial zum „kritischen Einsatz hinsichtlich der Rigidität von Körperordnungen" (Hoffrath 2018: 45), da Passing-Effekte oftmals zunächst von der Wahrnehmung der Körperlichkeit ausgehen und dadurch verschiedene gesellschaftliche Positionierungen eingenommen oder durchquert werden können (vgl. Wagels 2013: 92). Dazu dienen unterschiedliche Praktiken, die meist zur Umgestaltung und Veruneindeutigung geschlechtlicher Markierungen eingesetzt werden.

Eine anfängliche Phase von Transformationen zeigt sich an Noels Interview, der sich noch nicht lange als nichtbinär identifiziert. Dennoch wird deutlich, dass er genaue Vorstellungen und zukunftsgerichtete Projektionen seiner Person hat.

„B: Ja was für mich halt noch so ein kleines Fragezeichen ist, ist halt wirklich dieses nonbinäre und auch das irgendwie anderen Menschen zugänglich zu machen, weil viele verstehen ja gar nicht, was das genau heißt, besonders wenn sie sich vielleicht auch nicht damit identifizieren können, ja. Und auch so, ich konnotiere halt auch im Moment damit, wie ich aussehe, also zum Beispiel keine Ahnung Ohrringe trage oder ich überlege auch im Moment, ich habs noch nicht getan, aber ich wollte mir den Bart lasern lassen, weils mir einfach nicht gefällt so. Ja, das ist so der Punkt, wo ich jetzt bin, dass ich irgendwie sch-, gucke, dass ich-, ja, dass das Äußere irgendwie mit dem Inneren übereinstimmt.

I: Gabs da irgendwie so nen Auslöser, so nen Triggerpoint für?

[...]

B: Das hört sich vielleicht ein bisschen dumm und klischeemäßig an, aber es war schon halt irgendwie RuPauls Drag Race. Also einfach, weil ich vorher gar keinen, oder, ja, eigentlich keinen Bezug dazu hatte und gedacht hab, ja es gibt halt dann transgender Leute, die einfach sagen: 'Ich bin komplett im falschen Körper geboren'. Und ich hab das vorher halt noch nie so gesehen, dass irgendwie Drag Queens das einfach machen, um, ja, Spaß zu haben und sich irgendwie wohl zu fühlen und auch trotzdem da hin und her switchen können. Irgendwie mal n Mann mal ne Frau zu sein und, ja dadurch hab ich mich dann auch, also ist mir das irgendwie, ja dadurch, dass man auch sieht, dass es irgendwie gesellschaftlich akzeptierter wird, hab ich dann ja auch gemerkt, dass es irgendwie was sein könnte, wo ich mich mit wohlfühlen würde" (Interview Noel: 128 f.).

Die popkulturellen Repräsentationen der Drag Queens wirken als Vorbild der Subversion für Noels Geschlechtlichkeit. Noel erzählt, dass er mit seinem Körper zufrieden sei und sich damit auch identifizieren könne, möchte jedoch seine Gesichtsbehaarung dauerhaft entfernen lassen, um die deutliche äußere männliche Konnotation im Sinne eines Verzichts auf Markierung (vgl. Engel 2002: 163) aufzulösen. Zudem sieht er über Schmuck und Make-up Subjektivierungspraktiken, wie er seine Körperlichkeit insofern rekonstruieren und ausweiten kann, dass er als nichtbinär wahrgenommen wird. Jedoch stößt er noch auf Unbehagen, gegen die geschlechtlichen Normen zu agieren und sich Unsicherheiten auszusetzen.

„B: Also ich glaube, da arbeite ich noch drauf hin. Also es ist nicht so, dass ich, also es ist schon meistens so, dass ich immer irgendwie denke, dass ich mich noch wohler fühlen könnte. Ich weiß nicht, mit welchen Faktoren das genau zusammenhängt. Also vielleicht ist es auch die Umgebung hier generell. Ja oder die Umgebung, in der ich mich gerade befinde. Zum Beispiel am Arbeitsplatz. Ich hab zwar total den liberalen Arbeitsplatz, aber da bin ich dann auch nicht so-, da lass ich diese weiblicheRE Seite dann auch nicht so sehr raushängen irgendwie, ja. Also ich könnte dir jetzt keinen allgemeinen Zustand irgendwie nennen, wie ich mich am wohlsten fühle. Ich glaube, das ist, glaub ich, sehr komplex.

[...]

I: Und wie oder in welchem Maße kannst du deine feminine Seite ausleben? Durch Haare, Kleidung, Make-up, was auch immer, gibts da irgendwas?

B: Ja also ich hab auch jetzt irgendwie das letzte Jahr über, auch jetzt in Quarantäne, gerade weil mir auch langweilig war, hab ich mir ne Perücke bestellt und einfach mal ein bisschen Drag Make-up ausprobiert. Einfach so, auch obwohl ich weiß, ich werd-, ich würd niemals ne Drag Queen werden oder sowas, weil, erstens hab ich nicht die Fähigkeiten und ich glaube auch nicht das Selbstbewusstsein dann irgendwie dazu. Aber es hat einfach Spaß gemacht und ich hab auch früher noch als ich jünger war, hab ich auch immer gedacht: 'Boah voll unfair, dass Frauen so viel Auswahl an Kleidung haben. Die können Kleider tragen, Röcke tragen, weiß ich nicht was'. [...] Also ich würde zum Beispiel auch gerne, was ich finde, was mir zum Beispiel total gut steht, ist einfach ein ganz kleines bisschen silberner Eyeliner, aber ja, ich trau es mich hier einfach nicht" (Interview Noel: 131 f.).

Noel zeigt viel Unsicherheit und Angst seine „weiblichere Seite" darzustellen und erprobt zunächst im Privaten verschiedene Modifikationen durch Perücken und Make-up. Ihm gefallen künstlerische, weiblich konnotierte Praktiken, insbesondere Drag Performances, die ihn inspirieren seine Geschlechtlichkeit anders auszudrücken. Er kann sich so Geschlechterimaginationen aneignen, die ihm helfen, sich seines Selbst bewusster zu werden. Ebenso zeigen sich Zukunftsimaginationen seines Geschlechtsausdrucks, die jedoch durch Unsicherheitsvermeidung in sozialer Interaktion unterdrückt werden. Von ähnlichen Unsicherheiten erzählt auch Nica im Interview und spricht von einem „Konflikt" der durch Subjektivierungspraktiken des Körpers, in seinem:ihrem Fall besonders durch Kleidung und Schmuck, verursacht wird.

> „Ich trag einfach sehr gerne Crop Tops und das fällt natürlich direkt auf. Und das ist in manchen Kontexten dann doch schon irgendwie unangenehm und dann denk ich manchmal: 'Ok mach ich's jetzt wirklich?' Keine Ahnung, auch wenn ich zu meinem Therapeuten gehe, dacht ich mir auch schon: 'Will ich da jetzt im Crop Top sitzen?' Ich wills halt auch bei ihm nicht wirklich thematisieren, weil's mich ja psychisch nicht belastet, aber man sendet dann, oder man hat dann auch das Gefühl, würde der dann denken, dass ich irgendein Signal damit senden möchte. Ich denk schon sehr viel darüber nach, was ich wann mache, aber die Entscheidung, die ich treffe, damit fühl ich mich dann auch immer wohl eigentlich. Aber so, klar die Veränderung war schon da, dass man sich überlegen musste, inwieweit will ich den Konflikt nach außen tragen. Aber ja. Hat sich eigentlich nur zum Positiven entwickelt" (Interview Nica: 14).

Durch Nicas Auftreten mit Bart und Crop Top nimmt die Veruneindeutigung ein Konfliktpotenzial an, welches im Spannungsfeld zwischen Selbstverwirklichung sowie Subjektivierung und der intentionalen Ebene der Interaktion in der Fremdwahrnehmung liegt. Er:Sie aktiviert gleichzeitig unterschiedliche, sich widersprechende Geschlechterkonnotationen (vgl. Engel 2002: 163), die zur Verqueerung führen. Insbesondere wird einerseits die hohe Selbstreflexion und Selbstpositionierung innerhalb möglicher Interaktionsschemata sowie andererseits die positive Veränderung und ein Sich-Wohlfühlen mit der Transition deutlich, was die Resilienz gegen obengenannte Unsicherheiten durch den Rekonstruktionsprozess von Körpersubjektivität verdeutlicht.

Besonders deutlich wird die Verqueerung in Julis Erzählung über den eigenen Transitionsprozess. Dort lässt sich ein reziprokes Verhältnis von Passing und Veruneindeutigungspraktiken ausmachen. Die körperliche geschlechtliche Wahrnehmung wird im Prozess von Hormontherapie und Mastektomie[4], durch Kopf- und Körperbehaarung oder geschlechtlich konnotierte Gestik invertiert, sodass stets ein ausgeglichenes Zusammenspiel von weiblichen und männlichen Aspekten entsteht. Gleichsam werden rapide wechselnde Geschlechterimaginationen erkennbar, die keine eindeutige kohärent wirkende Geschlechterzuordnung zulassen (vgl. Engel 2002: 163).

> „Ja genau, ich habe mir dann die Haare erst mal kurzgeschnitten. Die sind jetzt offensichtlich wieder lang. Aber es ist halt auch was, was ich mir gesagt hab, wenn ich Testo [Testosteron] anfange zu nehmen, lass ich mir die Haare langwachsen. Hab ich auch gemacht. Aber halt irgendwie, das ist natürlich auch ne Art und Weise das irgendwie zu brechen. So diese Vorstellung von: Frauen haben lange Haare und Männer haben kurze. Und sobald ich dann irgendwann eine gewisse Form von Passing hab, kann ich auch irgendwie lange Haare haben. […] Aber ja, am Anfang hab ich tatsächlich irgendwie viel beobachtet, wie irgendwie Männer laufen und so. Ich hab mich da jetzt irgendwie gar nicht unbedingt drauf versteift, dass dann auch so zu machen, aber irgendwie schon sehr drauf geachtet, inwieweit ich auch so laufe und das dann sehr beobachtet, auch so die Art und Weise, wie ich sitze. Ich weiß, dass ich schon früher auch immer irgendwie, ich mein so, dieses Beine überkreuz als Frau, aber, also inzwischen mache ich das tatsächlich, aber ich hab das früher nie gemacht und irgendwie, ich hab glaub ich mehr Zeit in meiner Schulzeit damit verbracht im Unterricht dazusitzen und zu gucken, wie die Leute um mich herum sitzen, als irgendwas zu lernen. Und das schon lange, bevor ich mich geoutet hab. Irgendwie so und irgendwie dachte immer, ich würde eigentlich eher lieber so sitzen, aber ok, hab ich dann nicht gemacht. Also so Sachen glaube ich tatsächlich relativ viel. Inzwischen sitz ich mal so mal so mal so, scheißegal" (Interview Juli: 34 f.).

Neben der gleichzeitigen Aktivierung sich widersprechender Geschlechterkonnotationen vor allem durch das Zusammenspiel von Körper-, Gesichts- und Kopfbehaarung werden insbesondere die Assimilationspraktiken männlich und weiblich konnotierter Gestik thematisiert. Durch Beobachtung, Selbstreflexion und Aneignung erlangt Juli verschiedene Formen des Passing und verqueert gleichzeitig die eigene Geschlechtlichkeit durch „aktive Fehlaneignung" der geschlechtlichen Konnotationen (vgl. Butler/Menke 2013: 70).

---

4 Mastektomie bezeichnet die chirurgische Entfernung von Brustgewebe.

Als letztes Merkmal körperlicher Transition möchte ich die Aneignung des eigenen Körpers durch Aneignung der eigenen Geschlechtlichkeit als Ermächtigungsstrategie am Beispiel eines Interviewausschnitts von Henri verdeutlichen. Bei Henri führt die Aneignung des eigenen Körpers zur Subjektivierung der eigenen Geschlechtlichkeit, da durch Selbstermächtigung über Körpernormen hinweg eine Selbstermächtigung der Geschlechtlichkeit gelingt, was die Intersektionalität der Konstruktion von Geschlecht innerhalb gesellschaftlicher Hegemonien verdeutlicht.

> „Und ich glaube, eine Sache, die ich auf jeden Fall auch seit einiger Zeit quasi so versuche, was aber gar nicht in erster Linie nur mit meinem Geschlecht zu tun hat. Also, genau, also ich bin fett. Und ich glaube, ich hab auch mein ganzes Leben lang so ein bisschen damit gestruggled, dass eben auch von meiner Familie auch sehr extrem irgendwie immer so kam, dass ich abnehmen soll und dann ich irgendwie dünn sein muss und so diese ganzen Ideale. Und ich seh es jetzt sozusagen so ein bisschen auch als Intersektion mit meinem Geschlecht, dass es für mich so ein bisschen die Möglichkeit ist, dass es vielleicht ja, sozusagen, wie soll ich das sagen, dass ich mich so ein bisschen besser akzeptieren kann, also wie ich aussehe und, dass auch als was Positives sozusagen sehen kann. Und ich irgendwie sehr viel dafür getan habe, irgendwie meinen Körper zu lieben. Und ich das quasi auch n bisschen also, klar gibt es irgendwie auch fette Frauen so, also das ist nicht-, also hat nicht unbedingt etwas ausschließlich mit Geschlecht zu tun. Aber für-, also für mich hat es sozusagen etwas mit meinem Geschlecht auch zu tun. Sozusagen so, also, dieser Körper sozusagen ist fett und nichtbinär sozusagen beides auf einmal und ja genau. Also ich kann es irgendwie nicht so gut in Worte fassen. Aber es, also für mich hängt es auf jeden Fall ein bisschen zusammen. Also einerseits so die Akzeptanz von meinem Geschlecht, aber auch die Akzeptanz von meinem Körper. Und ich mein, klar, Körper und Geschlecht sind ja auch immer irgendwie etwas, das miteinander verbunden ist in gewisser Weise“ (Interview Henri: 121).

Henri akzeptiert mies Körper in gleicher Weise, in der mie das Geschlecht akzeptiert und kann dadurch beides subjektivieren. Es entsteht Macht über das Selbst durch Körperpraktiken, die keine körperliche Transition per se beinhalten. Dennoch erzählt Henri auch von Körperpraktiken des Schminkens, um beispielsweise mit Nachahmung eines Bartes durch Make-up den oft als weiblich gelesenen Körper zu veruneindeutigen.

Diese Aushandlung von Re-Konstruktion und Re-Imagination des körperlich geschlechtlichen Selbst lässt erkennen, dass körperliche Transitionen oftmals soziale Transitionen einschließen. Ebenso wird deutlich, dass Körperlichkeit zumeist in binären Einordnungen zwischen männlicher und weiblicher Konnotation verhandelt wird. Erst durch Aneignung und Komposition verschieden konnotierter körperlicher sowie materieller Elemente entsteht der fluide Raum der Veruneindeutigung.

„Du kannst dich an dem Tag so fühlen und an dem Tag so und das ist voll ok": Soziale Transitionen

Wie in Kapitel 4.2.1 beschrieben, liegt sozialer Transition häufig eine Aneignung von spezifischem Geschlechterwissen zugrunde, welches die Geschlechtlichkeit und das geschlechtliche Empfinden zunächst einmal sag- und denkbar, sie also in spezifizierter Weise intelligibel machen. Dabei können körperliche Transitionen als geschlechtlicher Ausdruck und materielle Intelligibilität der Geschlechtlichkeit vorangegangen sein oder aber als Folge dessen erst entstehen. Lindemann beschreibt den Prozess der Transition als "Zerbrechen des Ausgangsgeschlechts", das ein „Aushaken" aus und wieder „Einhaken" in die „leiblich-affektiven Umweltbeziehungen" voraussetzt (vgl. Lindemann 2011: 70). Diese Distanzierung von der binären Geschlechtlichkeit verläuft jedoch nicht plötzlich, sondern meist graduell über Jahre hinweg und geht oft mit einer lokalen Distanzierung des ursprünglichen Alltags einher. „Die ersten Schritte der Geschlechtsveränderung zielen nur sehr bedingt darauf, das neue Geschlecht zu erreichen; es geht vielmehr zunächst darum, die Realität seiner selbst als Bestandteil der leiblichen Umweltbeziehung zu vermindern, d.h., sich und die eigene Umweltbeziehung zu entwirklichen oder zu derealisieren" (ebd.: 71).

Mit der Entwirklichung findet eine Loslösung von der Binarität statt, die ein Realisieren der nichtbinären Geschlechtlichkeit ermöglicht. In diesem Prozess lassen sich verschiedene Subjektivierungsstrategien ausmachen, die mit vielen weiteren Praktiken verbunden sind. Daher werde ich hier nur vereinzelt auf Interviewausschnitte eingehen, in denen soziale Transitionen erkennbar werden und in den folgenden Kapiteln näher auf die damit verbundenen Subjektivierungspraktiken eingehen.

Die meisten Interviewpartner:innen durchlaufen bis zur Erkenntnis der nichtbinären Geschlechtlichkeit einen langen Realisierungsprozess, der zu sozialen und körperlichen Transitionen führt. Oftmals trägt die Erkenntnis zu einer Ausweitung des Geschlechterverständnisses bei und zur Aneignung spezifischen Geschlechterwissens. Naoum erzählt von dieser Transition als Arbeit, die Kraft erfordere und stetige Re-Positionierung des Selbst bedürfe.

> „Das ist wie so ein Arbeitsleben. Ein langer Weg. Weiß ich nicht. Also ich glaub schon durch viel Auseinandersetzung [...]. Und ich hatte das Gefühl, dass ich immer schon, auch bei der Auseinandersetzung sowohl, wenn man hoch ansetzt, sei es über Butler oder Donna Haraway oder überhaupt diese ganzen Auseinandersetzungen auch über feministischen Positionen zu Geschlecht oder so grundlegende Texte, wie Simone de Beauvoir oder was überhaupt auch queere Identitäten, also nicht nur was Geschlecht angeht, sondern auch so, wie verort ich mich in der Welt, vielmehr damit zu tun hat, dass du so in Interaktionen immer wieder neu das erfinden musst eigentlich. Joa. Und da kommt das so ein bisschen her glaub ich. Das ist, also ich hab irgendwann gemerkt, dass das für mich voll gut funktioniert, einfach auch so ein bisschen flexibler zu sein" (Interview Naoum 2: 95).

Deutlich wird hier der interaktionistische Ansatz, den Naoum zur alltäglichen Neuaushandlung der Geschlechtlichkeit und somit zur Gewinnung von Flexibilität beschreibt. Es zeigt sich, dass Naoum seit der Erkenntnis der eigenen Nichtbinarität Gegenwissen zur Subjektivierung aneignet und dieses dazu nutzt, die Geschlechtlichkeit in wachsender Besinnung und Flexibilität zu erweitern. So hat die soziale Transition einerseits zum Ziel, Raum zu schaffen, die eigene Geschlechtlichkeit zu (er)leben und andererseits Resilienz aufzubauen.

> „[...] dass sich Sachen einfach verändern und dass du vielleicht, weil du so ne aktive Veränderung teilweise, weil das ja auch was ist, was eingefordert werden muss, dass ich das Gefühl hab, ich bin da viel sensibler für Veränderungen überhaupt über die Zeit. Aber es verändert sich zum Teil. Ich glaube, dass ich mir so vor zehn Jahren, dass ich noch viel sensibler war, was viele Sachen angeht, auch zum Teil berechtigt, weil es auch alles noch so neu ist [...]. Ich glaube, worauf ich hinaus will ist, es ist quasi, es ist kein Thema mehr, weil es zum Alltag, weil im Alltag ist-, dann verändert sich der Alltag entgegen-, entsprechend der Umstände, aber mich freakts jetzt nicht mehr, wenn Leute auf der Straße irgendwie irritiert davon sind, wenn ich irgendwie, weiß ich nicht, so aussehe, dass sie sich nicht sicher sind, was sie gerade sehen oder dass sie mich irgendwo männlich lesen oder ansprechen mit 'Junger Herr'. Ich reagier da halt irgendwie drauf, aber auf ne Art, wo ich auch, also so, auch mit ner Gleichgültigkeit, [...]. Also, weißte, hab ich Bock da mit denen zu diskutieren, wenn der da an der Ampel mit mir redet. Also, ist der sonst nett zu mir? Ich

> glaube ich guck mehr darauf, wie die Leute so überhaupt mit mir umgehen" (Interview Naoum 2: 100 f.).

Naoum erzählt von der Transition als wachsende Distanzierung von Geschlechtlichkeit, um Unterdrückungen auszuhalten und ihnen Macht zu nehmen. In ähnlicher Weise erzählt auch Tris über den Prozess der Realisierung der Geschlechtlichkeit. So entwirft Tris eine fluide Identität für sich, die alte Handlungsmuster mit neuen Bedeutungen besetzt und gleichzeitig stets neu ausgehandelt wird.

> „Und ich probier da irgendwie, ich glaub, eine der großen Erkenntnisse, die ich hab und die mir extrem hilft ist: 'Du kannst dich an dem Tag so fühlen und an dem Tag so und das ist voll, voll-, und an dem anderen Tag GANZ anders und schlecht und irgendwie komplett da drüber oder so und das ist VOLL ok! Und du musst nicht genau wissen, was du bist, und du bist halt n Wesen, was sich verändert die ganze Zeit'. Das ist voll wichtig für mich. Und daran merk ich auch-, ja und das ist eigentlich, ist für mich queer auch" (Interview Tris: 42 f.).

Zur eigenen Bestärkung und als Legitimationsstrategie ist für Tris die Affirmation einer fluiden Geschlechtlichkeit wichtig, da diese jeglichen Mustern der Kohärenz und Kontinuität widerspricht. Genau in diesem Freiraum und in der Prozessualität findet Tris Wohlbefinden sowie die Möglichkeit verschiedener Bewältigungsstrategien zur Subjektivierung und Herstellung einer kohärenten und kontinuierlichen Geschlechtlichkeit.

Folglich ist die soziale Transition nicht als spezifischer Zustand oder Prozess zu erfassen, sondern vielmehr in den mannigfaltigen Bewältigungsstrategien und im Alltagshandeln der Akteur:innen zu erkennen. Aaron Devor beschreibt die Transition als Notwendigkeit, um einen Konsens zwischen Biografie, Zukunftsvisionen und Geschlechtlichkeit herzustellen. "[O]nce they find themselves firmly established in the right gender and sex they also find themselves able to create a life for themselves which allows them to integrate their pasts with their post-transition lives" (Devor 2004: 65). Zusammenfassend lässt sich sagen, dass die Transition sowohl Bewältigungsstrategie als auch Ursache neuer Subjektivierungsstrategien darstellt, um eine nichtbinäre Geschlechtlichkeit leben zu können.

4.3.2 *Selbstthematisierungen und Selbstreflexivität*

> „Das hochmoderne Selbst ist ein reflexives Subjekt, das sich in systematischer Selbstbeobachtung und Entscheidungsfindung übt. Der Prozess der Subjektivierung eines solchen Selbst lässt sich über den Weg der entsprechenden Praktiken, Codes/Diskurse und Materialitäten nachzeichnen“ (Reckwitz 2009: 179 f.).

Selbsterzählungen und Selbstthematisierungen umfassen in der Praxis des autobiografischen Erzählens sämtliche Formen des Selbstbezugs und des Sich-in-Relation-Setzens, die dazu dienen, in der Lebensgeschichte auftauchende disparate Elemente so zu reproduzieren, und zwar auf der Ebene der Narration sowie jener der Identität, dass sie sich zu einer kohärenten und kontinuierlichen narrativen Identität zusammenfügen (vgl. Kilian 2004: 16). Diese „Synthese des Heterogenen“ (Ricoeur/Greisch 1996: 174) macht die spezifischen Bewältigungsstrategien zur Rekonstruktion einer geschlechtlich nichtbinären Identität sowie deren Subversionspotenzial durch Neuerzählungen, wie es Haraway ausdrückt, deutlich. „The tools are often stories, versions that reverse and displace the hierarchical dualisms of naturalized identities. In retelling origin stories, cyborg authors subvert the central myths of origin of Western culture” (Haraway 2006: 112). Diese Bewältigungsstrategien des Selbst und somit auch die Selbstthematisierung als Subjektpositionierung können immer nur in Relation zu sich selbst sowie zum gesellschaftlichen Außen entstehen. Stefanie Kron argumentiert, dass diese Narrationen stets in ein „kollektives Bedeutungssystem“ eingebettet sind, „also in ein System der kulturellen Repräsentation, welches seinerseits kollektive Mythen sowie unter anderem vergeschlechtlichte soziale Modelle und Konstruktionen beinhaltet“ (Kron 2014: 206). So setzen Selbstthematisierungen eine ständige Reflexion und Biografisierung der Akteur:innen auf den Ebenen des Denkens, Wahrnehmens und Handelns stets in Relation zu sich selbst und der eigenen Körperlichkeit voraus (Schirmer 2010: 67; vgl. Herma 2019: 17 f.).

Eine besondere Form der Selbstthematisierung stellt das Coming-out für viele queere Personen dar. Es gilt als konstitutives Element nicht-cis-hetero-normativer Identitäten, welches eine riskante Selbstexposition mit Möglichkeiten der politischen Subjektivierung verknüpft. Laufenberg sieht das Coming-out als Flucht- und Befreiungspraxis aus normativen Zwängen:

> „Bei seinem Plädoyer, sich von sich selbst zu lösen, sich eine eigene Existenz zu erfinden, an seiner Subjektivität zu arbeiten und neue Beziehungen und Lüste

> zu produzieren, handelt es sich um die Grundzüge einer politischen *queeren* Ethik – einer Ethik, welche das Foucault zeitgenössische Ereignis lesbisch-schwuler Praktiken des Coming-out nicht als Geständnis einer inneren Wahrheit, sondern als kollektive Flucht aus den pejorativen Kategorien und dem sozialen Gefüge der Zwangsheterosexualität auffasst und affirmiert. In diesem Sinne wäre die Praxis des Coming-out nicht mehr vorrangig als Name eines Identitätsfindungsprozesses zu verstehen, sondern als Öffnung hin zu der Möglichkeit eines anderen, gemeinsamen Werdens, das vorerst noch nach keinem bestimmbaren Modell verläuft" (Laufenberg 2014: 228).

Das Coming-out als Selbstthematisierung schafft somit für nichtbinäre Personen über narrative Mittel Möglichkeiten der Subversion und Befreiung von dem zuvor thematisierten Erzählzwang. Zudem schafft es einen reflexiven Umgang mit dem Bruch der Normalbiografie im Sinne eines Ausbruchs aus der Zweigeschlechternorm und wirkt mitsamt dieser queeren Ethik besonders prägend für die Identitätsbildung.

Im Folgenden werde ich das Coming-out als Form der Selbstthematisierung in Bezug auf den Umgang mit Brüchen der Kohärenz und Kontinuität des geschlechtlichen Lebensverlaufs sowie der Subjektivierungsmöglichkeiten durch selbstreflexives Handeln untersuchen.

Coming-out als alltägliche Praxis der Subjektivierung

Wie in Kapitel 4.2.1 beschrieben, werden die Interviewpartner:innen besonders häufig mit einem Erklärungszwang konfrontiert, um ihre Geschlechtlichkeit in Kohärenz, Konsistenz und Kontinuität plausibel erscheinen zu lassen. Um aus dieser marginalisierenden Zwanghaftigkeit herauszukommen, nutzen sie das Coming-out als Selbstthematisierungspraxis oftmals in umgekehrter Weise zur Subjektivierung. Zwar werden die Akteur:innen zum riskanten Schritt des Outings gezwungen, jedoch können sie durch die narrative Herstellung von Plausibilität die normative Ordnung aufbrechen. Laufenberg beschreibt dies als

> „politische Subjektivierung mittels einer Sprache, die noch im Entstehen ist und sie vollzieht sich in unwegsamen, riskanten Praktiken, deren Effekte auf die Subjekte und die sie umgebende Welt unvorhersehbar sind. Politische Subjektivierung findet statt, wenn die Ungezählten und Anteillosen das Wort ergreifen und ihren Anteil einklagen [...]. In der Konfrontation und durch den Konflikt mit der normativen Ordnung der sozialen Gemeinschaft kommt es zu einer

> Sichtbarwerdung und Selbstaufwertung von Subjekten sowie einer Fähigkeit zur Aussage, die in einem gegebenen Erfahrungsfeld so bislang nicht denkbar waren: Wir sind hier und wir zählen" (Laufenberg 2014: 191 f.).

Das Coming-out birgt demnach ein hohes Subjektivierungspotenzial alltäglicher Praxis, welches aus der Zwanghaftigkeit in eine Widerständigkeit führen kann. Jedoch muss ein Outing nicht nur über Sprache geschehen, sondern es kann auch durch Körperpraktiken stattfinden. Diese anfänglichen Transitionsprozesse werden häufig erst nach ersten Versuchen verbalisiert. Durch das Subjektivierungspotenzial des Coming-out kann es zudem zu einer besseren Identifikation mit dem Selbst kommen, wie an der Erzählung von Juli erkennbar wird.

> „Hab mir dann erstmal irgendwie die Haare geschnitten, hab dann halt so angefangen ein paar mehr Sachen auszuprobieren, irgendwie mit Pronomen rumexperimentiert [...]. Hab dann den Namen geändert, hab irgendwie LANGE dann gedacht: 'Ok ich bin vielleicht doch einfach irgendwie ein trans* Mann'. Das hat aber auch nicht gepasst. Und irgendwie [...] muss ich auch sagen, ich hab mich auch, nachdem ich mich geoutet habe, auch auf einmal mit meiner femininen Seite viel wohler gefühlt als vorher, weil vorher es irgendwie immer so, dann doch sehr unpassend und sehr irgendwie überkompensiert war und ich dann halt auch noch mal viel so gesehen hab, was davon wirklich auch ich bin und, was ich halt auch wirklich an mir MAG und irgendwie keine Ahnung" (Interview Juli: 17 f.).

In der Praxis des Outings als nichtbinär oder genderqueer liegt eine Dekonstruktion der Zweigeschlechtlichkeit, welche es ermöglicht auch Räume außerhalb dieser zu besetzen und dadurch auch in binären Anteilen Übereinstimmungen zu finden. So führen verschiedene experimentelle Praktiken mit Körperlichkeit, Haaren und Pronomen zu einer Selbst-Bildung als nichtbinär, welche durch das Coming-out die verqueerte Identität insoweit konstatiert, dass auch als binär-geschlechtlich gedeutete Identifikationen die Veruneindeutigung nicht aufheben. In der Selbstthematisierung als nichtbinär liegt demnach ein doppeltes Subjektivierungspotenzial: einerseits in der Widerständigkeit gegen die soziale Ordnung und andererseits in der Entfaltung und Konkretisierung der eigenen Identität. Der Aspekt der Konkretisierung durch Sprechen und Interaktion macht deutlich, dass das Outing bestimmte Selbstbezüge und Selbstreflexion benötigt, aber auch fördert. Durch Outingpraktiken stellt die Person sich selbst in Relation sowohl zur sozialen Ordnung als auch zum sozialen Umfeld und zu sich selbst. Ohne diese Reflexion des Selbst und der sozialen Ordnung fehlt die Bedingung des Coming-out an sich. So erzählen mehrere Interviewpartner:innen davon, dass ein Outing eben dort notwendig erscheint, wo Unterdrückungstendenzen spürbar und somit Subjektivierungen erforderlich sind. Räume, in denen queeres Geschlechterwissen vorhanden ist, erfordern somit seltener Konflikthaftigkeit und Subjektivierung als solche in denen ein normatives Geschlechterwissen verbreitet ist, wie beispielsweise an vielen Lohnarbeitsplätzen.

Ein weiterer Faktor der Subjektivierung durch ein Coming-out ist die Selektionsmöglichkeit. Daraus folgt, dass durch Auflösung des alltäglich auftretenden Erzählungszwangs und mit Auswahl der zeitlichen, räumlichen und kontextuellen Faktoren der Selbstthematisierung die Akteur:innen Handlungsmacht über ihre Geschlechtlichkeit erlangen. Besonders deutlich wird dies an Naoums Erwerbsverlauf. Im Werdegang der Erwerbs- und ehrenamtlichen Arbeit wird die Aneignung der Räume der Selbstthematisierung und somit die Subjektivierung darüber deutlich.

> „Ja, also ehrlich gesagt, hab ich nicht immer Bock. Also. Ich mach zum Beispiel auch Vorträge und so. Und ich glaub das war auch n kluger Schritt tatsächlich, dass ich irgendwann entschieden hab, ich lass mich dafür erstens bezahlen und ich mach das in nem abgesteckten Rahmen. Weil ich merke auch, dass ich auch in anderen Arbeiten, z.B. ich arbeite hier auch im queeren Jugendzentrum und ich bin dann in ner bestimmten Funktion und das heißt, ich hab ne Rolle und das ist total wichtig. Ich glaube, das ist was, was halt auch so ein Empowerment-Moment ist, den ich auch versuche weiterzugeben, dass ich den Leuten auch sage so: 'Ihr müsst nicht ständig Leuten erklären, wer ihr seid und ihr müsst-, was es aber geht auszuhalten zu lernen, dass es halt auch einfach falsch sich anfühlen kann in dem Augenblick, vielleicht aber auch manchmal dafür zu sorgen, dass es nicht so mein Ding ist, sondern dass es so bei der anderen Person bleibt'. Wenn ich im Vortragsmodus bin, sag ich ja auch immer: 'Jetzt können alle über alles reden und mich alles fragen, solange ich hier vorne stehen hab ich-, das ist mein Forum'. Weil du dann dich ja auch entsprechend-, weils auch ein öffentliches Ding ist so, das heißt, es gibt auch ein bisschen die Kontrolle der Gruppe. Und sobald ich dann aus diesem Raum raus bin, sag ich dann auch: 'Ne, jetzt möcht ich nicht mehr darüber sprechen, weil jetzt bin ich quasi wieder ich privat'. Also wir reden jetzt auch in ner Form von offizieller, also, so, sowas total, es ist ein ganz anderer Rahmen. Wenn wir uns auf ner Party kennenlernen würden, würd ich das nicht alles erzählen“ (Interview Naoum 2: 101).

Naoum entscheidet selbst über die Kontexte der Selbstthematisierung und entzieht sich möglichst einem Erklärungszwang, sodass die Thematisierung der Geschlechtlichkeit eine Autonomie erlangt. In ähnlicher Weise gestaltet auch Rio sein_ihr Outing und verlagert die Erklärung auf eine andere Kommunikationsebene. Er_Sie vereinfacht das Coming-out durch die Explizierung seiner_ihrer Pronomen in der E-Mail-Signatur, sodass zumindest auf schriftlicher Ebene, diese Konflikthaftigkeit nicht mehr bei ihm_ihr liegt. Juli greift in ähnlich subtiler Weise auf einen Ansteck-Button zurück, der seine Pronomen zeigt und nimmt somit den Erklärungszwang aus Situationen. Jedoch erfordert ein Verstehen der Pronomen, insbesondere nichtbinärer und Neo-Pronomen, spezifisches Geschlechterwissen, sodass diese Subjektivierungspraktiken nicht zwingend erfolgreich sind. So nutzt Max ein graduelles Coming-out zunächst als trans* und später als nichtbinär, um schrittweise nötiges Geschlechterwissen aufzubauen und der Situation Konflikthaftigkeit zu nehmen.

Es wird deutlich, dass in den Praxen des Coming-out und der Selbstthematisierung vielförmige und zahlreiche Möglichkeiten der Subjektivierung liegen. So unterstreicht Laufenberg, dass ein Coming-out nicht nur den Identitätsfindungsprozess beschreibt, „sondern als Öffnung hin zu der Möglichkeit eines anderen, gemeinsamen Werdens, das vorerst noch nach keinem bestimmbaren Modell verläuft“, zu verstehen ist (Laufenberg 2014: 228). Dieser Öffnung bedarf es jedoch gezielte Strategien zur Subjektivierung und zum Aufbau von Resilienz, um die nötigen persönlichen Ressourcen dafür aufbringen zu können. Dafür ist besonders der Prozess der Selbstthematisierungen und die stete Weiterentwicklung von Bewältigungsstrategien gegen eine Unterwerfung der Geschlechterdichotomie bedeutend.

Therapie als Selbstthematisierungspraxis

> „Menschen neigen nicht von Natur aus dazu, sich über ihr Leben Rechenschaft abzulegen. Ob sie das tun und in welcher Form, hängt davon ab, ob es Institutionen gibt, die die Individuen zwingen oder es ihnen gestatten, ihre Vergangenheit zum Thema zu machen“ (Hahn 1987: 18).

Eine besondere Praxis der Selbstthematisierung stellt die wie in Kapitel 1.2.1 vorgestellte (psychoanalytische) Therapie dar. Auch wenn die Explizierungen zu therapeutischen Praktiken in den Interviews kein hervorstechendes Merkmal bilden, sollte nicht vernachlässigt werden, dass fünf meiner

Interviewparnter:innen erwähnen, psychotherapeutische Erfahrungen zu haben. Zum einen ist dies in Anbetracht der teils stark entfremdenden und prekarisierenden Lebensrealitäten der Akteur:innen im Sinne einer „außergewöhnlichen" Lebensführung (Fuchs-Heinritz 2009: 59 f.) als institutionalisierte Selbstthematisierung zu verstehen, welche der Selbstfindung und Selbstverwirklichung entgegen hoher Konformitätserwartungen dienen soll (vgl. Herma 2019: 32). Die Therapie ist als positive Entwicklung der Biografien zu deuten[5], da sie oftmals das Gespräch für nichtbinäre und genderqueere Personen eröffnet, über ihre Alltagserfahrungen und Lebensentwürfe zu sprechen, wie es auch Max schildert. „Die Therapie war für mich super, weil ich halt einfach dem Therapeuten sagen konnte, ich bin trans* und mich halt einfach normal mit ihm darüber unterhalten konnte. Bin extra dafür nach Leipzig gefahren." (Max: 3)

Eine „normale" Unterhaltung scheint sonst in den Lebensrealitäten wie beispielsweise im familiären Umfeld nur selten möglich zu sein. Die Therapie gibt Max die Möglichkeit Kohärenz, Kontinuität und Kongruenz der Geschlechtlichkeit in der autobiografischen Erzählung herzustellen ohne gesellschaftliche Sanktionierung befürchten zu müssen. Sie wirkt somit als sinnstiftende Praxis der alltagsweltlichen Erfahrungen der Akteur:innen, da sie zum einen freiwillig ihre Geschlechtlichkeit thematisieren und in der Narration konkretisieren können. Zum anderen wird das autobiografische Erzählen geschult und dementsprechend auch die Konstruktion kohärenter und kontinuierlicher Geschlechtsentwürfe in der Narration. Diese habitualisierte Erzählpraxis zeigt sich in nahezu allen anderen Interviews, da die Bitte zur Biografisierung der Geschlechtlichkeit lange monologische Narrationen initiiert, die wenige Unterbrechungen oder Unklarheiten aufweisen. „Eine ähnliche methodische Position nehmen verschiedene Psychologen ein, die ebenfalls autobiographische Aussagen für ihre Persönlichkeitsanalyse genutzt haben. Auch sie legen das Deutungssystem der Befragten für die Erkenntnis persönlicher Entwicklungsverläufe zugrunde" (Lehmann 1983: 36).

---

5 Es sollte jedoch beachtet werden, dass eine Vielzahl von (Psycho-)Therapeut:innen immer noch trans*- und queerfeindliche Ansätze vertreten und im pathologisierenden Sinne eine Geschlechtsdysphorie zu behandeln versuchen (vgl. Wahala 2016). In diesem Fall ist eine Therapie nicht als positiv zu bewerten, sondern stellt eine weitere diskriminierende Institutionalisierung in den Lebenswelten von trans*, nichtbinären und genderqueeren Personen dar.

Lehmann sieht somit einen Erkenntnisgewinn durch narrative Praktiken des autobiografischen Erzählens in der Persönlichkeitsentwicklung, wodurch das (institutionalisierte) autobiografische Erzählen auch für meine Interviewpartner:innen zu einer wichtige Subjektivierungsstrategie wird. Es kann somit von einer routinisierten Erzählpraxis der Biografien meiner Interviewpartner:innen ausgegangen werden, die zum Ziel haben, kohärente und kontinuierliche Geschlechtlichkeiten zu produzieren.

4.3.3 Geschlechterwissen

Als weitere Subjektivierungsstrategie kann in dem erhobenen Material ein spezifisches Geschlechterwissen, welches in der Subjektivierung als Gegenwissen zum hegemonial verbreiteten Geschlechterwissen dient, ausgemacht werden. Geschlechterwissen kann hier nach Angelika Wetterer verstanden werden als „konkurrierende Wirklichkeitskonstruktionen [...], die sich in eben dem Maß und eben der Weise voneinander unterscheiden wie die Formen sozialer Praxis, die sie ermöglichen und in deren Rahmen sie ihrerseits generiert und produktiv werden“ (Wetterer 2009: 48). Wetterer unterscheidet zwischen drei Formen von Geschlechterwissen: Erstens „Gender-Expertise und Expert:innenhandeln“, also „ein praxis- und anwendungsorientiertes Wissen, das eine vermittelnde Stellung zwischen Alltagswissen und wissenschaftlichem Wissen einnimmt“ (ebd. 50). Zweitens „Alltagsweltliches Geschlechterwissen und ‘doing gender’“, welches sich als „Erfahrungs- und Handlungswissen“ formiert, zu dem „neben diskursiven Wissenselementen [...] implizite Wissensbestände ebenso gehören wie inkorporierte Formen eines praktischen Wissens oder Könnens“ (ebd. 52). Und drittens „Wissenschaftliches Wissen, feministische Theorie und ‘doing science’“, das heißt ein „handlungsentlastete[s] systematische[s] Wissen [...], das sich an disziplinspezifischen Regeln und Problemdefinitionen orientiert“ (ebd.: 54). In den geführten Interviews werden alle drei Formen von Wissen implizit und explizit sichtbar, jedoch drückt sich das Geschlechterwissen am häufigsten in der expliziten Verwendung von auf Theoretiker:innen zurückzuführende Terminologie aus. Dies ist für die Akteur:innen als besonders effektive Subjektivierungspraxis zu deuten, da sie sich oftmals in Positionen aller drei Wissen verorten können, wodurch sie sich aus der Unsagbarkeit befreien und Begriffe sowie Selbstbeschreibungen aneignen. Damit verbunden ist ein Ausdruckspotenzial der Geschlechtlichkeit über bereits benannte Existenzweisen sowie eine Handlungsfähigkeit queerer Geschlechtlichkeit bis hin zur Intelligibilität.

> „Das alltagsweltliche Geschlechterwissen ist auch darin prototypisch für das Alltagswissen, dass seine diskursiv verfügbaren Bestandteile zwar die expliziten Formen der Kommunikation und Selbstverständigung anleiten und bestimmen, aber in der Praxis, im „doing gender", unterstützt *oder* konterkariert werden durch implizite und inkorporierte Formen von Geschlechterwissen, die Handlungsfähigkeit ermöglichen, weil sie zur Routine geworden sind, und verlässliche Erwartenssicherheit gewährleisten, ohne des weiten Weges über das Nachdenken und die Diskurse zu bedürfen" (ebd.: 52).

So gilt es einerseits das bereits im Geschlechterwissen der Mehrheitsgesellschaft vorhandene Wissen anzueignen, um dadurch andererseits ein Gegenwissen produzieren zu können, welches „neue Lebensmöglichkeiten denk- und lebbar" macht, „in denen Machtbeziehungen und Ausbeutungsverhältnisse nicht intensiviert, sondern depotenziert werden" (Laufenberg 2014: 14). Dieses Geschlechterwissen konstatieren auch Jenifer McGuire et al. und Pablo Valente et al. in ihren Studien zu trans* Personen als wichtige Faktoren zur Subjektivierung und zum Aufbau von Resilienz (vgl. McGuire et al. 2019: 291; Valente et al. 2020: 4).

Das Subjektivierungspotenzial von Geschlechterwissen möchte ich primär am Beispiel von Naoums Erzählungen aufzeigen, da in den mit Naoum geführten Interviews wissenschaftliches Geschlechterwissen in allen Formen von besonderer Relevanz ist. Während Nica und Henri die Auseinandersetzung mit wissenschaftlichen Geschlechtertheorien als Ausgangspunkt der Hinterfragung einer Zweigeschlechtlichkeit und der Erkenntnis oder Benennung ihrer eigenen Nichtbinarität deuten, prägt wissenschaftliches Geschlechterwissen Naoums Lebensrealität maßgeblich. Schon zu Beginn des Interviews beschreibt Naoum die Geschlechtlichkeit über die Hinterfragung dieser Kategorie mit Referenz auf verschiedene Wissenschaftler:innen.

> „Und ich weiß für mich, dass es so schon stark beeinflusst ist, durch verschiedene Leute mit deren Arbeit ich mich auseinandergesetzt hab. Also ich hab auch Philosophie studiert, zum Beispiel ich glaube das hatte auch den Grund, weil ich mich dafür interessiert hab, wie funktioniert die Welt, wie funktioniert auch eigentlich unser Verstehen, so der Welt. Und dann kam irgendwann eins zum anderen. Also ich hab mich sehr viel-, weil das für mich tatsächlich auch ne Frage ist, wie verstehen wir Dinge und Geschlecht ist eine Kategorie, über

die ich Dinge verstehen kann, wenn ich es möchte, weil wir darüber ganz viel sortieren und es hat bei mir tatsächlich ganz viel damit zu tun gehabt, weil ich dachte: 'Ok ich brauch irgendwie nen anderen Zugang dazu, weil ich zu mir quasi da keinen Zugang zu kriege, über diese Kategorie'. Also es ist sehr abstrakt auf ner Ebene, aber es hat auch nen sehr realen Impact insofern, als dass ich das Gefühl hatte, ok. Ich hab mich dann mit Leuten beschäftigt, ne klar alle haben Judith Butler gelesen, aber ich hab auch ganz viel solche Leute gelesen, wie Susan Stryker und Kate Bornstein, Leslie Feinberg. Und das sind alles Menschen, die eben auch aus ner Trans*-Perspektive schreiben, aber bis ich an den Punkt gekommen bin, das sozusagen auch zu übersetzen in eine für mich auch releva-, also ne du musst solche Sachen find ich ja auch immer wieder zurückübersetzen, so für dich selber, wie funktioniert das eigentlich für mich, für meinen Alltag, weil der sieht ja natürlich immer ganz anders aus als so ein schönes Theoriekonstrukt. Genau und das hat, weiß ich nicht, das ist so ne, schon n langer Weg aber auch total spann-, also für mich auch immer so zurückblickend schon immer total spannend gewesen, weil dann auch einfach so verschiedene Menschen aufgetaucht sind in meinem Umfeld" (Interview Naoum: 3).

Wissenschaftliches Geschlechterwissen ermöglicht Naoum folglich den Zugang zur eigenen Geschlechtlichkeit. Durch die Auseinandersetzung mit verschiedenen Konzepten der Gender- und Queer Studies kann Naoum bestimmte alltagsweltliche Erfahrungen einordnen, umdeuten und somit eine sinnhafte Geschlechtlichkeit reproduzieren. Innerhalb dieser Lebensrealität zeigt sich vor allem in der Interaktion mit anderen Personen die Übersetzung des wissenschaftlichen in alltagsweltliches Geschlechterwissen. So geht Naoum im weiteren Verlauf immer wieder implizit oder explizit auf verschiedene Theorien und Wissenschaftler:innen ein. Die Auseinandersetzung und „Entunterwerfung" (Foucault/Seitter 1992: 15; Laufenberg 2014: 230) von hegemonialem Geschlechterwissen öffnet für Naoum Möglichkeiten der Selbstthematisierung und Sinnstiftungen beispielsweise durch die Anerkennung der Performativität von Sprache.

„Und ich glaub zum Beispiel das Sprache etwas, was sozusagen nicht Realität herstellt, aber Realität so ein bisschen begründet. Also was ist eigentlich das, was es gibt, und das, was es nicht gibt. Und das hab ich, das beschäftigt mich tatsächlich schon auch mein ganzes Leben. Ich glaub da ist so ein Punkt dazugekommen, dass aus so ner, sag ich mal, feministisch beeinflussten Sprachpraxis wie z.B. Auseinandersetzungen mit so Leuten, wie Luise F. Pusch, für mich auch resultiert, dass darüber ganz viel passiert. Also das Über-sich-sprechen-

> Können, ist in mancherlei Hinsicht für manche Leute auch ein Privileg, auch wenn sie das gar nicht so wahrnehmen, also dass sie sich überhaupt so darstellen können nach außen und dass sie sich auch wiedererkennen können. Ich hab nen sehr theoretischen Zugang dazu nur mittlerweile ist es etwas schwierig" (Interview Naoum: 4).

Hier wird die Übersetzung in alltägliches Geschlechterwissen sowie die Anwendung von Expert:innenwissen durch Naoums berufliche und ehrenamtliche Tätigkeiten in der Bildungsarbeit deutlich. Durch die Aneignung von Wissen innerhalb aller drei oben genannten Wissenskategorien, schafft sich Naoum ein großes Subjektivierungspotenzial, dass dazu befähigt an Interaktionen teilzuhaben, ohne dabei widerstandslos der sozialen Ordnung unterworfen zu sein. Naoum hat diese Subjektivierungspraxis schon früh für sich entdeckt und durch Studium und Berufswahl insoweit vertieft, dass Naoum daraus erhebliches Subversionspotenzial schöpft, um sich aus der Kategorie Geschlecht und der gesellschaftlichen Ordnung in Interaktionen zu befreien.

> „Ich hab Philosophie studiert und ich hab diese Themen wirklich durchgekaut und mich ja auch in meinem, in meiner Arbeit damit beschäftigt und ich arbeite zu dem Thema jetzt ja noch. Und ich glaube das Interessante ist halt, dass-, es gibt da noch ganz viel abzuhandeln und ich glaub es gibt immer noch Auseinandersetzungen, auch wenn die entstehen, dann halt in den einzelnen Interaktionspunkten mit Leuten. [...] Ich glaube nicht, dass alles so ganz zufällig ist, ne. Das klingt ja so: 'Ah ja ist völlig arbiträr, es passiert halt einfach irgendwie irgendwo in der Interaktion im Kopf'. das glaub ich nicht. Es ist ja alles eingebettet in ne bestimmte gesellschaftliche Systematik und Logik, also ne, es ist schon, wo ich merke, dass, da kann ich mich ja auch nicht von freimachen. So immer direkt. Ich hab ja auch Vorstellungen, und das ist auch was, was ich, aber ich glaub genau diese Erkenntnis machts mir leichter zu sagen, ich kann mit Leuten auch in den Austausch gehen" (Interview Naoum 2: 11 f.).

Naoum definiert sich selbst über einen Geschlechterruhestand, auf welchen ich in Kapitel 4.3.7 genauer eingehen werde, da dieser wie andere Strategien zu einer Flexibilisierung und Fluidität der Geschlechtlichkeit beiträgt. So lässt sich festhalten, dass Geschlechterwissen in verschiedenen Formen von nichtbinären und genderqueeren Personen oftmals zur Subjektivierung dient, da sich insbesondere daraus subversive Handlungsmöglichkeiten ergeben.

4.3.4 Die richtigen Namen und Pronomen

Anreden, Vornamen und Personalpronomen kennzeichnen in den meisten Fällen das Geschlecht einer Person. Aus diesem Grund wählen Menschen, die sich nicht mit dem bei Geburt bestimmten Geschlecht identifizieren, wie beispielsweise trans* oder nichtbinäre Personen, meist einen neuen Vornamen sowie andere Personalpronomen für sich. Dieser Schritt ist für eine positive Identifikation mit der eigenen Geschlechtlichkeit besonders wichtig, stößt jedoch noch auf viele rechtliche, institutionelle wie auch gesellschaftliche Barrieren. Zum einen erfordert eine legale Namens- und Personenstandsänderung nach deutscher Gesetzgebung einen hohen zeitlichen, finanziellen und besonders persönlich-psychischen Aufwand (vgl Kapitel 4.2.3). Zum anderen scheint eine Namensänderung insofern noch ein sozialer Ausnahmefall zu sein, als dass die gesellschaftliche Akzeptanz und die Anpassung alltäglichen Sprechens, vor allem die Verwendung des neuen Namens und der richtigen Pronomen, oft Probleme bereitet und zu *Misgendering* führt. Jedoch belegen mehrere Studien, dass eine Namens- und Personenstandsänderung sowohl psychosoziale als auch materiell sichtbare positive Auswirkungen vor allem im Kontext einer höheren Identitätsakzeptanz und einer gesteigerten Resilienz gegenüber *Misgendering* und anderen Stressfaktoren geschlechtlicher Minderheiten hat (vgl. Divan et al. 2016; Restar et al. 2020: 2). Vor allem die Namensänderung im Alltag erhöht die Lebensqualität von trans* und nichtbinären Personen und mindert depressive und andere psychische Erkrankungen (vgl. Russell et al. 2018).

Im Folgenden werde ich in konzentrierter Form die Namensänderung als Subjektivierungspraxis analysieren, da ich bereits in Kapitel 4.2.3 aufzeigte, mit welchen Prozessen die Wahl des Namens zusammenhängt. Indessen werde ich die Verhandlungen der Änderung des Pronomens genauer untersuchen, da dort ähnliche Subjektivierungsprozesse sichtbar werden, die jedoch nicht in dem Maß durch die in Kapitel 4.2.3 erläuterten juristischen Restriktionen eingeschränkt sind.

Namen

Gesa Lindemann argumentiert, dass der Name in ähnlicher Weise wie der Körper ein „objektiviertes Geschlecht“ ist und wie Personalpronomen als Geschlechtsmarker wirkt (Lindemann 2011: 159). „Die Nennung des

Namens kann so den gleichen Effekt haben, wie das Sichtbarwerden des nackten Körpers" (ebd.). Besonders in einer Erzählung von Henri zeigt sich, dass sich die Wahrnehmung des Namens häufig an der Wahrnehmung der Körperlichkeit orientiert und sogar die Grenzen der Sprache und Namensgebung, nicht aber die Grenzen der Geschlechtlichkeit in der Wahrnehmung aufbrechen kann.

> „Also ich werde eigentlich fast immer als Frau gelesen, und dann, also ich nenne mich zwar Henri und eigentlich möchte ich auch lieber Henri genannt werden, aber zum Beispiel so, wenn ich schriftlich oder förmlich mit Menschen verkehre, dann benutz ich quasi den Namen Henrik. Und den hab ich quasi also bewusst ausgewählt, weil ich dachte mir, wenn Menschen mich sozusagen sehen, dann nehmen sie mich als Frau wahr und ich benutz sozusagen einen Namen, der männlich konnotiert ist. Einfach damit irgendwo so ab dem ersten Moment klar ist: 'Hey, da ist irgendwie also, hier passt etwas nicht zusammen, es gibt eine Irritation, irgendwas ist hier queer'. Genau und damit hatte ich schon einige sehr witzige Erfahrungen. Zum Beispiel hat einmal eine Person zu mir gesagt 'Ach ja lustig, ich wusste gar nicht, dass Henrik auch ein Frauenname ist'. Oder, also sehr oft fragen mich Leute, wenn ich mich dann mit Henri vorstelle, 'Ja kommt Henri von Henriette' und dann sage ich 'Nein, von Henrik' und dann gibt es meistens so einen Moment von awkward silence. Und dann kommt so 'Oh'" (Interview Henri: 117).

Die Wahrnehmungs- und Deutungsmuster des Körperlichen sind für die Bezeichnung des Geschlechts dem männlich konnotierten Vornamen vorgelagert und sorgen durch die Ambivalenz zu einem teils bewusst hervorgerufenen Irritationsmoment. Dadurch wird die Veruneindeutigung des Geschlechts betont und die geschlechtliche Wahrnehmungspraxis von Henris Gesprächspartner:innen herausgefordert. So trägt der Name als identifikatorischer Faktor sowohl für die Wahrnehmenden als auch für die Wahrgenommenen eine besondere Bedeutung, da er in Zusammenspiel mit dem materiellen Körper eine Verqueerung ohne spezifisches Wissen oder weitere Selbstthematisierungen im Sinne von Erklärungen oder Outings zulässt. Passt für die Wahrnehmenden Name und gelesenes Geschlecht nicht zusammen, wird entweder innerhalb der Geschlechterdichotomie oder sogar außerhalb dieser eine verqueerte Lesart[6] hergestellt. Das Problem ist jedoch,

---

6 Als verqueerte oder queere Lesart folge ich hier Alexander Dotys Konzept der *queer readings*, d.h. „to mark a flexible space for the expression of all aspects of non- (anti-,

dass für viele Personen dadurch die Anrede erschwert wird, da die Person nicht nur ein Name, sondern primär ein Geschlecht ist und dementsprechend geschlechtlich benannt wird (vgl. Lindemann 2011: 163). Dies wird vor allem daran deutlich, dass ungeachtet der in Deutschland üblichen Konnotation von Henrik als Männername nicht Henris Geschlecht, sondern die geschlechtliche Konnotation des Namens infrage gestellt wird.

Ähnliche Spannungsfelder finden sich bei allen Interviewpartner:innen, da alle selbst ausgewählte, meist geschlechtsunspezifische Vornamen verwenden. Daraus wird erkennbar, dass die Änderung einen hohen identifikatorischen Stellenwert im Aushandlungsprozess der Geschlechtlichkeit einnimmt. Dies zeigt sich besonders auch an den Selbstbezügen durch die Änderung des Pronomens.

Pronomen

Oftmals geht eine Änderung des Namens mit der Änderung der Personalpronomen einher, um diese in grammatischer Kongruenz auftreten zu lassen (vgl. Lindemann 2011: 159). Dies kann ebenso als ein erster Schritt zum Outing sowohl für sich selbst als auch nach außen gesehen werden, da im Zuge dessen eine Benennung der neuen Identität stattfinden kann. Lindemann beschreibt jedoch die Gefahr, durch eine „objektive Realität" des sprachlichen Geschlechts und des Körpers, als inkongruent wahrgenommen zu werden (vgl. ebd.), wie an Henris Beispiel ersichtlich wurde. In der deutschen Sprache gestaltet sich die Wahl der Pronomen für nichtbinäre Personen als besonders schwierig, da das grammatische Geschlecht von Personalpronomen nahezu dichotom funktioniert. Die maskulinen Formen „er/ihn/sein" und die femininen Formen „sie/sie/ihr" wirken für weibliche und männliche Personen. Die Neutrumformen „es/es/sein" werden im Deutschen gewöhnlich für Dinge und gesellschaftlich erniedrigte Positionen, sprachlich meist durch das Diminutiv markiert, verwendet (vgl. Nübling 2020: 83 f.). Daher ist die Wahl oftmals mit einem langen Verhandlungsprozess verbunden, der nicht zwingend auf ein eindeutiges Ergebnis hinführt, sondern verschiedene Phasen im Leben mit verschiedenen Lösungen für die Verwendung von Pro-

contra-) straight cultural production and reception" als bewusst gewählte "site of resistance" und gleichzeitig "location of radical openness and possibility" (Doty 1997: 3).

nomen widerspiegelt. Bei Rio startete der Prozess der Wahl der Pronomen nach eigener Erzählung schon mit elf Jahren im Lateinunterricht und er_sie identifizierte sich mit dem Pronomen *es*. Jedoch geschah dies zunächst nur in isolierter Form und ohne Coming-out, da der gesellschaftliche Druck, innerhalb einer Zweigeschlechternorm verortbar zu sein, zu groß war und Rio stets eine weibliche Geschlechterrolle zugeschrieben wurde. Diese Klassifikation durch die Fremdwahrnehmung und die dadurch erschwerte oder sogar unmöglich gemachte autonome Identifikation mit nichtbinären Pronomen begleiten Rio noch viele Jahre.

> „Also ich war relativ früh auf dieser Variante 'es', da hab ich mich für entschieden und dann ist das wieder verloren gegangen und dann war ich sehr lange mit 'sie' unterwegs und hab dann mit diesen Drag Kings haben wir uns immer 'er' genannt. Also alle einheitlich. Und das war fast so als würden sich alle als cis- oder trans*-männlich definieren. Taten wir aber gar nicht. Und ich glaube das war einfach mal so ein Versuch zu gucken, wie wir uns damit fühlen und dann hat sich das wieder so etwas verändert und dann schlich sich bei vielen wieder das 'sie' da rein. Und ich selbst hab dieses 'er' in dieser Szene, in diesem Umfeld lange behalten, aber ich, mir ist es auch nach wie vor da wichtig. Aber das ist so ein Teilzeit-'Er' und nur auf diese Gruppe da beschränkt und an diese Szene. Ansonsten, ich kann mich mit 'er' nicht anfreunden, ich find 'sie' absolut bescheuert und dann gibt es ja so Kunstformen, mit denen ich mich auch nicht anfreunden kann. 'Es' geht gar nicht mehr. Ich fühl mich dafür zu alt. Also das hat was mit Unreife und Kind und Tier und Sache zu tun, aber nicht mit dem an Reife oder Entwicklung, was ich für mich fühle. Ja ganz schwierig. Also das variiert. Und ich glaube, ja bei dieser letzten Vorstellungsrunde hab ich gesagt, mir ist es egal. Es ist mir eigentlich nicht egal, aber ich kann mich wieder mal nicht für etwas positiv entscheiden" (Interview Rio: 80).

Es fällt Rio schwer sich für ein Pronomen zu entscheiden, da die deutsche Sprache dort zu unflexibel ist und keine passende, einfache Lösung zulässt. Er_Sie sieht die sprachliche Veränderung als „offene Geschichte", die sich mit der Zeit ebenso wie die Gesellschaft verändern wird (vgl. Interview Rio: 84). Ebenfalls wird deutlich, dass nicht nur die Geschlechtlichkeit, sondern auch andere Intersektionen in der Wahl des Pronomens relevant sind, wie beispielsweise das Alter oder das soziale Umfeld. Folglich kann das Pronomen situativ oder temporär passend sein, sodass nicht zwingend von einer lebenslangen Kohärenz ausgegangen werden kann. Oftmals findet hier eine stark antizipierende Aushandlung zwischen Selbstidentifikation und Fremdwahrnehmung statt, da in bestimmten sozialen Umfeldern, vor allem innerhalb der Familie, teilweise binäre Pronomen (er/sie) verwendet werden, um konflikthaften Äußerungen und langen Erklärungsversuchen auszuweichen. Henri schildert den Prozess, ein Pronomen zu wählen, als Ermutigungsprozess, der Zeit und Kraft gekostet hat. Oftmals wird, wie an anderen Stellen, eine „Experiment"-Metapher verwendet, um den explorativen Charakter der Identitätsbildung hervorzuheben, aber auch um die schrittweise und oft sehr sensible Annäherung an Möglichkeiten zum Ausdruck der Identität zu zeigen. Besonders deutlich wird in der Erzählung die Angst davor, andere Menschen zu belasten und daraus resultierend selbst mit sozialen Konsequenzen konfrontiert zu werden.

> „Und hab quasi immer versucht, dass ich sehr, weiß nicht, sehr rücksichtsvoll zu anderen Menschen bin. Ich hab dann weiter quasi das Pronomen 'sie' benutzt. Einfach weil ich festgestellt hab, dass sich das Pronomen 'er' sozusagen komplett komisch anfühlt. Und dann hab ich mir eben gedacht: 'Ok, ja, andere Menschen sind ja nicht gewohnt verschiedene Pronomen zu benutzen und ich benutz jetzt quasi einfach das, was alle schon kennen und dann kann ich quasi nichts falsch machen'. Und ich glaube das hat dann einfach noch mal bestimmt ein, eineinhalb Jahre gedauert, bis ich zum ersten Mal den Mut hatte zu sagen, eigentlich fühl ich mich auch mit dem Pronomen 'sie' nicht so wohl. Und es ist aber auch ok, anderen Menschen zuzumuten sozusagen, dass sie sich daran gewöhnen müssen, ein neues Pronomen zu benutzen, das sie vielleicht noch nicht kennen oder generell sich einfach mit dem Thema Pronomen auseinanderzusetzen. Und hab dann noch eine Weile lang mit verschiedenen Neopronomen herumexperimentiert, bis ich dann irgendwann zu dem Pronomen 'mie' gekommen bin. Von dem ich auch tatsächlich gar nicht weiß, ob das noch irgendeine andere Person benutzt, weil das sozusagen, also ich mir das quasi mehr oder weniger selbst ausgedacht habe. Genau, und ich, also ich mag das Pronomen aber voll gerne und ich, also es gefällt mir voll, wenn die Leute das für mich benutzen. Und ich werde auch immer selbstbewusster darin, also genau, eigentlich schon seit ich mich überhaupt angefangen habe, mit dem Thema zu beschäftigen, stelle ich mich auch eigentlich fast immer mit Pronomen vor. Und genau, stelle mich jetzt auch sehr gerne mit meinem Pronomen vor und es gab irgendwo noch ne ganze Zeit, wo ich dann besonders, wenn ich mich dann so in linken Kreisen aufgehalten habe oder in so Universitätskreisen irgendwie automatisch davon ausgegangen bin, dass andere Menschen natürlich wissen, was Pronomen sind und wie man sie benutzt, bis dann irgendwann die Erkenntnis kam, als ich mit einer Person gesprochen habe und ich war auf so einem Wochenendsemi-

nar, und ich war irgendwie total frustriert, weil alle Leute nicht mein richtiges Pronomen benutzt haben. Und hab also, hab das dann quasi irgendwie auch angesprochen und dann hat eine Person gesagt: 'Boah das tut mir so leid, du hast mir gesagt, dass das dein Pronomen ist, aber ich wusste irgendwie gar nicht, was das bedeutet'. Und dann ist bei mir so der Groschen gefallen und inzwischen also, bin ich auch so ein bisschen dazu übergegangen bei der Vorstellung, wenn ich, also mit fremden Leuten spreche so, dann oft auch einfach zu erklären, so: 'Das bedeutet es, dass ich dieses Pronomen habe, so benutzt man Pronomen'. Genau, und ja, ich, also ich bin immer noch nicht SO selbstbewusst damit, also nicht allen Menschen gleich. Zum Beispiel bin ich den Großteil meiner Familie gegenüber nicht geoutet. Also ich habe meiner Mutter sozusagen gesagt, dass ich einen anderen Namen benutze, aber, ich denke immer da-, oder ich denke es nicht nur, sondern es ist glaub ich auch so, dass es, also, sie es glaube ich nicht verstehen würde und sie das gar nicht nachvollziehen kann, was bedeut- also warum benutze ich jetzt ein anderes Pronomen und was bedeutet das alles. Und bei dem Rest von meiner Familie bin ich quasi gar nicht geoutet, außer, ach so meinen Geschwistern gegenüber schon" (Interview Henri: 114f.).

Die Eingangserzählung macht den Prozess des Übergangs von einer entfremdeten zu einer subjektivierenden Haltung besonders deutlich. Zunächst bleibt Henri innerhalb binärer Pronomen verortbar, um nichts falsch zu machen und keine anderen Personen zu verletzen oder unwohl fühlen zu lassen. Nachdem mie jedoch den Mut fasst, zeigen sich Subjektivierungspraktiken in Form von Aneignung eines eigenen, selbstgewählten Pronomens sowie antizipative Selbstthematisierungen als erklärende Praktiken. Damit findet Henri einen Kompromiss zum Ausdruck der geschlechtlichen Selbstverhältnisse, das heißt sowohl einen Anteil, der die eigene Identität zu verwirklichen verfolgt als auch einen Anteil, der versucht, rücksichtsvoll zu handeln. Diese Subjektivierungspraktiken dienen zwar zur Selbstverwirklichung, erfordern aber auch eine selbstbewusste Persönlichkeit und somit auch immer Zeit und Kraft, sich selbst zu erklären und anderen Personen den richtigen Umgang zu ermöglichen. Da dies nicht in allen Situationen und Umfeldern gegeben ist, muss Henri sich vor allem im familiären Umfeld resigniert geben und binäre Pronomen für sich nutzen. Grund dafür ist, wie Henri später schildert, dass Familienangehörige den Geburtsnamen und das bei Geburt festgelegte Geschlecht seit vielen Jahren kennen und daher die Umgewöhnung umso größer ist (vgl. Interview Henri: 120). Auch Lindemann beschreibt, dass die Änderung für Personen, denen das Ausgangsgeschlecht vertraut ist, die Anpassung an das Neue erschwert erscheint (vgl. Lindemann 2011: 162-170). Jedoch wird auch deutlich, dass nicht nur Resignation, sondern insbesondere auch eine hohe Reflektionsfähigkeit für solche Umfelder wiederum subjektivierend wirken können. Henri versucht, mies Subjektposition aufrechtzuerhalten, indem anderen Personen, in diesem Fall die Mutter, fehlende Kompetenzen zum Verständnis der Benutzung nichtbinärer Neopronomen zugesprochen werden. So werden zum Teil auch wieder binäre Pronomen situativ angeeignet.

Die Wahl des Namens und der Pronomen stellt somit einen wichtigen und sichtbaren, in manchen Fällen sogar juristischen Schritt zur Identifikation und Selbstermächtigung dar. Durch die eigenständige Wahl und somit Durchbrechung binärer Normen findet ein Subjektivierungsprozess statt, der auch nach außen wahrgenommen werden kann. Vor allem durch die Wahl eines geschlechtsunspezifischen Namens oder Selbstthematisierungen bei der Pronomennutzung können Irritationsmomente und damit Brüche der Geschlechterdichotomie sowie Selbstaneignungen von nichtbinärer, fluider Geschlechtlichkeit erfolgen. Durch die Änderung von Namen und Pronomen erhält die neue Geschlechtlichkeit einen Ausdruck und wird somit erst intelligibel. So sprechen die Gender und Queer Forscher:innen S. Bear Bergman and Meg-John Barker von einer doppelten hermeneutischen Ungerechtigkeit der Sprache gegenüber nichtbinären Personen. „The cultural imagination about anyone who is nor normatively gendered – trans bodies, trans identities, relationships, sex, geography, conflict, priorities – is substantially influenced by what we can talk or write about intelligibly" (Bergman/Barker 2017: 41). Daher sind Begriffs- und Sprachaneignungen im Allgemeinen als Subjektivierungspraktiken besonders wichtig und werden aufgrund der Schwierigkeiten im allgemeinen Sprachgebrauch, insbesondere im Deutschen, häufig diskutiert (vgl. Nübling 2020).

Die Aneignung neuer Namen und Pronomen erfordert oftmals Erklärungen, die zeit- und kraftaufwendig sind und nicht von allen Personen in allen Situationen erbracht werden können, weshalb oft Mischformen, die sowohl binär als auch nach nichtbinären Kategorisierungen funktionieren, gewählt werden.

4.3.5 *Aktivismus und Bildungsarbeit als besondere Situation der Selbstthematisierung*

> "I was a freak all right, but I was only a freak to the degree that I remained silent. When I spoke, I had a chance to educate, and, paradoxically, I became less of a freak." (Bornstein 1994: 81).

Eine andere stark ausgeprägte Subjektivierungsstrategie äußert sich in aktivistischer und meist ehrenamtlicher Arbeit im (bildungs-)politischen Kontext. In den Interviews wird Aktivismus und politisches Engagement als wichtige Komponente des Alltags oder zumindest als Wunsch solchen Tätigkeiten nachzugehen mehrmals genannt. Dies fanden auch die Studien von Devor (2004: 65), Monro (2005: 91–118) und Valente (2020: 10) heraus, in denen insbesondere die positiven Faktoren von Aktivismus und Bildungsarbeit in der Entwicklung der geschlechtlichen Identität Betonung finden. Auch Melanie Groß untersucht queeren Aktivismus und unterstreicht die Wirksamkeit dieser politischen Arbeit zur Subjektivierung.

> „Diese doppelte Geste der queeren Strategie zeichnet sich also zugleich durch kritische Selbstreflexivität und produktive Weiterführung aus. Es entstehen politische Strategien, um sich gegen Grenzen des „Nicht-Lebbaren" […], die durch normative Zweigeschlechtlichkeit (re)produziert werden, zur Wehr zu setzen […]. Im queeren Aktivismus wird in der Folge nicht nur die normative Heterosexualität kritisiert, sondern darüber hinaus die Gewaltförmigkeit der Zweigeschlechtlichkeit verdeutlicht: In einem komplexen Zusammenspiel von begrenzender einengender geschlechtsspezifischer Erziehung und Sozialisation, strukturellen Normen der Zweigeschlechtlichkeit beispielsweise in Dokumenten und Ausweispapieren bis hin zu politisch motivierten Grenzziehungen, Abwertungen oder gar physischer und psychischer Gewalt gegen Menschen, die die Grenzen zweigeschlechtlicher Heteronormativität überschreiten" (Groß 2019: 943 f.).

So kann Aktivismus sowohl für die Akteur:innen selbstermächtigend als auch für andere aufklärend wirken. Der besondere Status und das Machtpotenzial in einem solchen Aktivismus zur Verqueerung der Geschlechtlichkeit wird in den Biografien meiner Interviewpartner:innen erkennbar. Nahezu alle, die an einem bestimmten Punkt der Transition angelangt sind, arbeiten oder engagieren sich im queeren Aktivismus und setzen dies in den Fokus der Erzählung. Sie finden dort häufig Möglichkeiten der Selbstrealisierung und Selbstwirksamkeit sowie einen Austausch mit anderen queeren Personen.

Diese hohe Bereitschaft zu und Aneignung von politischem Handeln zeige ich beispielhaft an einem Transkriptausschnitt aus Julis Interview.

> „Und ich hatte mir sowieso schon irgendwie ewig vorgenommen irgendwann mal in ne trans*Gruppe zu gehen oder mal ins queere Jugendcafé zu gehen und dann hab ich mich nicht getraut. Ich war bis heute so zwei Mal da, aber halt so viel später. Aber dann hat irgendwann eine Person in dieser Facebookgruppe geschrieben, dass sie gerne eine Trans*-Veranstaltung organisieren würde und dass doch Leute mal vorbeikommen sollen zum ersten Treffen [...]. Dann hab ich mir irgendwie gedacht, ok, wenn wir da so nen Grund haben, warum wir uns treffen, vielleicht trau ich mich dann ja mal dahin. Und war, wie gesagt, beim ersten Treffen die einzige Person, die niemanden kannte. Was so ein bisschen absurd war, aber, ganz gut. Ich bin ja gut dabeigeblieben. Bin inzwischen, also, war im letzten Jahr so mit Abstand die Person, die am meisten gemacht hat. Also ich weiß nicht, wir organisieren ja das Trans*-Wochenende, das ein Wochenende von drei Tagen ist mit Workshops, Party, Demo und Picknick für trans* Menschen. Da mache ich sehr viel verschiedenes, Öffentlichkeitsarbeit, Finanzierung. Ich war glaub ich in fünf AGs oder so oder vier. Also ich hab tatsächlich mehr oder weniger in allen Bereichen irgendwie da mitgewirkt. Hab dadurch halt auch noch mal viele Kontakte gekriegt. Bin glaub ich inzwischen relativ sichtbar so in der Trans*-Community in dieser Stadt. Und ja. Also ja, man sieht auch, wenn man hier durch die Stadt läuft, sieht man zwischendurch immer mal so ein Poster so mit mir drauf hier von einem Kunstprojekt, wo ich jetzt teilgenommen hab. Und die halt jetzt ein Poster gedruckt haben mit mir drauf, das in der ganzen Stadt hängt. Oben ohne. Ich muss noch, ich muss diese Woche unbedingt ein vorher-. Ich muss mich oben ohne neben dieses Poster stellen und ein Foto machen, weil ich jetzt die Mastek [Mastektomie] hatte vor zwei Wochen und da noch nicht und dann- (lacht)" (Interview Juli: 3 f.).

Der Wunsch politisch aktiv zu sein und sich zu vernetzen ist folglich Auslöser, sich einem Kollektiv anzuschließen und dort mitzuwirken. Seither ist Juli nach eigener Erzählung nahezu in Vollzeit in einer Trans*-Organisation engagiert, während es ein Studium und ein Praktikum verfolgt. Der Aktivismus erhöht die Sichtbarkeit und somit auch Widerständigkeit gegen die Zweigeschlechtlichkeit, was Juli dazu dient, als handlungsfähiges Subjekt wahrgenommen zu werden. Das Kunstprojekt nutzt er in erweiterter Form zur Subversion der Binarität durch Kontrastierung seines prä- und postoperativen Körpers. Diese queer-politische „Fehlzitationen der geschlechtlichen Stereotype" (Groß 2019: 943) dienen als symbolische Repräsentation der

Subjektivierungsprozesse der eigenen Geschlechtlichkeit und dem Widerstand gegen die „damit korrespondierenden gesellschaftlichen Normen" (ebd.). Dies führt für Juli zu einem selbstsicheren und „lauten" Erscheinungsbild, das sich aus der gesellschaftlichen Norm befreien kann.

Neben den selbstermächtigenden Aspekten des politischen Handelns zeigt sich besonders in einem Erzählausschnitt von Tris, dass Bildungsarbeit auch zur Selbst-Bildung sowie Aufklärung anderer dient. Bornstein benennt diese Rolle als „gatekeeper"-Position, die zur Aufgabe hat, neue Räume und Möglichkeiten der Geschlechtlichkeit zu öffnen und trans* Personen somit aus dem „cauldron of rage and injustice" zu befreien (Bornstein 1994: 98). In Tris Erzählung liegt ein Fokus auf der Bildungsarbeit als geschützter Raum der Selbstbildung und Selbstentfaltung.

> „Ich mach ehrenamtlich Workshops zu geschlechtlicher und sexueller Vielfalt. Und das ist ein Workshopkonzept mit so einem Peer-to-Peer Ansatz, der auch in-, ein Drittel dieses Workshops ist biografisches Erzählen. Also es geht um deine Identität dabei, also entweder um deine Orientierung oder um deine Geschlechtsidentität, das heißt du stellst, du -, in diesen Workshops outest du dich quasi vor diesen, also nach zwei Dritteln des Workshops. Und dann können die Jugendlichen, meistens Jugendlichen, Fragen zu dir stellen, zu deiner Geschichte und wahrscheinlich irgendwie, nicht so verfasst, wie die, die du stellst, aber halt ne, in ihrer Sprache. Und da hab ich halt gemerkt, dadurch muss ich ja-, irgendwas sag ich ja zu mir in dem Moment, ne? Also ich sag-, sprech ja von mir und ich hab gemerkt, es hat sich verändert. Und ich hab immer verschiedene Sachen ausprobiert. Und das war eigentlich auch voll der Erfahrungsraum, also für mich. Also es ist voll schön, dass ich auch so viel da gelernt habe dabei. Und das ist noch was, was mir einfällt, dass, das ist vielleicht kein Turning Point, das ist eher so prozesshaft, aber das hat halt auf jeden Fall auch was dazu beigetragen, ja. Dass ich mich auch so ausprobiert hab" (Interview Tris: 3 f.).

Bildungsarbeit wird hier als reziproker Prozess der Selbst- aber auch Fremdbildung gesehen. Durch den festgesetzten Kontext bildet sich ein sicherer Erfahrungsraum, in dem Tris biografisch erzählen und dadurch unterschiedliche Erzählungen ausprobieren kann. So dient es Tris auch dazu, die Rekonstruktion von Kohärenz und Kontinuität zu üben. Es entsteht die Möglichkeit, die eigene Geschlechtlichkeit auf verschiedene Weisen zu erklären und in der Interaktion nach einer plausiblen, kohärenten und kontinuierlichen Erzählform zu verhandeln. Dadurch nimmt Tris eine *gatekeeping*-Position ein, die den Jugendlichen durch das autobiografische Outing eine queere

Handlungsoption eröffnet und zugleich Tris einen Selbst-Erfahrungsraum öffnet. Auf diese Art geschützter Erfahrungsräume werde ich im Folgenden näher eingehen.

4.3.6 *Safer Spaces*

> „Und dann sollen auch alle gesellschaftlich die Freiheit genießen können, das so zu leben. Ohne da in irgendwelche Förmchen gepresst zu werden, du musst so sein und dann so aussehen, dich so ausdrücken und dann passt du schön in unsere Gesellschaft. Und ich merke, das funktioniert einfach mit sehr sehr vielen Menschen nicht. Und dann muss man sich in so nem System, in dem man lebt, auch zusammenschließen, denk ich, und das versuch ich halt in den letzten Jahren immer wieder" (Interview Rio: 68).

Erfahrungsräume, in denen nichtbinäre Personen ihre Geschlechtlichkeit ohne Unterdrückungstendenzen (er)leben, sind für die eigene Identitätsentwicklung sowie einen Aufbau von Resilienz von hoher Bedeutung. Durch die Thematisierung queerer Politiken bilden sich queere soziale Umfelder und queere Communities, in denen sich sogenannte *Safe/r Spaces* formen. *Safe/r Spaces*[7] bezeichnen meist herrschaftskritische Schutzräume, die es primär marginalisierten Gruppen ermöglichen sollen, sicher, angst- und barrierefrei zu interagieren (vgl. Kämpf 2014: 73 f.). Solche geschützten Räume stellen also Zufluchtsorte insbesondere auch für queere Personen dar, in denen sie ihre Geschlechtlichkeit und sexuelle Orientierung freier ausleben können als in anderen sozialen Räumen des Alltags. Diese geschützten Räume gestalten sich in unterschiedlichen Formen sozialer Kontexte „von persönlichen Beziehungen über lokale 'Szenen' bis hin zu übergreifenden Bezugshorizonten (wie etwa 'der' Lesbenszene)" (Schirmer 2010: 67). Damit gehen oft „De- und Re-Territorialisierungsbewegungen" (Laufenberg 2014: 156) einher, das heißt ein Entziehen oder eine Flucht aus als unsicher wahrgenommenen Räumen und ein Aufsuchen von geschützten Räumen, was von vielen Interviewpartner:innen im Erzählmotiv des Umzugs in die Großstadt oder

---

7 In vielen aktivistischen Kontexten ist die Rede von Safer Spaces, also sichereren (im Komparativ) Räumen, da es, wie die queerfeministische Aktivistin Nadine Lantzsch schreibt, „keine herrschaftsfreien Räume" (Lantzsch 2011) gebe, in denen marginalisierten Gruppen uneingeschränkte Sicherheit möglich sei.

eines Auslandsaufenthalts erscheint. Aber auch politischer Aktivismus lässt sich durch Reterritorialisierungsprozesse deuten.

Flucht aus unsicheren Räumen

Wie anhand der Prekarisierungstendenzen der normativen Ordnung in Kapitel 4.2. gezeigt wurde, befanden sich viele Interviewpartner:innen vor dem Erkennen ihrer Geschlechtlichkeit und damit einsetzenden Subjektivierungspraktiken in zumeist stark unterdrückenden sozialen Umfeldern. Ein Motiv und eine weitere Subjektivierungsstrategie, die sich daraus ergeben, ist das Erzählen von einer intensiven Auseinandersetzung mit ihrer Geschlechtlichkeit während eines Auslandsaufenthalts als besonderes Ereignis der Erkenntnis und des Zu-Sich-Findens. So erkennen Henri und Juli während längeren Auslandsaufenthalten ihre Trans*-Geschlechtlichkeiten, da sie durch den Abstand des gewohnten alltäglichen Lebens neue Impulse und Zeit zur Reflexion finden. Und auch Naoum erzählt von einem Erleuchtungsmoment während eines Workshops in Kanada, bei dem Naoum reflexartig zum ersten Mal das nichtbinäre Pronomen „they" für sich nutzt.

> „Insbesondere als ich in Kanada war, wo ich glaube auch, das insgesamt in nem anderen Umfeld sein, was auch ein bisschen anders funktioniert, weil da auch einfach noch mal kulturelle Praktiken dazukommen, die n bisschen anders sind, für mich dazu geführt hat, auch noch mal anders, einfach anders über sich selber auch zu sprechen erst mal. Und das hat schon, das hat viel dahingehen bewirkt, irgendwie auch anders über sich denken zu können" (Interview Naoum: 88).

Die Flucht aus dem gewohnten Alltag ist demnach nicht als Rückzug oder Passivität zu deuten, sondern vielmehr als sowohl Überlebens- und Bewältigungsstrategie als auch Quelle von Subjektivierungspotenzial. Laufenberg beschreibt diese Deterritorialisierungsbewegungen als „eine Voraussetzung, damit sich etwas Neues konstituieren kann, so dass es diese Bewegungen sind, [...] in denen und durch die hindurch sich ein gesellschaftliches Feld erneuert und transformiert" (Laufenberg 2014: 204). Die Akteur:innen entziehen sich damit Beziehungs- und Lebensweisen, beispielsweise in familiären schulischen oder auch gesellschaftlich-ländlichen Kontexten, um der darin manifestierten Macht der Unterdrückung der Geschlechtlichkeit zu entkommen und diese Zweigeschlechterordnung durch Widerstand zu destabilisieren (vgl. ebd.: 201). So stellt die Familie einen disparaten Lebensbereich dar, in dem viele verschiedene Subjekte aufeinandertreffen, die unterschiedliche Prägungen und Dispositionen erfahren und somit konfligierende Wissen und widersprüchliche Erfahrungen reproduzieren. Daher ist für viele queere Personen die Familie weniger als geschützter als vielmehr ein kontrovers wahrgenommener Raum zu betrachten, was großen Einfluss auf die Identitätsbildung und Resilienz hat (vgl. Munroe et al. 2020). Die Mehrheit der Interviewpartner:innen machte negative Erfahrungen im Kontext der Familie. Lediglich Naoum und Juli erzählen davon, „Glück“ zu haben, in Familien groß geworden zu sein, die ihre Geschlechtlichkeiten akzeptierten. Rio, Nica und Max erzählen jedoch von Abwertungen und Unterdrückungserfahrungen in ihren Familien durch Desinteresse, ignorierendes Verhalten oder sogar Verleugnung der Geschlechtlichkeit. Ebenso beschreiben fast alle Interviewpartner:innen negative und intolerante Konnotationen zu ihren Heimatstädten, sodass die Erzählung des Umzugs in urbane Räume als rettende Zukunftsprojektion und Befreiung aus „ungesunden Umfeld[ern]“ (Interview Max: 54) symbolisiert wird.

Suche nach geschützten Räumen

Durch den Entzug von unsicheren Räumen konstituieren sich häufig im Kontext von Aktivismus queere Räume, die den Akteur:innen ein geschütztes Umfeld mit ähnlich fühlenden und denkenden Personen bieten. Aufgrund bestimmter Regeln und eines gemeinsamen Wertekonsenses fühlen sich viele queere Personen innerhalb solcher Kollektive als die Person verstanden und wahrgenommen, die sie trotz aller Widersprüchlichkeiten zur Norm sind (vgl. Linander et al. 2019). So lassen sich verschiedene soziale Räume in dem erhobenen Material ausmachen, die als Safer Spaces fungieren. Ein wichtiges Motiv für Safer Spaces ist der Umzug und Wechsel des Wohnortes, primär der in die Großstadt als queer-freundlicherer Raum. Einen weiteren allen gemeinsamen Safer Space bilden queerfeministische Online-Plattformen, die primär zum Informationsaustausch, aber auch zum Kennenlernen anderer Personen genutzt werden. Einerseits dienen diese Online-Räume als Informationsquelle, um sich Geschlechterwissen zur Realisierung der eigenen Geschlechtlichkeit anzueignen. Andererseits ist das Internet ebenso wie physische Räume eine Art Treffpunkt, in dem Austausch und Identifikationsprozesse stattfinden können, die ein Gruppengefühl sowie Sicherheit im Alltag geben (vgl. Ekins/King 2010). Gleichzeitig sind besonders soziale Medien wie Facebook, Instagram und X (ehemals Twitter) nur eingeschränkt als Safer Spaces zu betrachten, da es insbesondere durch die Anonymität des Internets zu transfeindlichen Äußerungen kommt (vgl. Valente et al. 2020). Am häufigsten thematisiert werden aktivistische und bildungspolitische Kontexte, in denen Erwerbs- oder ehrenamtliche Tätigkeiten ausgeübt werden.

In vielen Fällen geht der Zugang zu queeren Communities mit einem Umzug in die Großstadt einher, da in ländlichen Regionen durch konservative Strukturen weniger geschützte Räume vorzufinden sind (vgl. Gammerl 2015; Lee/Quam 2013; Whitehead et al. 2016). Max erzählt vom Umzug in die Großstadt als Befreiung und eine Art Rettung. Für ihn war primär das konflikthafte Familienverhältnis Grund für den Auszug, da er sich nicht unterstützt und verstanden fühlte und unter dieser Unterdrückung litt.

> „Also ich bin unheimlich froh, dass ich hier in dieser Gegend gelandet bin, weil die Menschen hier damit ganz anders umgehen. Und ich hatte halt, als ich das erste Mal, also als ich dann hier in die Großstadt gekommen bin, hatte ich ja erst mal noch ein halbes Jahr, war es wie, das Problem, dass ich halt nirgendswo richtig zu Hause war, weil ich wusste nicht wohin mit mir. Und ich konnt mich nicht wirklich auf mich konzentrieren, weil ich halt immer noch das Problem hatte, keine Sachen, kein Geld, Probleme mit meinen Eltern, dann war da noch ein Anwalt dazwischen und ich hab halt komplett den Kontakt abgebrochen zu meinen Eltern. Ich wollte nichts mehr von ihnen hören. Ja. Und, ja, schon halt auch irgendwie so Schuldgefühle. Am Anfang dachte ich mir: 'Ist das jetzt zu egoistisch, dass ich nur auf mich achte?' Und ja, also schon halt viel, sehr viel emotionaler Stress, so, wie geh ich damit um. Das heißt, ich wusste zwar, wer ich bin, aber dann kam halt auch schon wieder dieses 'bin ich jetzt irgendwie extravagant, dass ich halt jetzt was fordere, was andere Leute nicht fordern'. Und das hat halt wirklich noch mal so ein halbes Jahr gedauert, bis ich dann halt hier mit dem Studium angefangen hab und mich halt so richtig eingelebt hab. Und seitdem hab ich einfach gar keine wirklichen Probleme mehr. Das ist so, ich hab mich ja auch als ich im, also von Tag eins quasi als Max vorgestellt. Ich hatte da niemanden, der das irgendwie hinterfragt hat, der mich irgendwie dumm angeguckt hat oder so deswegen. Und es war so 'OK du bist Max'. […] Und hab auch das Glück gehabt, mir hier so ein super Netz aufbauen zu können. Freunde zu finden, mit meinem Freund zusammen zu wohnen" (Interview Max: 56).

Zunächst zeigen sich in Max Erzählung Selbstzweifel aufgrund der Aufgabe des alten Lebens, die jedoch mit Gewöhnung an den neuen Alltag und der Aufnahme eines Studiums verschwinden. Der Auszug aus dem als problematisch beschriebenen Elternhaus ermöglicht Max gleichzeitig die Subjektivierung seiner Geschlechtlichkeit durch den Neuanfang. Da ihn im neuen Alltag niemand kennt, wird er nicht mit seinem bei der Geburt bestimmten Geschlecht konfrontiert und er kann eine neue Identität konstruieren. Dies führt sogar insoweit zur Subjektivierung, als dass er misgendernde Handlungen korrigieren und sich geschützte Räume im Alltag aufbauen kann. Ähnliche Erfahrungen schildert auch Henri, mie vor allem die Namensänderung als Vorteil des Umzugs sieht.

> „Das war vielleicht auch einer der Gründe, wieso ich weggezogen bin und dann einfach so, als ich in die Großstadt gekommen bin, hatte ich so die Möglichkeit, einfach mich allen Leuten mit meinem neuen Namen vorzustellen. Und die meisten Menschen, die ich hier kenne, kennen meinen Deadname gar nicht. Also sie könnten ihn gar nicht benutzen, selbst wenn sie wollten. Und ja, das hat auf jeden Fall sehr geholfen“ (Interview Henri: 120).

Auch hier wird mit dem Umzug ein neuer Identifikationsprozess über einen neuen Namen möglich, der durch die Konstitution des geschützten Raumes im Neuanfang und der dadurch entstehenden Anonymität realisierbar ist. Die Biografie kann rekonstruiert und bezüglich Kohärenz und Kontinuität der Geschlechtlichkeit angepasst werden. So entsteht für Henri im neuen Alltag eine Verfügungsmacht über den sogenannten Deadname, was zu weiteren Subjektivierungsstrategien durch Namen und Pronomen (vgl. Kapitel 4.3.4) führt.

Safer Spaces tragen zwar das Potenzial, durch teilweise sehr spezifische Regel und Umgangsformen auch Grundlage für Exklusion und erneute Hierarchiebildung zu sein (vgl. Linander et al. 2019). Dies erzählt Rio, der_die in Konflikte mit jüngeren trans* und nichtbinären Personen kommt, da sie in ihren Ansichten und der Sprachpolitik so „streng“ seien (vgl. Interview Rio: 68). Gleichzeitig sichern diese Regeln jedoch den Erhalt des Safer Space und ein homogenes Sicherheitsgefühl in der Community.

4.3.7 Flexibilisierung und Auflösung der Geschlechtlichkeit

Die Flexibilisierung oder sogar Auflösung der Geschlechtlichkeit als Kategorie stellt die letzte hier thematisierte Bewältigungsstrategie für die Prekarisierung der Geschlechtlichkeit durch die gesellschaftliche Ordnung dar. Sie stellt ebenfalls die komplexeste Form der Widerständigkeit dar. Zudem erfordert die Flexibilisierung andere Subjektivierungsstrategien und eine hohe Resilienz, da diese Strategie eine Entkategorisierung beabsichtigt. Dadurch führt sie zu häufigen Fehlkategorisierungen von außen. Ziel dieser Strategie ist es, sich weitestgehend von der Kategorie Geschlecht zu lösen respektive diese insofern zu öffnen, als dass eine Abhängigkeit von geschützten Räumen zum Erleben der Geschlechtlichkeit nicht mehr notwendig ist. Diese Unabhängigkeit entsteht aus der Verlagerung des geschützten Raums in das eigene Selbst.

Flexibilisierung

In der Flexibilisierung finden sich verschiedene bereits genannte Bewältigungsstrategien wieder, bei denen Prozesse der Ausweitung, Erweiterung und Umgestaltung von männlich und weiblich (vgl. Connell 1987), der Diversifizierung (vgl. Matsuno/Budge 2017), der Ambiguität (vgl. Richards et al. 2017) sowie der Veruneindeutigung (vgl. Engel 2002) grundlegende theoretische Konzepte darstellen. Häufig treten mehrere dieser Strategien in hybrider Form auf, sodass auch hier eine Trennung nicht immer möglich ist. Daher fasse ich die folgenden Erzählungen zunächst unter Flexibilisierungen der Geschlechtlichkeiten zusammen. Es lassen sich jedoch Unterschiede in der Art der Flexibilisierung feststellen.

Tris legt den narrativen Fokus auf Praktiken der Selbstwahrnehmung der Geschlechtlichkeit. In dem Interviewausschnitt beschreibt Tris eine Flexibilisierung durch die Annahme einer sowohl partiell temporären als auch fluiden Geschlechtlichkeit.

> „Und Geschlechtlichkeit, also ich fühl immer so kleine Teile. Also es ist so, ich kann einfach, also ich glaub auch, Geschlechtlichkeit ist ja gar nichts, was-, ich fühl mich manchmal auch geschlechtlich, aber nicht dauerhaft, ja also, ja, und ich fühl mich auch in Bezug auf viele Bereiche also, ich würd das so sagen, also wenn ich mich so als Ganzes sehe, würd ich sagen, ich bin auf jeden Fall nichtbinär und ich passe in ein Gefühl da so rein. Vom Gefühl, und manchmal fühlt sich das an dadurch, dass ich da jetzt so Teile davon spür, als wärs fluide, als wärs, also das ist dann so in diesem Moment spür ich, ja da gehts eigentlich auch immer eigentlich um die Konnotation von irgendwas, ob um Verhalten oder IRgendwas, was dann irgendwie so geschlechtlich konnotiert ist und dann denk ich, ok dann fühlt sich das jetzt gerade vielleicht weiblich an oder männlich oder. Und manchmal fühlt sich für mich auch wirklich geschlechtliche Identität, muss ich einfach wirklich, queer, wirklich so, also, genderqueer" (Interview Tris: 38 f.).

Die Komplexität der Geschlechtlichkeit wird auf mehreren Ebenen sichtbar. Sowohl die Art des Erzählens mit vielen Satzabbrüchen und Füllphrasen als auch die Art der Beschreibungen zeigen die Schwierigkeit das Uneindeutige der nichtbinären Geschlechtlichkeit sagbar zu machen. So drückt sich die Fluidität in der Nicht-Sagbarkeit und in den sprachlichen Annäherungen aus. Tris beschreibt die Geschlechtlichkeit als partielle, temporäre, fluide und ambigue Wahrnehmungen, die sowohl die Diversität als auch Veruneindeutigung der geschlechtlichen Selbstwahrnehmungen widerspiegeln. Dies zeigt erneut, dass es sich bei Flexibilisierungen neben strategischen Handlungsmustern auch um der Geschlechtlichkeit inhärente Wahrnehmungsschemata handelt.

Eine weitere Manifestation der Flexibilisierung findet sich in Rios Erzählung über die Aushandlungen der kollektiven und individuellen Identitäten innerhalb des Drag King Netzwerks. Hier werden vor allem Begrifflichkeiten im Kontext von Erinnerungen und Geschlecht verhandelt.

> „Also wir haben dann auch diese Offenheit von Queerness schätzen gelernt, dass wir gemerkt haben: 'Ok vielleicht müssen, zumindest für ne Übergangszeit von diesen alten Begrifflichkeiten ganz weg, von diesem lesbisch sein'. Viele sind dabeigeblieben. Ich hab mir das inzwischen wiedererobert, weil ich gedacht hab, das war auch so ne schöne Zeit in meiner ersten Phase des Entdeckens dieser neuen Möglichkeiten. Das will ich nicht aufn Müll schmeißen. Ich bin halt lesbisch und queer und das geht aber“ (Interview Rio: 69 f.).

Obwohl Lesbischsein als Label einer zweigeschlechtlichen, weiblichen Hetero- bzw. Homonormativität wirkt, eignet sich Rio diesen Terminus für die eigene sexuelle Orientierung an und setzt ihn in Korrelation mit dem Queersein. In der Erzählung wird die positive emotionale Aufladung der Erinnerung an den Prozess der homosexuellen Erkenntnis deutlich, die die lesbische Identität für Rio bedeutsam macht. Durch die Verbindung zur queeren Identität kann hier von einer subjektivierenden Aneignung der Selbstbeschreibungen und einer Flexibilisierung des Nexus Geschlechtlichkeit und sexuelle Orientierung gesprochen werden. Queerness per se deutet also schon auf Flexibilisierung und Loslösung von Kategorien hin, die eine Aneignung und Umdeutung von Geschlechtlichkeit erzeugen.

So können diese Wahrnehmungs- und Handlungsmuster sowohl als Strategien als auch als Wirkungen anderer Strategien gesehen werden. Flexibilisierung der Geschlechtlichkeit ist demnach nicht einer eindeutigen Praxis noch Resultat dieser zuzuschreiben. Die Geschlechtlichkeit flexibel zu gestalten, scheint vielmehr Ausdruck des zirkulären Prozesses der Dekonstruktion der Zweigeschlechtlichkeit mitsamt der mannigfaltigen angewandten Subjektivierungsstrategien zu sein.

Auflösung

> "If ambiguity is a refusal to fall within a prescribed gender code, then fluidity is the refusal to remain one gender or another. Gender fluidity is the ability to freely and knowingly become one or many of the limitless numbers of genders, for any length of time, at any rate of change. Gender fluidity recognizes no borders or rules of gender" (Bornstein 1994: 52).

Neben der Flexibilisierung hat die Auflösung oder Verneinung von Geschlechtlichkeit, welche auf das Konzept von Kate Bornstein (1994) zurückzuführen ist, eine ähnliche Wirkung. Jedoch geht die Auflösung noch einen Schritt weiter und rückt geschlechtliche Kategorisierung gänzlich in einen Bereich der Irrelevanz für die eigene Identität. In dieser Bewältigungsstrategie befindet sich die Zweigeschlechtlichkeit in der vollkommenen Dekonstruktion und Geschlechtlichkeit per se wird nicht mehr als Kategorisierungsmerkmal gesehen. In einem Ausschnitt aus Max Interview wird die Kritik an der Konstruktion von Geschlechtlichkeit deutlich, indem er anzweifelt, dass es eine allgemeine Selbstwahrnehmung als weiblich oder männlich gibt.

> „Also ich selber nehm mich einfach nur als Mensch wahr. Und mehr so als, also nicht in irgendeiner Kategorie, weder irgendwie weiblich, männlich. Ehrlich gesagt, ist es für mich auch manchmal schwer nachzuvollziehen, dass andere Leute das nicht so empfinden. Aber ich glaub, das geht anderen Leuten andersrum auch so. Das heißt ich BIN einfach. Und hab gar keine wirkliche Kategorie, wenn man halt das Wort nichtbinär darauf anwenden möchte, dann (unv.)" (Interview Max: 52).

Geschlechtlichkeit wird also zu einer neutralen Position des Menschseins, das keiner genaueren Spezifizierung bedarf. Die Spezifizierung liegt einzig in der Terminologie „nichtbinär", welche die Akteur:innen jedoch nur als Ausweg aus der gesellschaftlichen Unsagbarkeit nutzen, nicht jedoch die Temporalität und Fluidität von Geschlechtlichkeit abzeichnet. Zudem ist Nichtbinarität nur eine negative Abgrenzung zur Zweigeschlechterordnung, jedoch geht daraus nicht hervor, welche Spezifizierungen damit assoziiert sind. Dies wird auch in Henris narrativer Auseinandersetzung mit der Terminologie und der geschlechtlichen Selbstreflexion erkennbar.

„Also das muss ich sagen, etwas, was bei mir auch noch nicht ganz abgeschlossen ist, also, wenn Leute mich fragen, dann sage ich so: 'Mein Geschlecht ist nichtbinär'. Aber nichtbinär ist ja eigentlich, ist ja, also nicht eine positive Zuschreibung, sondern nur eine negative, also: 'Das bin ich sozusagen nicht'. Ich, also ich finds richtig schwer, das in Worte zu fassen. Es ist ja auch etwas, ich weiß nicht, ich hab mal irgendwo gelesen, es ist undenkbar ein nichtbinäres Geschlecht zu haben so in unserer Gesellschaft, und man kann das daran merken, dass es quasi keine Worte dafür, also nicht so wirklich Worte dafür gibt. Und also, ich kenne natürlich Bezeichnungen für nichtbinäre Geschlechter, und also für mich fühlt sich das aber alles nicht richtig an und ich glaube, also ich würde mich natürlich auch freuen, wenn ich eines Tages irgendwann merke so: 'Hey, das und das passt irgendwie für mich und ich hab einen Namen dafür'. Aber im Moment ist das für mich irgendwie auch ok, keinen Namen dafür zu haben. Also einfach zu sagen, ja. Ich weiß sozusagen, also das und das bin ich nicht und alleine schon das nicht zu sein, ist schon ein bisschen ein gesellschaftlicher Widerstand, vielleicht gegen dieses zweigeschlechtliche System und-. Aber es ist irgendwie auch ok, noch nicht zu wissen, was es ist sozusagen, sondern einfach nur ja gerade irgendwie zu versuchen, so mich mit mir selber wohl zu fühlen und mich selbst zu finden außerhalb von irgendwelchen Geschlechterrollen. Und, ja genau, einfach mich irgendwie auch-, ich fühle mich im Moment irgendwie sehr wohl mit mir selbst, muss ich sagen, und hab glaub ich so zum ersten Mal in meinem Leben keinen Struggle damit, was für ein Geschlecht ich habe und was für Rollen damit verbunden sind, sondern kann halt irgendwie, ja, einfach so auf mich selber achten und mich selbst finden und genau. Und deswegen ist das für mich eigentlich voll ok, das nicht so konkret zu wissen, also hab ich ein Geschlecht, hab ich kein Geschlecht, hab ich mehrere Geschlechter, wie heißen die (lacht). Also es ist für mich gerade so nicht so wichtig. Genauso wie zum Beispiel für mich auch Sexualität ehrlich gesagt überhaupt kein so Thema ist. Also viele Leute fragen sich ja dann so: 'Was für ne Sexualität habe ich?'. Und für mich war eigentlich die ganze Zeit nur so: 'Was für ein Geschlecht habe ich?'. Und für Sexualität, das war mir eigentlich immer so ein bisschen egal, für mich wars so ok. Ich hab mich in irgendjemanden verliebt oder ich fühle mich von irgendjemandem angezogen. Aber ich brauche nicht unbedingt einen Namen dafür oder so" (Interview Henri: 121 f.).

Das nichtbinäre oder genderqueere Geschlecht wird zum politischen Geschlecht durch seine Widerständigkeit gegen die Geschlechterdichotomie und die Auflösung der Kategorie Geschlecht als Identitätsmerkmal. Für Henri gibt es keine geschlechtliche Kategorie, zu der mie sich zuordnet, sodass sowohl Geschlechtlichkeit als auch Sexualität respektive sexuelle Orientierung undefiniert bleiben. Diese Kategorielosigkeit entzieht sich der normativen Ordnung und hat dadurch für Henri politisches Subversionspotenzial. Nun ist diese Auflösung jedoch primär auf der Ebene des Selbst wirksam, bezieht sich aber nur selten auf das soziale Umfeld. Diesen Schritt beschreibt Naoum mit dem angeeigneten Konzept des Geschlechterruhestands.

Geschlechterruhestand

Wird nun die Auflösung der eigenen Geschlechtlichkeit auf das gesamte Konstrukt von Geschlechtlichkeit übertragen, dann eröffnet sich ein Raum, der ohne Geschlechtlichkeit existiert und dieser Kategorie keine Bedeutung mehr zumisst. Dadurch wird, wie Naoum mit Bezug auf Rae Spoons Konzept des *Gender Retirement* (vgl. Spoon & Coyote 2014) erzählt, Geschlechtlichkeit zu einer Leerstelle. Naoum beschreibt Gender Retirement wie folgt:

> „Ich fang auch mal von hinten an, dass sozusagen schon noch in der Trans*-Community oder bei Leuten mit Trans*-Erfahrung noch viel so ist, dass man sich überlegt, ich muss bestimmten, selbst bei Menschen, die nichtbinär leben, manchmal so ne Erwartungshaltung ist, dass ich das irgendwie transportieren muss nach außen. Also ich muss das irgendwie sichtbar machen und das ist ja gerade bei Nichtbinarität total schwierig, weil sozusagen ja, ich kann schlecht beeinflussen, wie Leute mich lesen. [...] Ich kann das nicht beeinflussen. Also ich kann sozusagen bestimmte Dinge tun, die sich für mich gut anfühlen. Ich kann mich irgendwie kleiden, ich kann mich irgendwie wohlfühlen in mir selber, aber ich kann nicht dafür sorgen, dass, wenn Leute mich nicht gut kennen und kein Konzept davon haben, zum Beispiel auf der Straße, mich richtig einsortieren, weil das ist eh so ne-, ne ich kann das-, ich mach das ja auch nicht unbedingt. Ich seh ja auch Leute auf der Straße und ich kategorisier die vielleicht nicht so eng, aber ich seh ja trotzdem Menschen und reagier irgendwie darauf. Und vielleicht nicht in-, dadurch dass ich mir schon so viele Gedanken gemacht habe durch die eigene Erfahrung und, dass ich natürlich anders auf Menschen zugehe und versuche, da mit weniger Erwartungshaltung in so ne Interaktion zu gehen. Aber das passiert ja trotzdem noch. Ne, also, das ist ja auch gut, wir brauchen das ja auch ein bisschen. Aber ich glaub so für mich persönlich heißt das tatsächlich, dass ich aufgegeben-, also ich mach mir da keine Gedanken mehr drüber, ob das jetzt stimmt oder nicht, so, weil das ist sowas, wo ich denke, so ja, das sind nicht meine Aufgaben. Also ich kann sozusagen das tun, was so für mich gut ist, aber ich kann auch irgendwo dann aufhören. Also ich kann jetzt aufhören mir Gedanken zu machen, ob das Tattoo, was ich mir jetzt hab stechen lassen, ist das zu feminin oder zu

maskulin oder was auch immer. Was bringt das rüber? Ich kann mir genauso bei Kleidung oder bei auch bei Auftreten, weil da gibts halt auch-, also es gibt-, es hat unterschiedliche Dimensionen, weil ich denke, für manche Leute ist Passing total wichtig, also so, dass sie irgendwie durchgehen, weil es auch ein Sicherheitsaspekt ist. Und es gibt auch Situationen, wo ich schon das Gefühl hab, dass mir das Sicherheit gibt, dass Leute mich auf ne bestimmte Art lesen und ich dadurch mich geschützter fühle. Und dann, weil das hat nichts mit dem eigenen Wohlbefinden zu tun an der Stelle sondern sozusagen mit dem Außen, also mit dem sozusagen-, dadurch ne sicherere Situation entsteht, dass ich eindeutig gelesen werde, so dass Veruneindeutigungen auch Unsicherheiten bedeuten können ganz oft. Aber dass ich sozusagen vielleicht es eher so sehe, dass ich sage, das hat halt was damit zu tun, genauso wie, weiß ich gar nicht. Ich kann das nicht beeinflussen und deswegen versuch ich das nicht mehr zu-, also so, proaktiv zu beeinflussen also so ein bisschen damit zu gucken, was ist die Situation und ich mach mir aber jetzt zu Hause keinen Stress mehr damit. Und halt auch wenn Leute jetzt konkret, wenns wirklich ne sichere Situation ist, dann darüber reden, dass ich auch sage, das ist nicht mehr mein Thema, also es ist tatsächlich nicht mehr mein Thema. Also wenn ihr damit Fragen habt, so ok, aber macht die nicht mit mir aus" (Interview Naoum 2: 92 f.).

Naoum entzieht sich demnach der Geschlechtlichkeit sowohl für sich selbst als auch in der Fremdwahrnehmung, sodass nicht nur eine Dekonstruktion der Zweigeschlechtlichkeit, sondern von Geschlechtlichkeit per se angestrebt wird. Dadurch hat zwar Geschlechtlichkeit in Naoums vergangener Prägung und Biografie noch Bedeutung, wirkt jedoch auf die aktuelle Identitätsbildung und Wahrnehmung nur peripher ein. Dadurch werden andere Subjektivierungspraktiken und gleichzeitig auch gesellschaftliche Unterdrückungstendenzen unbedeutend, sodass die Bewältigungsstrategie des Geschlechterruhestands einen starken psychologischen Schutz-Charakter annimmt. Naoum beschreibt eine „Entspanntheit" in Bezug auf misgendernde Handlungen, die auf eine hohe Resilienz schließen lässt, da Naoum keine Angriffsfläche mehr für Unterdrückungen zeigt.

Ferner nimmt Geschlechtlichkeit für Naoum eine Lücke oder Leerstelle ein, die nur geringe alltagsweltliche Relevanz belegt. Durch die Dekonstruktion ist Naoums Geschlechtlichkeit lediglich für andere Personen von Relevanz, steht aber nicht in Relation zu Naoum.

„Aber ich kann auch voll gut mit einfach nur dieser Lücke leben, die da-, dass es für mich einfach tatsächlich so ne Lücke ist. Es spielt-, weil das die Leerstelle ist, die gefüllt werden muss, wenn's relevant wird. Und solang es nicht relevant ist, solange ich nur ne Person-, also, ich kann nicht verlangen, dass Leute Leute auf der Straße ansprechen, die ihnen irgendwie unheimlich vorkommen, weil sie mit ner bestimmten Vorstellung von Geschlecht nicht parat kommen, weiß ich nicht. Also das möcht ich nicht, ob es dann cool ist oder nicht, das ist, weil, wenn du das auf andere Themenbereiche überträgst, ne, rassistische Erfahrungen oder so, das hat ja auch was damit zu tun, dass Leute Sachen auf Leute projizieren, die sie gar nicht kennen. So, aber ich kann das trotzdem nicht von denen verlangen so. Wenn sie da davor irgendwelche Furcht haben, solang sie das für sich behalten und dann halt zu jedem Menschen anders, dann ist das halt so, also dann nimmts keine Äußerung irgendwie in der Form an. Es ist halt eher so ne Abwesenheit von Interaktion, was auch schade ist. Aber es ist halt, es bleibt halt, also dann bleibts halt eben auch einfach ne Leerstelle, weils so dann ja auch meinen Erfahrungsraum minimiert, so. Wenn ich nicht in nen Austausch mit anderen gehe und wenn ich sozusagen da so ne Grenze ziehe. Weiß nicht, es kann, ich glaub es kann so ganz vieles sein, weil es kann so, es kann ne Lücke sein, da kann was entstehen, es kann aber auch ne Grenze entstehen, ne Mauer, ne Hürde, also es ist so ne sehr, sehr bewegliche-, es ist also so was wie, wie nennt man das. Ja, wie so n. Wie heißt das denn. Magic Dough [eine bestimmte Art von Knetgummi] oder so, man kann so alles daraus machen. Es ist so, ich glaub, dass es nicht definierbar ist, ist so meine Definition" (Interview Naoum 2: 100).

Demzufolge erlaubt der Zustand des Geschlechterruhestands ähnlich wie in Henris Interview eine undefinierte Position, die jedoch keine Re-Definition oder Re-Konstruktion von Geschlechtlichkeit durch andere zulässt. Es entsteht eine Abwesenheit von Interaktion auf der Ebene der Geschlechtlichkeit entweder durch Entziehung oder Verneinung des Erfahrungsraumes oder durch Ablehnung der Interaktion als solcher. Dies schafft einerseits ein Konfliktpotenzial, welches jedoch ein umgekehrtes ist, da die Subjektivierung hier durch das nichtbinäre Subjekt geschieht und somit die:der Interaktionspartner:in nicht mehr über die Macht zu kategorisieren und unterzuordnen verfügt. Andererseits manifestiert sich im Konzept der flexiblen Leerstelle wiederum Resilienzvermögen, welches außerhalb einer Geschlechterdichotomie wirksam ist.

Die Flexibilisierung und Auflösung der Geschlechtlichkeit lassen sich somit als Bewältigungsstrategien ausmachen, die auf viele zuvor untersuchte Strategien zurückgreifen und gleichzeitig Potenzial für weitere Strategien schaffen. Sie stellen die Grundlage für Subjektivierung und Resilienz dar und schaffen in der Resilienz durch flexible oder dekonstruierte Geschlechtlichkeiten eine Art Safer Space im Selbst der Akteur:innen.

4.4 Zusammenfassung

Im ersten Teil der Analyse zeigte ich, auf welche Weise nichtbinäre und genderqueere Personen im Kontext narrativer Praxis Geschlechtlichkeit und geschlechtliche Identität (re-)konstruieren und wie sie durch verschiedene „Facetten und Strategien" dieser Identitätsarbeit (vgl. Lucius-Hoene/Deppermann 2004a: 168) eine kohärente und kontinuierlich wirkende Identität in der Erzählung situieren. So sind neben einer Distanzierung von Zweigeschlechtlichkeit weitere Realisierungsprozesse zur Transition und Konkretisierung der nichtbinären Geschlechtlichkeit in den Erzählungen zu erkennen. Sie werden anhand von Coming-out-Erfahrungen, verschiedenen Körperpraktiken, Transformation und Re-Interpretation von Geschlechterpraktiken sowie Neupositionierungen innerhalb gesellschaftlicher Kategorien sichtbar. Ebenso wurden neben diesen Phasen der Selbstbildung gemeinsame Erfahrungshorizonte der Akteur:innen aufgezeigt, die sich in Transitions-Druck, Marginalisierungs- und Diskriminierungserfahrungen, in spezifischen sozialen Kontexten und Aktivismus sowie in hoher Selbstthematisierungsroutine und Reflexionsfähigkeit widerspiegeln. Zudem stellte ich die relevanten Erzähllinien der Interviews dar: Leidensdruck und Prekarisierungserfahrungen sowie Selbstthematisierungen als Subjektivierungsstrategien, die sich besonders in Erzählmotiven der Antizipation und Selbstreflexion sowie des Experimentierens und Ausprobierens manifestieren.

Im zweiten Abschnitt untersuchte ich die institutionellen wie interpersonellen Alltagskonflikte, die durch Misgendering und Fehlkategorisierungen beispielsweise durch Unsicherheiten in der Interaktion, in öffentlichen Toiletten sowie durch institutionelle Hürden z.B. auf rechtlicher Ebene stattfinden. Es zeigte sich, dass die Erzählungen hohe Prekarisierungstendenzen durch Alltagshandlungen aufweisen, die eine Selbstrealisierung der Geschlechtlichkeit erschwert. Die Interviewpartner:innen (er-)leben Wirklichkeiten, in denen sie oftmals in marginalisierte Positionen rücken, die sie jedoch gleichzeitig im Überlebenskampf mit machtvollem politischen Subversionspotenzial befähigen.

Ausgehend von diesen alltäglichen Heteronomien analysierte ich im dritten Abschnitt die individuellen Bewältigungsstrategien und Subjektivierungspraktiken der Akteur:innen. Dabei manifestieren sich deutlich die Strategien im Umgang mit biografischen Brüchen zur Herstellung von Kohärenz und Kontinuität der Geschlechtlichkeit sowie vielfältige Selbstpraktiken im Kontext der Erzählungen. In der Selbstthematisierungspraxis des Outings und der oftmals damit einhergehenden Änderungen der Namen und Pronomen, der Aneignung und Transformation von Geschlechterwissen sowie der Neupositionierung in gesellschaftlichen Kontexten durch Aktivismus und der Suche nach Safer Spaces zeigten sich unterschiedliche Strategien zur Diversifizierung, Ausweitung, Flexibilisierung und Auflösung einer Zweigeschlechtlichkeit.

Die Analyse belegt, dass durch Aufbrechen habitualisierter und naturalisierter (Zwei)Geschlechtlichkeit Unsicherheiten im Sinne von Prekarität entstehen, gleichzeitig in diesen Unsicherheiten politische Potenziale zur Rekonstruktion von Sicherheit und darüber hinaus zur Transformation und Subversion liegen.

Fünftes Kapitel
„Es gibt so viele Geschlechter wie Menschen."[1] – Schlussfolgerungen und Ausblick

> "The time has come to expand our understanding of gender beyond its social construction and include a distinct spatiality within which a range of gendered and other differences can be performed. Gender variance exists throughout the human and natural world and has real consequences for people in their daily lives. Gender strongly influences the ways that spaces are perceived and the kinds of activities that are possible, acceptable, or even safe within them. The tyranny of the gender dichotomy is an artefact of the patriarchal structuring of gendered space and it is time to lay it aside, not just for trans people, but for us all" (Doan 2010: 649).

Die Arbeit zeigt, wie nichtbinäre und genderqueere Individuen im Kontext narrativer Praktiken Geschlechtlichkeiten außerhalb einer rigiden Zweigeschlechtlichkeit als intelligibel, kohärent und kontinuierlich herzustellen suchen. Damit eröffnen sie produktive Möglichkeiten, das gesellschaftlich normierte Geschlechterwissen zu transformieren bzw. zu erweitern. Einerseits eröffnen die Akteur:innen durch die dargestellten Gestaltungsprozesse und sozialen Praktiken neue Formen der Subjektivierung, die es ihnen und anderen ermöglichen, die Geschlechterdichotomie zu unterlaufen und neue geschlechtliche Existenzen zuzulassen. Andererseits eignen sie sich durch Selbstthematisierungen und in Räumen des Sich-Ausprobierens Erzählmuster an, mithilfe derer sie ihre Geschlechtlichkeiten als eine kohärent und kontinuierlich wirkenden Identität situieren. Dabei ist es eine besondere Herausforderung für sie, die scheinbaren geschlechtlichen Inkohärenzen, Diskontinuitäten und Inkongruenzen innerhalb der binär konstruierten sozialen Ordnung so zu deformieren, dass die eigenen anti-normativen Lebensverläufe durch narrative Praktiken wieder als plausibel, d.h. v.a. kohärent, kontinuierlich und kongruent situiert werden.

1 (Interview Rio: 68)

Die Arbeit stützt mit der Untersuchung von Unsicherheiten und Risikoszenarien Stephan Trinkaus und Susanne Völkers These, dass „in dieser unmöglichen Zukunft, in den mit ihr (eben nicht mehr) 'rechnenden' Praktiken" auch Möglichkeiten liegen, „eine nichtbinäre Relationalität" zu öffnen und „ein anderes, nicht hierarchisches Verhältnis zum Anderen" zu schaffen (Trinkaus/Völker 2007: 74 f.). Insbesondere die Strategie des *Gender Retirement* eignet sich durch (mentale) Aneignung von Übergangsräumen zur Auflösung und somit zur „Öffnung zur Welt" (ebd.: 75). Unter diesen Gesichtspunkten bestätigt sie sich als Praxis des *Doing Precarity* (ebd.).

Ebenso gebe ich mit dieser Arbeit ein empirisches Beispiel für Haraways These, dass das Selbst „in all seinen Gestalten partial und niemals abgeschlossen, ganz, einfach da oder ursprünglich" (Haraway/Hammer 1995: 86) ist. Erst deshalb ist es fähig zur (Re-)Konstruktion neuer Lebensweisen und Transformation geteilter Praxen und gemeinsamen Wissens.

Geschlechtlichkeit ist also weder ursprünglich, noch besitzt sie ein konstantes Wesen, das sie abgeschlossen und eindeutig erscheinen lässt. Sie ist ein fluides Konstrukt für alle – sowohl für trans*, nichtbinäre und genderqueere Personen als auch für diejenigen, die ihre Geschlechtlichkeit als eindeutig betrachten und einen geschlechtlich normativen Lebensverlauf zu leben vorgeben. Geschlechtlichkeit verändert sich im Laufe des Lebens und verhält sich zu den changierenden Kontexten. Dies gilt es zu erkennen, um die von der Geschlechtlichkeit ausgehenden Verstrickungen in gesellschaftliche Machtstrukturen und die Naturalisierung von Geschlecht kritisch hinterfragen zu können. Es gilt die „Verschränkung von einerseits Wissen von Wirklichkeiten und andererseits Wissen vom Selbst" (Mohr 2010: 116) im geschlechtlichen Kontext zu hinterfragen. Die daraus entstehende Sprengkraft kann in eine politisch-ethische Dimension überführt werden, um die „Stabilität des Konstrukts Geschlecht [...] in Beziehung zu anderen und gemeinsam mit anderen" zu transformieren (Dausien 1996: 592). Durch solch eine Transformation werden neue „Beziehungen, Subjektformen und Körperweisen lebbar" (Laufenberg 2014: 159) gemacht.

Die Arbeit soll weniger die Dekonstruktion von männlich und weiblich bedeuten, als vielmehr die Öffnung eines dritten Raumes, der beide Begriffe in sich vereint, aber auch aufheben kann und Geschlechtlichkeit als repräsentationales Verhältnis von Freiheit und Unmöglichkeit schafft. Die Ergebnisse dieser Arbeit zeigen die Möglichkeit einer gleichzeitigen Objekt- und Subjektposition, einer

De- und Restabilisierung und unterstreichen dadurch Laufenbergs Analyse des foucaultschen Konzepts der Biomacht. Die Untersuchung der Biomacht im Kontext nichtbinärer Geschlechtlichkeiten ermöglicht ein besseres Verständnis für gegen-hegemoniale Kämpfe und Gegenwissen (vgl. ebd.: 202).

Die Untersuchung weiterer nichtbinärer Praktiken mit multiperspektiven Forschungsmethoden kann somit zum einen neue Richtungen für die Rekonstruktion neuer geschlechtlicher Existenzweisen liefern. Interessant wäre zu untersuchen, inwiefern ein größeres und heterogeneres Sample, weitere Subjektivierungsstrategien hervorbringen sowie weitere Ergebnisse zu der Art, wie die Subjektivierung stattfindet, zu Tage bringen würde.

Zum anderen kann die soziolinguistische Analyse narrativer Leitlinien und Erzählmuster auf theoretisch-methodologischer Ebene der Erzählforschung neue Erkenntnisse über die Subjektivierungspraktiken aus einer zunächst nicht-intelligiblen Position heraus liefern. Dies deutet sich in der Analyse nur ansatzweise in längeren Interviewausschnitten an, die viele Unterbrechungen, Interjektionen oder eine spezifische Wortwahl beinhalten. Der Frage, mit welchen erzählerischen Mitteln dieser Raum des Nicht-Sagbaren und Nicht-Hörbaren erweitert und letztendlich intelligibel gemacht wird, gilt es somit weiter nachzugehen.

Inwiefern nichtbinäre und genderqueere Akteur:innen tatsächlich intelligibel werden, ist immer aufs Neue und aus verschiedenen Perspektiven und mit unterschiedlichen Methoden zu untersuchen. So sollte es Aufgabe der kulturanthropologischen und benachbarten Fächer sein, diese kritischen Positionen einzunehmen, um solche marginalisierten Positionen sichtbar zu machen. Ebenso sollten die Unterdrückung und Diskriminierung von geschlechtlicher Vielfalt im Blick behalten sowie dem entgegengewirkt werden. So wie ich die Arbeit mit der Aussage nichtbinärer Akteur:innen begann, so möchte ich mit folgendem Schlusswort, welches eben beschriebene kritische Perspektive hervorhebt, schließen:

> „Implizit ist ja meine Existenz und die Existenz von Menschen, die so sind, schon etwas, was sich gegen die gesellschaftlichen Normen richtet. Und weil nichtbinär zu sein, das sagt ja eigentlich der Name schon, ist ja eigentlich genau DAS. Dass man nen Schritt zurück geht und das Gerüst schwächt. Und Geschlechterrollen, männlich, weiblich, dass man das kritischer sehen müsste. Und nicht damit konform geht. Also ich bin nicht nichtbinär nur um ein Statement zu setzen. Also ich bin so, wie ich bin und damit setze ich das Statement unterbewusst" (Interview Max: 65).

Literatur

Alheit, Peter; Dausien, Bettina (2009): „Biographie" in den Sozialwissenschaften. Anmerkungen zu historischen und aktuellen Problemen einer Forschungsperspektive. In: Bernhard Fetz (Hg.): Die Biographie. Zur Grundlegung ihrer Theorie. 1. Aufl. s.l.: Walter de Gruyter: 285–316.

Alkemeyer, Thomas (2013): Subjektivierung in sozialen Praktiken. Umrisse einer praxeologischen Analytik. In: Thomas Alkemeyer, Gunilla Budde und Dagmar Freist (Hg.): Selbst-Bildungen. Soziale und kulturelle Praktiken der Subjektivierung. Bielefeld: transcript (Praktiken der Subjektivierung, Band 1): 33–68.

Alkemeyer, Thomas; Budde, Gunilla; Freist, Dagmar (2013): Einleitung. In: Thomas Alkemeyer, Gunilla Budde und Dagmar Freist (Hg.): Selbst-Bildungen. Soziale und kulturelle Praktiken der Subjektivierung. Bielefeld: transcript (Praktiken der Subjektivierung, Band 1): 9–30.

Amelang, Katrin; Bergmann, Sven; Binder, Beate; Vogel, Anna-Carolina; Wagener-Böck, Nadine (Hg.) (2016): Körpertechnologien. Ethnographische und gendertheoretische Perspektiven. 1. Auflage. Berlin: Panama-Verlag (Berliner Blätter, Heft 70).

Amelang, Katrin; Binder, Beate; Keinz, Anika; Mohr, Sebastian (Hg.) (2010): gender_queer ethnografisch. Ausschnitte einer Schnittmenge. 1. Aufl. Berlin: Panama-Verlag (Berliner Blätter, 54).

Ansara, Y. Gavriel; Hegarty, Peter (2014): Methodologies of misgendering: Recommendations for reducing cisgenderism in psychological research. In: *Feminism & Psychology* 24 (2): 259–270.

Arayasirikul, Sean; Wilson, Erin C. (2019): Spilling the T on Trans-Misogyny and Microaggressions: An Intersectional Oppression and Social Process Among Trans Women. In: *Journal of homosexuality* 66 (10): 1415–1438.

Barnett, Brian S.; Nesbit, Ariana E.; Sorrentino, Renée M. (2018): The Transgender Bathroom Debate at the Intersection of Politics, Law, Ethics, and Science. In: *The journal of the American Academy of Psychiatry and the Law* 46 (2): 232–241.

Bauer, Robin (2017): Donna Haraways Konzept der Situierten Wissen. Wissensproduktion als verkörpert und verortet am Beispiel von Trans*Forschung. In: Josch Hoenes und Michaela Koch (Hg.): Transfer und Interaktion. Wissenschaft und Aktivismus an den Grenzen heteronormativer Zweigeschlechtlichkeit. Oldenburg: BIS-Verlag der Carl von Ossietzky Universität (Oldenburger Beiträge zur Geschlechterforschung, Band 15): 23–42.

Baumgartinger, Persson Perry (2015): Sprache macht Geschlecht. Das 'zwanghafte' Erhalten der Zweigeschlechternormen in der Verwaltung von Trans*Personen in Österrei. In: *Gender Studies* (26): 5–7.

– (2017): Trans studies. Historische, begriffliche und aktivistische Aspekte. 1. Auflage. Wien: Zaglossus (Challenge gender, Band 6).

Beauvoir, Simone de (1991): Das andere Geschlecht. Sitte und Sexus der Frau. 427. – 436. Tsd. Reinbek bei Hamburg: Rowohlt (rororo-Sachbuch, 6621).

Beauvoir, Simone de (2009): Das andere Geschlecht. Sitte und Sexus der Frau. 10. Auflage. Reinbek bei Hamburg: Rowohlt (rororo).

Bergman, S. Bear; Barker, Meg-John (2017): Non-binary Activism. In: Christina Richards, Walter Pierre Bouman und Meg-John Barker (Hg.): Genderqueer and Non-Binary Genders. London: Palgrave Macmillan UK (Critical and Applied Approaches in Sexuality, Gender and Identity): 31–52.

Binder, Beate (2013): Erkundungen in Feldern politischer Praxis von Geschlecht und Sexualität. Eine Einleitung. In: Beate Binder (Hg.): Geschlecht – Sexualität. Erkundungen in Feldern politischer Praxis. Berlin: Panama Verlag (Berliner Blätter Sonderheft, 62): 7–12.

– (2019): (Europäische) Ethnologie: reflexive Ethnografien zu Geschlecht und Geschlechterverhältnissen. In: Beate Kortendiek, Birgit Riegraf und Katja Sabisch (Hg.): Handbuch interdisziplinäre Geschlechterforschung. Living reference work. Wiesbaden: Springer VS (Springer Reference Sozialwissenschaften, Volume 65): 541–549.

Binder, Beate; Hess, Sabine (2013): Eingreifen, kritisieren, verändern. Genealogien engagierter Forschung in Kulturanthropologie und Geschlechterforschung. In: Beate Binder, Friedrich von Bose, Katrin Ebell, Sabine Hess und Anika Keinz (Hg.): Eingreifen, Kritisieren, Verändern!? Interventionen ethnographisch und gendertheoretisch ; [13. Arbeitstagung der Kommission für Frauen- und Geschlechterforschung der Deutschen Gesellschaft für Volkskunde (dgv) im Juni 2011. 1. Aufl. Münster: Westfälisches Dampfboot: 22–54.

Boellstorff, Tom (2007): Queer Studies in the House of Anthropology. In: *Annu. Rev. Anthropol.* 36 (1): 17–35.

Bornstein, Kate (1994): Gender Outlaw. On men, women, and the rest of us. New York, London: Routledge.

– (2013): My Gender Workbook, Updated. A step-by-step guide to achieving world peace through gender anarchy and sex positivity. 2nd ed. Hoboken: Taylor and Francis.

Bourdieu, Pierre (2015): Die verborgenen Mechanismen der Macht. Durchgesehene Neuauflage der Erstauflage 1992. Hg. v. Margareta Steinrücke. Hamburg: VSA Verlag Hamburg (Schriften zu Politik & Kultur, / Pierre Bourdieu. Hrsg. von Margareta Steinrücke ; 1).

– (2016): Die männliche Herrschaft. 3. Auflage. Frankfurt am Main: Suhrkamp (Suhrkamp Taschenbuch Wissenschaft, 2031).

Bradford, Nova J.; Rider, G. Nicole; Catalpa, Jory M.; Morrow, Quinlyn J.; Berg, Dianne R.; Spencer, Katherine G.; McGuire, Jenifer K. (2018): Creating gender: A thematic analysis of genderqueer narratives. In: *International Journal of Transgenderism* 20 (2-3): 155–168.

Brose, Hanns-Georg; Hildenbrand, Bruno (1988): Biographisierung von Erleben und Handeln. In: Hanns-Georg Brose (Hg.): Vom Ende des Individuums zur Individualität ohne Ende. Opladen: Leske + Budrich (Biographie und Gesellschaft, 4): 11–30.

Bublitz, Hannelore (2018): Judith Butler zur Einführung. 5., ergänzte Auflage. Hamburg: Junius (Zur Einführung, 378).

Bundesverfassungsgericht (05.12.2008): Beschluss der 2. Kammer des Ersten Senats vom 05. Dezember 2008. 1 BvR 576/07 -, Rn. 1-21.

Burkart, Günter (Hg.) (2006): Die Ausweitung der Bekenntniskultur – neue Formen der Selbstthematisierung? Wiesbaden: VS Verlag für Sozialwissenschaften / GWV Fachverlage.

Butler, Judith (1991a): Das Unbehagen der Geschlechter. Deutsche Erstausgabe. Frankfurt am Main: Suhrkamp (Gender Studies, 1722 = Neue Folge, Band 722).

– (1991b): Variationen zum Thema Sex und Geschlecht. Beauvoir, Wittig und Foucault. In: Gertrud Nunner-Winkler (Hg.): Weibliche Moral. Die Kontroverse um eine geschlechtsspezifische Ethik. Frankfurt am Main: Campus (Theorie und Gesellschaft, 19): 56–76.

– (1993): Bodies that matter. On the discursive limits of „sex". New York: Routledge.

– (2015): Die Macht der Geschlechternormen und die Grenzen des Menschlichen. 3. Auflage. Frankfurt am Main: Suhrkamp (Suhrkamp Taschenbuch Wissenschaft, 1989).

– (2019): Körper von Gewicht. Die diskursiven Grenzen des Geschlechts. 10. Auflage. Frankfurt am Main: Suhrkamp (Edition Suhrkamp, 1737 = N.F., 737).

Butler, Judith; Menke, Katharina (2013): Haß spricht. Zur Politik des Performativen. 4. Aufl. Frankfurt am Main: Suhrkamp (Edition Suhrkamp, 2414).

Castro Varela, María do Mar (2007): Unzeitgemäße Utopien. Migrantinnen zwischen Selbsterfindung und Gelehrter Hoffnung. s.l.: transcript (Kultur und soziale Praxis).

Catalpa, Jory M.; McGuire, Jenifer K.; Fish, Jessica N.; Nic Rider, G.; Bradford, Nova; Berg, Dianne (2019): Predictive validity of the genderqueer identity scale (GQI): differences between genderqueer, transgender and cisgender sexual minority individuals. In: *International Journal of Transgenderism* 20 (2-3): 305–314.

Collins, Patricia Hill (1986): Learning from the Outsider Within: The Sociological Significance of Black Feminist Thought. In: *Social Problems* 33 (6)14-32.

Conlin, Sarah E.; Douglass, Richard P.; Larson-Konar, Dylan M.; Gluck, Melissa S.; Fiume, Cassandra; Heesacker, Martin (2019): Exploring Nonbinary Gender Identities: A Qualitative Content Analysis. In: *Journal of LGBT Issues in Counseling* 13 (2): 114–133.

Connell, Raewyn (2015): Der gemachte Mann. Konstruktion und Krise von Männlichkeiten. 4. durchgesehene und erweiterte Auflage. Hg. v. Michael Meuser und Ursula Müller. Wiesbaden: Springer VS (Geschlecht und Gesellschaft, Band 8).

Connell, Robert William (1987): Gender and power. Society, the person and sexual politics. Cambridge: Polity Press.

Cucchiari, Salvatore (1996): The gender revolution and the transition from bisexual horde to patrilocal band: The origins of gender hierarchy. In: Sherry B. Ortner und Harriet Whitehead (Hg.): Sexual meanings. The cultural construction of gender and sexuality. Repr. Cambridge: Cambridge Univ. Pr: 31–79.

Dausien, Bettina (1996): Biographie und Geschlecht. Zur biographischen Konstruktion sozialer Wirklichkeit in Frauenlebensgeschichten. Bremen: Donat (IBL-Forschung, 1).

– (1998): Die biographische Konstruktion von Geschlecht. In: Notker Schneider (Hg.): Einheit und Vielfalt. Das Verstehen der Kulturen. Amsterdam: Rodopi (Studien zur interkulturellen Philosophie, 9): 256–275.

– (2001): Erzähltes Leben – erzähltes Geschlecht Aspekte der narrativen Konstruktion von Geschlecht im Kontext der Biographieforschung. In: *Feministische Studien* 19 (2): 57.

Defert, Daniel; Foucault, Michel (Hg.) (2005): Schriften. In vier Bänden = Dits et écrits. Erste Auflage. Frankfurt am Main: Suhrkamp.

Degele, Nina (2008): Gender/Queer Studies. Eine Einführung. 1. Aufl. Paderborn: Fink (utb.de Bachelor-Bibliothek, 2986).

Devor, Aaron H. (2004): Witnessing and Mirroring: A Fourteen Stage Model of Transsexual Identity Formation. In: *Journal of Gay & Lesbian Psychotherapy* (8): 41–67.

Diamond, Lisa M. (2020): Gender Fluidity and Nonbinary Gender Identities Among Children and Adolescents. In: *Child Dev Perspect* 14 (2): 110–115.

Divan, Vivek; Cortez, Clifton; Smelyanskaya, Marina; Keatley, JoAnne (2016): Transgender social inclusion and equality: a pivotal path to development. In: *Journal of the International AIDS Society* 19 (3 Suppl 2): 20803.

Doan, Petra L. (2010): The tyranny of gendered spaces – reflections from beyond the gender dichotomy. In: *Gender, Place & Culture* 17 (5): 635–654.

Dobeneck, Florian von; Zinn-Thomas, Sabine (2014): Statusunterschiede im Forschungsprozess. In: Christine Bischoff, Karoline Oehme Jüngling und Walter Leimgruber (Hg.): Methoden der Kulturanthropologie. Unter Mitarbeit von Stefan Bauernschmidt. 1. Aufl. Bern: Haupt: 86–100.

Dölling, Irene (2005): 'Geschlechter-Wissen' – ein nützlicher Begriff für die 'verstehende' Analyse von Vergeschlechtlichungsprozessen? In: *Zeitschrift für Frauenforschung & Geschlechterstudien* 23 (1+2): 44–62.

– (Hg.) (2007): Transformationen von Wissen, Mensch und Geschlecht. Transdisziplinäre Interventionen; Tagung im Juni 2006 an der Universität Potsdam. Königstein/Taunus: Helmer.

Doty, Alexander (1997): Making things perfectly queer. Interpreting mass culture. 2. print. Minneapolis, Minn.: Univ. of Minnesota Press.

Ehlich, Konrad (2007): Sprache und sprachliches Handeln. Bd. 1–3. Berlin: De Gruyter.

Ehlich, Konrad; Rehbein, Jochen (1979): Sprachliche Handlungsmuster. In: Hans-Georg Soeffner (Hg.): Interpretative Verfahren in den Sozial- und Textwissenschaften. Stuttgart: Metzler: 243–274.

Ekins, Richard; King, Dave (2010): The Emerge of New Trangendering Identities in the Age of the Internet. In: Sally Hines und Tam Sanger (Hg.): Transgender identities. Towards a social analysis of gender diversity. 1. issued in paperback. New York, Berlin: Routledge; Knowledge Unlatched (Routledge research in gender and society, 24): 25–42.

Engel, Antke (2002): Wider die Eindeutigkeit. Sexualität und Geschlecht im Fokus queerer Politik der Repräsentation. Teilw. zugl.: Potsdam, Univ., Diss., 2001 u.d.T.:

Engel, Antke: Repräsentation als Intervention. Frankfurt am Main: Campus (Politik der Geschlechterverhältnisse, 20).

Engelfried, Constance (1997): Männlichkeiten. Die Öffnung des feministischen Blicks auf den Mann. Zugl.: Tübingen, Univ., Diss., 1996 u.d.T.: Engelfried, Constance: Strategien im Umgang mit Männlichkeiten. Weinheim: Juventa (Geschlechterforschung).

Feichtinger, Martina (2008): Transsexualität revisited. Un/Ordnung der Geschlechterdichotomie. Diplomarbeit. Universität Wien, Wien. Soziologie. Online verfügbar unter http://othes.univie.ac.at/1864/1/2008-10-16_9602128.pdf, zuletzt geprüft am 06.01.2020.

Feinberg, Leslie (1993): Stone butch blues. A novel. Ithaca, N.Y: Firebrand Books.

– (1996): Transgender warriors. Making history from Joan of Arc to Dennis Rodman. Nachdr. Boston: Beacon Press.

Fels, Eva (2005): Auf der Suche nach dem dritten Geschlecht. Bericht über eine Reise nach Indien und über die Grenzen der Geschlechter. Wien: Promedia.

Fiani, Chassitty N.; Han, Heather J. (2019): Navigating identity: Experiences of binary and non-binary transgender and gender non-conforming (TGNC) adults. In: *International Journal of Transgenderism* 20 (2-3): 181–194.

Fischer-Rosenthal, Wolfram; Rosenthal, Gabriele (1997): Narrationsanalyse biographischer Selbstpräsentation. In: Ronald Hitzler und Anne Honer (Hg.): Sozialwissenschaftliche Hermeneutik. Eine Einführung. Opladen: Leske + Budrich (Uni-Taschenbücher Sozialwissenschaften, 1885): 133–164.

Foucault, Michel (1978): Dispositive der Macht. Über Sexualität, Wissen und Wahrheit. Berlin: Merve (Merve-Titel, 77).

– (Hg.) (1986): Sexualität und Wahrheit. 1. Aufl. 3 Bände. Frankfurt am Main: Suhrkamp.

– (1993): Technologien des Selbst. In: Michel Foucault, Rux Martin, William E. Paden und Kenneth S. Rothwell: Technologien des Selbst. Hg. v. Luther H. Martin, Huck Gutman und Patrick H. Hutton. Frankfurt am Main: S. Fischer: 24–62.

– (1995): Der Gebrauch der Lüste. 4. Aufl. (Suhrkamp-Taschenbuch Wissenschaft).

– (2017a): Der Wille zum Wissen. 21. Auflage. Frankfurt am Main: Suhrkamp (Suhrkamp-Taschenbuch Wissenschaft, 716).

– (2017b): Die Ordnung der Dinge. Eine Archäologie der Humanwissenschaften. 24. Auflage 2017. Frankfurt am Main: Suhrkamp (Suhrkamp-Taschenbuch Wissenschaft, 96).

Foucault, Michel; Seitter, Walter (1992): Was ist Kritik? Berlin: Merve-Verl. (Internationaler Merve-Diskurs, 167).

Franzen, Jannik; Sauer, Arn Thorben (2010): Benachteiligung von Trans*Personen, insbesondere im Arbeitsleben. Hg. v. Antidiskriminierungsstelle des Bundes. Berlin. Online verfügbar unter https://www.academia.edu/33359383/Sauer_Franzen_Expertise_Trans_Diskr_Arbeit_2010, zuletzt geprüft am 04.11.2020.

Frey, Regina (2003): Gender im Mainstreaming. Geschlechtertheorie und -praxis im internationalen Diskurs. Königstein/Ts.: Helmer.

Fuchs-Heinritz, Werner (2009): Biographische Forschung. Eine Einführung in Praxis und Methoden. 4. Aufl. Wiesbaden: VS Verl. für Sozialwiss (Hagener Studientexte zur Soziologie).

Gammerl, Benno (2015): Jenseits der Metronormativität? Westdeutsche Lesben und Schwule zwischen Land und Stadt. In: Franz-Werner Kersting und Clemens Zimmermann (Hg.): Stadt-Land-Beziehungen im 20. Jahrhundert. Geschichts- und kulturwissenschaftliche Perspektiven. Paderborn: Verlag Ferdinand Schöningh (Forschungen zur Regionalgeschichte, 77): 155–175.

Garber, Marjorie B.; Bußmann, H. Jochen (1993): Verhüllte Interessen. Transvestismus und kulturelle Angst. Dt. Ausg. Frankfurt am Main: Fischer.

Garfinkel, Harold (1967): Studies in ethnomethodology. 1. Aufl. Englewood Cliffs, NJ [u.a.]: Prentice-Hall.

Ghattas, Dan Christian; Kromminga, Ins A.; Matthigack, Ev Blaine; Mosel, Es Thoralf; et al. (2015): Inter* & Sprache – Von „Angeboren" bis „Zwitter". Eine Auswahl inter*relevanter Begriffe, mit kritischen Anmerkungen vom TrIQ-Projekt „Antidiskriminierungsarbeit & Empowerment für Inter*". Hg. v. Das TransInterQueer-Projekt „Antidiskriminierungsarbeit & Empowerment für Inter*". In Kooperation mit IVIM / OII Deutschland. Berlin. Online verfügbar unter https://oiigermany.org/wp-content/uploads/InterUndSprache_A_Z.pdf, zuletzt geprüft am 16.03.2020.

Giffney, Noreen; Hird, Myra J. (Hg.) (2016): Queering the non/human. First issued in paperback. London, New York, NY: Routledge (Queer interventions).

Goffman, Erving (1977): The Arrangement between the Sexes. In: *Theory and Society* 4 (3): 301–331.

– (1979): Gender advertisements. London: Macmillan (Communications and culture).

Goffman, Erving; Knoblauch, Hubert A. (Hg.) (1994): Interaktion und Geschlecht. 1. Aufl. Frankfurt am Main: Campus (Campus Studium).

Groß, Melanie (2019): Queer-feministischer Aktivismus: politisch-praktische Interventionen in heteronormative Verhältnisse. In: Beate Kortendiek, Birgit Riegraf und Katja Sabisch (Hg.): Handbuch interdisziplinäre Geschlechterforschung. Living reference work. Wiesbaden: Springer VS (Springer Reference Sozialwissenschaften, Volume 65): 941–949.

Hagemann-White, Carol (1988): Wir werden nicht zweigeschlechtlich geboren... In: Carol Hagemann-White und Maria S. Rerrich (Hg.): FrauenMännerBilder. Männer und Männlichkeit in der feministischen Diskussion. Bielefeld: AJZ-Verl. (Forum Frauenforschung, 2): 224–235.

Hagemann-White, Carol; Rerrich, Maria S. (Hg.) (1988): FrauenMännerBilder. Männer und Männlichkeit in der feministischen Diskussion. Bielefeld: AJZ-Verl. (Forum Frauenforschung, 2).

Hahn, Alois (1987): Identität und Selbstthematisierung. In: Alois Hahn und Volker Kapp (Hg.): Selbstthematisierung und Selbstzeugnis. Bekenntnis und Geständnis. 1. Aufl. Frankfurt am Main: Suhrkamp (Suhrkamp-Taschenbuch Wissenschaft, 643): 9–24.

– (1988): Biografie und Lebenslauf. In: Hanns-Georg Brose (Hg.): Vom Ende des Individuums zur Individualität ohne Ende. Opladen: Leske + Budrich (Biographie und Gesellschaft, 4): 91–106.

Haraway, Donna (2006): A Cyborg Manifesto: Science, Technology, and Socialist-Feminism in the Late Twentieth Century. In: Susan Stryker und Stephen Whittle (Hg.): The Transgender Studies Reader. New York: Routledge (Lambda literary award winner): 103–118.

Haraway, Donna; Hammer, Carmen (Hg.) (1995): Die Neuerfindung der Natur. Primaten, Cyborgs und Frauen. Frankfurt am Main: Campus.

Hark, Sabine (2005): Queer Studies. In: Christina von Braun und Inge Stephan (Hg.): Gender@Wissen. Ein Handbuch der Gender-Theorien. 1. Aufl. Köln: Böhlau (UTB Gender-Studies, Kulturwissenschaften, Literaturwissenschaften, 2584): 285–303.

– (2007): Transformationen von Wissen, Mensch und Geschlecht. Geschlechterforschung als kritische Ontologie der Gegenwart. In: Irene Dölling (Hg.): Transformationen von Wissen, Mensch und Geschlecht. Transdisziplinäre Interventionen; Tagung im Juni 2006 an der Universität Potsdam. Königstein/Taunus: Helmer: 9–24.

Harrison, Jack; Grant, Jaime; Herman, Jody L. (2012): A Gender Not Listed Here: Genderqueers, Gender Rebels, and OtherWise in the National Transgender Discrimination Survey. In: *LGBTQ Public Policy Journal at the Harvard Kennedy School,* (1): 13–24. Online verfügbar unter https://escholarship.org/uc/item/2zj46213, zuletzt geprüft am 30.03.2020.

Hauer, Janine; Faust, Friederike; Binder, Beate (2021): Kooperieren – Kollaborieren – Kuratieren. Zu Formen des Zusammenarbeitens in der ethnografischen Forschung. In: Friederike Faust und Janine Hauer (Hg.): Kooperieren – Kollaborieren – Kuratieren. Positionsbestimmungen ethnografischer Praxis. Berliner Blätter : ethnographische und ethnologische Beiträge (83). Berlin: Humboldt-Universität zu Berlin: 3–18.

Herma, Holger (2019): Bezugsräume des Selbst. Praxis, Funktion und Ästhetik moderner Selbstthematisierung. 1. Auflage. Weinheim, Basel: Beltz Juventa (Edition Soziologie).

Hines, Sally; Sanger, Tam (Hg.) (2010): Transgender identities. Towards a social analysis of gender diversity. 1. issued in paperback. New York, Berlin: Routledge; Knowledge Unlatched (Routledge research in gender and society, 24).

Hirschauer, Stefan (1989): Die interaktive Konstruktion von Geschlechtszugehörigkeit. In: *Zeitschrift für Soziologie* 18 (2): 100–118.

– (1993a): Dekonstruktion und Rekonstruktion : Plädoyer für die Erforschung des Bekannten. In: *Zeitschrift für interdisziplinäre Frauen- und Geschlechterforschung* 1 (2): 55–67.

– (1993b): Die soziale Konstruktion der Transsexualität. Über die Medizin und den Geschlechtswechsel. 1. Auflage. Frankfurt am Main: Suhrkamp (Suhrkamp-Taschenbuch Wissenschaft, 1045).

– (2004): Social Studies of Sexual Difference: Geschlechtsdifferenzierung in wissenschaftlichem Wissen. In: Therese Frey Steffen, Caroline Rosenthal und Anke Väth

(Hg.): Gender Studies. Wissenschaftstheorien und Gesellschaftskritik. Würzburg: Königshausen & Neumann: 19–42.

Hoenes, Josch; Schirmer, Utan (2019): Transgender/Transsexualität: Forschungsperspektiven und Herausforderungen. In: Beate Kortendiek, Birgit Riegraf und Katja Sabisch (Hg.): Handbuch interdisziplinäre Geschlechterforschung. Living reference work. Wiesbaden: Springer VS (Springer Reference Sozialwissenschaften, Volume 65): 1204–1212.

Hoffrath, Britta (2018): Zur Produktivität von Techniken des Körpers. Eine Diskussion gouvernementalitätstheoretischer und intersektionaler Zugänge. In: Kerstin Palm, Gabriele Jähnert, Susanne Völker und Sabine Grenz (Hg.): Materialität/en und Geschlecht. Beiträge zur 6. Jahrestagung der Fachgesellschaft Geschlechterstudien e.V. Unter Mitarbeit von Humboldt-Universität zu Berlin. Berlin: Selbstverlag: 44–61.

Hossain, Adnan (2017): The paradox of recognition:hijra, third gender and sexual rights in Bangladesh. In: *Culture, Health & Sexuality* 19 (12): 1418–1431.

Jagose, Annamarie; Genschel, Corinna (Hg.) (2017): Queer theory. Eine Einführung. 3. Auflage November 2017. Berlin: Querverl.

Kämpf, Katrin M. (2014): Safe Spaces, Self-Care & Empowerment – Netzfeminismus im Sicherheitsdispositiv. Unter Mitarbeit von Humboldt-Universität zu Berlin.

Kando, Thomas (1972): Passing and Stigma Management: The Case of the Transsexual. In: *The Sociological Quarterly* 13 (4): 475–483.

Kessler, Suzanne J.; McKenna, Wendy (1985): Gender. An ethnomethodological approach. Chicago: Univ. of Chicago Pr.

Kilian, Eveline (2004): GeschlechtSverkehrt. Theoretische und literarische Perspektiven des gender-bending. Königstein/Taunus: Helmer.

Klöppel, Ulrike (2016): Zur Aktualität kosmetischer Operationen „uneindeutiger" Genitalien im Kindesalter. Hg. v. Zentrum für transdisziplinäre Geschlechterstudien. Berlin (Bulletin, Text 42).

Kohli, Martin (1988): Normalbiographie und Individualität. Zur institutionellen Dynamik des gegenwärtigen Lebenslaufregimes. In: Hanns-Georg Brose (Hg.): Vom Ende des Individuums zur Individualität ohne Ende. Opladen: Leske + Budrich (Biographie und Gesellschaft, 4): 33–54.

Kohli, Martin; Robert, Günther (Hg.) (1984): Biographie und soziale Wirklichkeit. Neue Beiträge und Forschungsperspektiven. Stuttgart: Metzler.

Kron, Stefanie (2014): Intersektionalität oder borderland als Methode? Zur Analyse politischer Subjektivitäten in Grenzräumen. In: Sabine Hess, Nikola Langreiter und Elisabeth Timm (Hg.): Intersektionalität revisited. 1. Aufl. Bielefeld: transcript (Soziologische Theorie): 197–220.

Langreiter, Nikola; Timm, Elisabeth; Haibl, Michaela; Löffler, Klara; Blumesberger, Susanne (Hg.) (2008): Wissen und Geschlecht. (Beiträge der 11. Arbeitstagung der Kommission für Frauen- und Geschlechterforschung der Deutschen Gesellschaft für Volkskunde, Wien, Februar 2007). Veröffentlichungen des Instituts für Europäische Ethnologie der Universität Wien. Wien (31).

Lantzsch, Nadine (2011): Safe/r Spaces. Redebeitrag beim Berliner Slutwalk. Online verfügbar unter http://medienelite.de/safer-spaces-redebeitrag-beim-berliner-slutwalk/, zuletzt aktualisiert am 08.09.2011, zuletzt geprüft am 14.09.2020.

Laqueur, Thomas Walter (1990): Making sex. Body and gender from the Greeks to Freud. 1. Aufl. Cambridge, Mass.: Harvard Univ. Press.

Laufenberg, Mike (2014): Sexualität und Biomacht. Vom Sicherheitsdispositiv zur Politik der Sorge. Bielefeld, Germany: transcript (Gender Studies).

Lee, Michael G.; Quam, Jean K. (2013): Comparing supports for LGBT aging in rural versus urban areas. In: *Journal of gerontological social work* 56 (2): 112–126.

Lehmann, Albrecht (1977): Autobiographische Erhebungen in den sozialen Unterschichten. Gedanken zu einer Methode der empirischen Forschung. In: *Zeitschrift für Volkskunde : Beiträge zur Kulturforschung* 73 (2): 161–180.

– (1983): Erzählstruktur und Lebenslauf. Autobiographische Untersuchungen. Frankfurt am Main: Campus.

Levitt, Heidi M.; Ippolito, Maria R. (2014): Being Transgender: Navigating Minority Stressors and Developing Authentic Self-Presentation. In: *Psychology of Women Quarterly* 38 (1): 46–64.

Linander, Ida; Goicolea, Isabel; Alm, Erika; Hammarström, Anne; Harryson, Lisa (2019): (Un)safe spaces, affective labour and perceived health among people with trans experiences living in Sweden. In: *Culture, Health & Sexuality* 21 (8): 914–928.

Lindemann, Gesa (2011): Das paradoxe Geschlecht. Transsexualität im Spannungsfeld von Körper, Leib und Gefühl. 2. Auflage. Wiesbaden: VS Verl. für Sozialwiss.

Lindenberg, Helen (2019): Zur Rechtmäßigkeit von geschlechtskorrigierenden Operationen an intersexuellen Kindern und Jugendlichen. In: *MedR* 37 (3): 208–213.

Lipp, Carola (2001): Geschlechterforschung – Frauenforschung. In: Rolf Wilhelm Brednich (Hg.): Grundriß der Volkskunde. Einführung in die Forschungsfelder der europäischen Ethnologie. 3., überarb. und erw. Aufl. Berlin: Reimer (Ethnologische Handbücher): 329–362.

Lipp, Carola; Bechtold-Comforty, Beate (Hg.) (1986): Schimpfende Weiber und patriotische Jungfrauen. Frauen im Vormärz und in der Revolution 1848/49. Bühl-Moos: Elster.

Lucius-Hoene, Gabriele; Deppermann, Arnulf (2004a): Narrative Identität und Positionierung. In: *Gesprächsforschung – Online-Zeitschrift zur verbalen Interaktion* (5): 166–183.

– (2004b): Rekonstruktion narrativer Identität. Ein Arbeitsbuch zur Analyse narrativer Interviews. 2. Auflage. Wiesbaden: VS Verlag für Sozialwissenschaften (Lehrbuch).

Maihofer, Andrea (1997): Geschlecht als Existenzweise. Macht, Moral, Recht und Geschlechterdifferenz. Zugl.: Frankfurt (Main), Univ., Habil.-Schr., 1995. Unveränd. Neuaufl. Frankfurt am Main: Helmer (Aktuelle Frauenforschung).

Matsuno, Emmie; Budge, Stephanie L. (2017): Non-binary/Genderqueer Identities: a Critical Review of the Literature. In: *Curr Sex Health Rep* 9 (3): 116–120.

McGuire, Jenifer K.; Beek, Titia F.; Catalpa, Jory M.; Steensma, Thomas D. (2019): The Genderqueer Identity (GQI) Scale: Measurement and validation of four distinct subscales with trans and LGBQ clinical and community samples in two countries. In: *International Journal of Transgenderism* 20 (2-3): 289–304.

Mead, Margaret (1935): Sex and temperament. In three primitive societies. 1. Aufl. New York.

– (1949): Male and female : a study of the sexes in a changing world. New York: Morrow.

– (1992): Mann und Weib: Das Verhältnis der Geschlechter in einer sich wandelnden Welt. Unter Mitarbeit von Elisabeth Conzelmann. Frankfurt am Main, Berlin: Ullstein (Ullstein-Buch Ullstein-Sachbuch, 34835).

– (2002): Jugend und Sexualität in primitiven Gesellschaften. 2., unveränd. Aufl. Eschborn bei Frankfurt am Main: Klotz.

Mies, Maria (1984): Methodische Postulate zur Frauenforschung. Dargestellt am Beispiel der Gewalt gegen Frauen. In: *Beiträge zur feministischen Theorie und Praxis* (11): 7–25.

– (1994): Frauenbewegung und 15 Jahre 'Methodische Postulate zur Frauenforschung'. In: Angelika Diezinger und Hedwig Kitzer (Hg.): Erfahrung mit Methode. Wege sozialwissenschaftlicher Frauenforschung. Freiburg: Kore (Forum Frauenforschung, 8): 105–128.

Mohr, Sebastian (2010): Sexuelle Verunsicherung. Anmerkungen zur Methodik und Praxis in der Europäischen Ethnologie. In: Katrin Amelang, Beate Binder, Anika Keinz und Sebastian Mohr (Hg.): gender_queer ethnografisch. Ausschnitte einer Schnittmenge. 1. Aufl. Berlin: Panama-Verlag (Berliner Blätter, 54): 108–119.

Monro, Surya (2005): Gender Politics. Citizenship, Activism and Sexual Diversity. London: Pluto Press.

– (2010): Towards a Sociology of Gender Diversity. The Indian and UK Cases. In: Sally Hines und Tam Sanger (Hg.): Transgender identities. Towards a social analysis of gender diversity. 1. issued in paperback. New York, Berlin: Routledge; Knowledge Unlatched (Routledge research in gender and society, 24): 242–258.

– (2019): Non-binary and genderqueer: An overview of the field. In: *International Journal of Transgenderism* 20 (2-3): 126–131.

Muñoz, José Esteban (2009): Disidentifications. Queers of color and the performance of politics. [Nachdr.]. Minneapolis. Minn.: Univ. of Minnesota Press (Cultural studies of the Americas, 2).

Munroe, Cat; Clerkin, Elise M.; Kuvalanka, Katherine A. (2020): The Impact of Peer and Family Functioning on Transgender and Gender-Diverse Children's Mental Health. In: *J Child Fam Stud* 29 (7): 2080–2089.

Namaste, Viviane K. (2007): Invisible lives. The erasure of transsexual and transgendered people. Chicago: Univ. of Chicago Press.

Newton, Esther (2006): Selection from Mother Camp. In: Susan Stryker und Stephen Whittle (Hg.): The Transgender Studies Reader. New York: Routledge (Lambda literary award winner): 121–130.

Nübling, Damaris (2020): ÜberEmpfindlichkeiten? Die Geschlechter in der Sprache. In: Barbara Rendtorff, Claudia Mahs und Anne-Dorothee Warmuth (Hg.): Geschlechterverwirrungen. Was wir wissen, was wir glauben und was nicht stimmt: 82–89.

Oldemeier, Kerstin (2021): Geschlechtlicher Neuanfang. Narrative Wirklichkeiten junger divers* und trans*geschlechtlicher Menschen. Opladen, Berlin, Toronto: Verlag Barbara Budrich.

Prosser, Jay (1998): Second skins. The body narratives of transsexuality. Zugl.: Diss. New York: Columbia Univ. Press (Gender and culture series).

Quasthoff, Uta (2001): Erzählen als interaktive Gesprächsstruktur. In: Klaus Brinker, Gerd Antos, Wolfgang Heinemann und Sven F. Sager (Hg.): Text- und Gesprächslinguistik. Ein internationales Handbuch zeitgenössischer Forschung = Linguistics of text and conversation : an international handbook of contemporary research. Berlin: De Gruyter (Handbücher zur Sprach- und Kommunikationswissenschaft /HSK], 16.2): 1293–1308.

Queer Lexikon (o.J.): Glossar. Online verfügbar unter https://queer-lexikon.net/glossar/, zuletzt aktualisiert am Dez. 2019, zuletzt geprüft am 30.03.2020.

quix – kollektiv für kritische bildungsarbeit (2016): Gender_Sexualitäten_Begehren in der machtkritischen und entwicklungspolitischen Bildungsarbeit. 1. Aufl. Unter Mitarbeit von Aljoscha* Bökle, Jana_Lou Herbst, Lena Deser und Manuel Insberg. Hg. v. quix – kollektiv für kritische bildungsarbeit. Wien. Online verfügbar unter https://www.quixkollektiv.org/wp-content/uploads/2016/12/quix_web.pdf, zuletzt geprüft am 18.03.2020.

Reckwitz, Andreas (2004): Die Reproduktion und die Subversion sozialer Praktiken. Zugleich ein Kommentar zu Pierre Bourdieu und Judith Butler. In: Julia Reuter und Karl H. Hörning (Hg.): Doing Culture. Neue Positionen zum Verhältnis von Kultur und sozialer Praxis. Bielefeld: transcript (Sozialtheorie): 40–54.

– (2009): Praktiken der Reflexivität: eine kulturtheoretische Perspektive auf hochmodernes Handeln. In: Fritz Böhle und Margit Weihrich (Hg.): Handeln unter Unsicherheit. 1. Auflage. Wiesbaden: VS Verlag für Sozialwiss: 169–182.

Reineck, Katie (2017): Running from the Gender Police: Reconceptualizing Gender to Ensure Protection for Non-Binary People. In: *Michigan Journal of Gender & Law* (24): 265–322. Online verfügbar unter https://repository.law.umich.edu/mjgl/vol24/iss2/3, zuletzt geprüft am 24.03.2020.

Restar, Arjee; Jin, Harry; Breslow, Aaron; Reisner, Sari L.; Mimiaga, Matthew; Cahill, Sean; Hughto, Jaclyn M. W. (2020): Legal gender marker and name change is associated with lower negative emotional response to gender-based mistreatment and improve mental health outcomes among trans populations. In: *SSM – population health* 11: 100595.

Richards, Christina; Bouman, Walter Pierre; Barker, Meg-John (Hg.) (2017): Genderqueer and Non-Binary Genders. London: Palgrave Macmillan UK (Critical and Applied Approaches in Sexuality, Gender and Identity).

Richards, Christina; Bouman, Walter Pierre; Seal, Leighton; Barker, Meg John; Nieder, Timo O.; T'Sjoen, Guy (2016): Non-binary or genderqueer genders. In: *International review of psychiatry (Abingdon, England)* 28 (1): 95–102.

Ricoeur, Paul; Greisch, Jean (1996): Das Selbst als ein Anderer. 1. Aufl. München: Fink (Übergänge, 26).

Rosenthal, Gabriele (1995): Erlebte und erzählte Lebensgeschichte. Gestalt und Struktur biographischer Selbstbeschreibungen. Zugl.: Kassel, Gesamthochsch., Habil.-Schr., 1993. Frankfurt am Main: Campus.

Russell, Stephen T.; Pollitt, Amanda M.; Li, Gu; Grossman, Arnold H. (2018): Chosen Name Use Is Linked to Reduced Depressive Symptoms, Suicidal Ideation, and Suicidal Behavior Among Transgender Youth. In: *Journal of Adolescent Health* 63 (4): 503–505.

Said, Edward W. (1994): Orientalism. 2. reprint. New York: Vintage Books (Penguin books : Penguin history).

Sauer, Arn Thorben (2015a): Einleitung und Methodologie. In: Bundesministerium für Familie, Senioren, Frauen und Jugend (Hg.): Geschlechtliche Vielfalt. Begrifflichkeiten, Definitionen und disziplinäre Zugänge zu Trans- und Intergeschlechtlichkeiten. Begleitforschung zur Interministeriellen Arbeitsgruppe Inter- & Transsexualität. Unter Mitarbeit von Arn Thorben Sauer. Berlin: 7–11.

– (2015b): Gutachten: Begrifflichkeiten, Definitionen und disziplinäre Zugänge zu Trans- und Intergeschlechtlichkeiten. Begleitmaterial zur Interministeriellen Arbeitsgruppe Inter- & Transsexualität. Hg. v. Bundesministerium für Familie, Senioren, Frauen und Jugend (Band 1). Online verfügbar unter https://www.bmfsfj.de/blob/93956/ba3f7d5070103da9f2b62d08b23b2bac/imag-band-1-gutachten-begrifflichkeiten-data.pdf, zuletzt geprüft am 04.11.2020.

Schachtner, Christina (2016): Das narrative Subjekt. Erzählen im Zeitalter des Internets. Bielefeld: transcript (Edition Medienwissenschaft, 14).

Schaeffer, Doris (1988): Intimität als Beruf. Biographische Interviews mit Psychotherapeuten. In: Hanns-Georg Brose (Hg.): Vom Ende des Individuums zur Individualität ohne Ende. Opladen: Leske + Budrich (Biographie und Gesellschaft, 4): 161–178.

Scherger, Simone (2007): Destandardisierung, Differenzierung, Individualisierung. Westdeutsche Lebensläufe im Wandel. Wiesbaden: VS Verlag für Sozialwissenschaften | GWV Fachverlage.

Schirmer, Uta (2010): Geschlecht anders gestalten. Drag Kinging, geschlechtliche Selbstverhältnisse und Wirklichkeiten. Bielefeld: transcript (Gender Studies).

Schmidt-Lauber, Brigitta (2007): Das qualitative Interview oder. Die Kunst des Reden-Lassens. In: Silke Göttsch und Albrecht Lehmann (Hg.): Methoden der Volkskunde: Positionen, Quellen, Arbeitsweisen der Europäischen Ethnologie. Berlin: Reimer: 169–188.

Schneider, Ulrich Johannes (2009): Counter-Knowledge. An Update on Foucault in the Age of Mobile Communication. In: János Kristóf Nyíri (Hg.): Engagement and exposure. Mobile communication and the ethics of social networking. 1. Aufl. Wien: Passagen (Communications in the 21st century): 103–108.

Scholz, Sylka (2004): Männlichkeit erzählen. Lebensgeschichtliche Identitätskonstruktionen ostdeutscher Männer. Zugl.: Potsdam, Univ., Diss., 2004. 1. Aufl. Münster, Westf.: Verl. Westfälisches Dampfboot.

Schröder, Hans Joachim (1992): Die gestohlenen Jahre: Erzählgeschichten und Geschichtserzählung im Interview. Der Zweite Weltkrieg aus der Sicht ehemaliger Mannschaftssoldaten (Studien und Texte zur Sozialgeschichte der Literatur). Berlin, Boston: De Gruyter.

Schütze, Fritz (1977): Die Technik des narrativen Interviews in Interaktionsfeldstudien. Dargestellt an einem Projekt zur Erforschung von kommunalen Machtstrukturen. Bielefeld: Univ., Fak. für Soziologie (Arbeitsberichte und Forschungsmaterialien, Nr. 1).

– (1984): Kognitive Figuren autobiographischen Stegreiferzählens. In: Martin Kohli und Günther Robert (Hg.): Biographie und soziale Wirklichkeit. Neue Beiträge und Forschungsperspektiven. Stuttgart: Metzler: 217–238.

Seeck, Francis (2021): Care trans_formieren. Eine ethnographische Studie zu trans und nicht-binärer Sorgearbeit. Bielefeld: transcript Verlag.

Shaw, Alison (2005): Changing sex and bending gender: an introduction. In: Alison Shaw und Shirley Ardener (Hg.): Changing sex and bending gender. New York, Oxford: Berghahn Books (Social identities, 1): 1–19.

Sistenich, Sascha (2022): Geschlechtliche Vielfalt und Nichtbinarität in wissenschaftlichen Texten. In: Manuel Bolz, Kim Chanel Winterhalter, Maren Sacherer, Konstantin Mack, Laura Völz, Kyra Hardt et al. (Hg.): Anthropology of Sex, Gender and Bodies. Kulturwissenschaftliche Perspektiven auf Alltägliches. (15): 73–86. Online verfügbar unter https://journals.sub.uni-hamburg.de/hjk/article/view/2026, zuletzt geprüft am 06.12.2023.

Sloterdijk, Peter (1978): Literatur und Organisation von Lebenserfahrung. Peter Sloterdijk ; Autobiographien der Zwanziger Jahre. München: Hanser (Literatur als Kunst.).

Smith, Kyle; Schindler, Meghan (2015): Glossary. Hg. v. Trans Youth Equality Foundation. Trans Youth Equality Foundation. Online verfügbar unter http://www.transyouthequality.org/glossary/, zuletzt geprüft am 24.03.2020.

Spiritova, Marketa (2014): Narrative Interviews. In: Christine Bischoff, Karoline Oehme Jüngling und Walter Leimgruber (Hg.): Methoden der Kulturanthropologie. Unter Mitarbeit von Stefan Bauernschmidt. 1. Aufl. Bern: Haupt: 117–130.

Spivak, Gayatri Chakravorty; Joskowicz, Alexander; Nowotny, Stefan; Steyerl, Hito (2011): Can the subaltern speak? Postkolonialität und subalterne Artikulation. Unveränd. Nachdr. Wien: Turia + Kant (Es kommt darauf an, 6).

Spoon, Rae, & Coyote, Ivan E. (2014). Gender failure. Vancouver: Arsenal Pulp Press.

Stachowiak, Dana M. (2017): Queering it up, strutting our threads, and baring our souls: genderqueer individuals negotiating social and felt sense of gender. In: *Journal of Gender Studies* 26 (5): 532–543.

Steward, Julian H. (1941): Culture Element Distributions: XIII: Nevada Shoshone. In: *American Anthropologist* 4 (2): 209–359.

Stoller, Robert J. (1984): Sex and gender. The development of masculinity and femininity. Reprint. London: Karnac (Maresfield library).
Stone, Sandy (1992): The Empire Strikes Back: A Posttranssexual Manifesto. In: *Camera Obscura: Feminism, Culture, and Media Studies* 10 (2): 150–176.
Straube, Gregor (2004): Handlungsfähigkeit, Materialität und Politik: Die politischen Theorien von Judith Butler und Donna Haraway. In: Therese Frey Steffen, Caroline Rosenthal und Anke Väth (Hg.): Gender Studies. Wissenschaftstheorien und Gesellschaftskritik. Würzburg: Königshausen & Neumann: 123–138.
Stryker, Susan (2008): Transgender History, Homonormativity, and Disciplinarity. In: *Radical History Review* 2008 (100): 145–157.
Stryker, Susan; Whittle, Stephen (Hg.) (2006): The Transgender Studies Reader. New York: Routledge (Lambda literary award winner).
Sue, Derald Wing (2010): Microaggressions in everyday life. Race, gender, and sexual orientation. Hoboken, NJ: Wiley.
Sutter, Ove (2013): Erzählte Prekarität. Autobiographische Verhandlungen von Arbeit und Leben im Postfordismus. Frankfurt am Main/New York: Campus (Arbeit und Alltag, 7).
Timm, Elisabeth (2003): Geschlecht als Distinktion. In: Christine Burckhardt-Seebass und Sabine Allweier (Hg.): Geschlechter-Inszenierungen. Erzählen – Vorführen – Ausstellen ; [Tagung, die 2001 in Basel stattfand. 1. Aufl. Münster: Waxmann: 91–114.
– (2005): Die Alleinemacherinnen. In: Franz Schultheis und Kristina Schulz (Hg.): Gesellschaft mit begrenzter Haftung. Zumutungen und Leiden im deutschen Alltag. Konstanz: UVK-Verl.-Ges: 276–286.
Tompkins, A. (2014): Asterisk. In: *TSQ: Transgender Studies Quarterly* 1 (1-2): 26–27.
Transsexuellengesetz (20.07.2017): Transsexuellengesetz vom 10. September 1980 (BGBl. I S. 1654), das zuletzt durch Artikel 2 Absatz 3 des Gesetzes vom 20. Juli 2017 (BGBl. I S. 2787) geändert worden ist. TSG.
Trinkaus, Stephan; Völker, Susanne (2007): Unbestimmtheitszonen. Ein soziologisch-kulturwissenschaftlicher Annäherungsversuch. In: Irene Dölling (Hg.): Transformationen von Wissen, Mensch und Geschlecht. Transdisziplinäre Interventionen; Tagung im Juni 2006 an der Universität Potsdam. Königstein/Taunus: Helmer: 61–77.
Valente, Pablo K.; Schrimshaw, Eric W.; Dolezal, Curtis; LeBlanc, Allen J.; Singh, Anneliese A.; Bockting, Walter O. (2020): Stigmatization, Resilience, and Mental Health Among a Diverse Community Sample of Transgender and Gender Nonbinary Individuals in the U.S. In: *Archives of sexual behavior.*
Völter, Bettina (2006): Die Herstellung von Biografie(n). Lebensgeschichtliche Selbstpräsentationen und ihre produktive Wirkung. In: Günter Burkart (Hg.): Die Ausweitung der Bekenntniskultur – neue Formen der Selbstthematisierung? Wiesbaden: VS Verlag für Sozialwissenschaften / GWV Fachverlage: 261–283.
Wagels, Karen (2013): Über ein Denken von Zweigeschlechtlichkeit hinaus -. Struktur und Dynamik von Geschlecht aus der Perspektive von Grounded Theory. In:

Mechthild Bereswill und Katharina Liebsch (Hg.): Geschlecht (re)konstruieren. Zur methodologischen und methodischen Produktivität der Frauen- und Geschlechterforschung. 1. Aufl. Münster: Verl. Westfälisches Dampfboot (Forum Frauen- und Geschlechterforschung, 38): 80–97.

Wahala, Johannes (2016): Paradigmenwechsel bei der Behandlung von Genderdysphorien. Geschlechts*Identitäten – auch jenseits von „männlich" und „weiblich". In: *Psychologie in Österreich* (36): 207–212.

Weber, Jutta (2004): Performing Post/Trans/Techno/Queer. Pluralisierung als Selbst- und Machttechnologie. In: Therese Frey Steffen, Caroline Rosenthal und Anke Väth (Hg.): Gender Studies. Wissenschaftstheorien und Gesellschaftskritik. Würzburg: Königshausen & Neumann: 111–122.

West, Candace; Zimmerman, Don H. (1987): Doing Gender. In: *Gender & Society* (1): 125–151.

Wetterer, Angelika (2009): Gleichstellungspolitik im Spannungsfeld unterschiedlicher Spielarten von Geschlechterwissen: eine wissenssoziologische Rekonstruktion. In: *GENDER – Zeitschrift für Geschlecht, Kultur und Gesellschaft* 1 (2): 45–60. Online verfügbar unter https://www.ssoar.info/ssoar/bitstream/document/39394/1/ssoar-gender-2009-2-wetterer-Gleichstellungspolitik_im_Spannungsfeld_unterschiedlicher_Spielarten.pdf.

Whitehead, J.; Shaver, John; Stephenson, Rob (2016): Outness, Stigma, and Primary Health Care Utilization among Rural LGBT Populations. In: *PloS one* 11 (1)1-17.

Worth, Anna-Maria; Sistenich, Sascha (2021): Geschlechtergerechtes Formulieren in wissenschaftlichen Texten. Ein Special zum wissenschaftlichen Stil. Schreibzentrum der Kompetenzwerkstatt an der TH Köln. Köln. Online verfügbar unter https://ilias.th-koeln.de/goto.php?target=pg_51493_1748451&client_id=ILIAS_FH_Koeln, zuletzt geprüft am 03.04.2023.